Steffen Möller

Polnische Paartherapie

PIPER

Zu diesem Buch schreibt Leserin Monika H.:

»Steffen beschreibt sowohl die Unterschiede als auch überraschende Gemeinsamkeiten zwischen deutsch-polnischen Partnern. Dabei stützt er sich auf zahlreiche Gespräche, die er mit Polen und Deutschen geführt hat. Wie er selber schön sagt, ist dieses Gleichgewicht wichtig, damit ihn am Ende des Buches beide Nationen gleich ›hassen‹. Tatsächlich kann ich bestätigen, dass mein polnisches Herz beim Lesen manchmal gestreikt hat: ›Das stimmt doch gar nicht! Das hat er bestimmt nur geschrieben, um den Deutschen zu gefallen!‹ Aber ich bin mir sicher, dass sich auch die deutschen Leser an der einen oder anderen Stelle aufregen, wenn ihre Angewohnheiten beschrieben werden … «

Steffen Möller ist in Wuppertal aufgewachsen, studierte in Berlin und zog 1994 nach Warschau, wo er seitdem immer noch in derselben Wohnung haust (vor einigen Jahren kam eine kleine gemietete Zweitwohnung in Berlin hinzu). Zuerst war er Deutschlektor an der Uni Warschau, später Kabarettist und Schauspieler in einer polnischen Telenovela. Für seine Verdienste um die deutsch-polnische Verständigung erhielt er 2005 das Bundesverdienstkreuz. 2008 erschien sein Buch »Viva Polonia«, das fast ein Jahr lang auf der Spiegel-Bestsellerliste stand, 2015 erschien das subjektive Porträt seiner Wahlheimat Warschau »Viva Warszawa – Polen für Fortgeschrittene«. Mit seinem aktuellen Bühnenprogramm »Polnische Paartherapie« ist Steffen Möller auch live zu erleben. In Anerkennung von seinen Verdiensten um die deutsch-polnische Verständigung erhielt er 2026 den renommierten Viadrina-Preis. www.steffen.pl

Steffen Möller

Polnische Paartherapie

Wenn Deutsche und Polen sich lieben

Mit zwanzig Abbildungen

PIPER

Mehr über unsere Autorinnen, Autoren und Bücher:
www.piper.de

Wenn Ihnen dieses Buch gefallen hat, schreiben Sie uns unter Nennung des Titels »Polnische Paartherapie« an *empfehlungen@piper.de*, und wir empfehlen Ihnen gerne vergleichbare Bücher.

Von Steffen Möller liegen bei Malik und im Piper Verlag vor:
Viva Polonia
Expedition zu den Polen
Polnische Paartherapie (Weronika, dein Mann ist da!)

Ungekürzte, aktualisierte Taschenbuchausgabe
ISBN 978-3-492-31088-8
1. Auflage Dezember 2022
2. Auflage April 2026

Für einen direkten Kontakt und Fragen zum Produkt wenden Sie sich bitte an:
info@piper.de
Das Werk erschien 2019 unter dem Titel »Weronika, dein Mann ist da!«.
Umschlaggestaltung: Birgit Kohlhaas, kohlhaas-buchgestaltung.de
Umschlagmotive: Peter von Felbert (Foto Steffen Möller) und Shutterstock.com
Satz: Satz für Satz, Wangen im Allgäu
Gesetzt aus der Bembo
Litho: Lorenz & Zeller, Inning am Ammersee
Gedruckt von ScandBook in Litauen
Printed in the EU

INHALT

PROLOG

Das Buch, das Sie hier in Händen halten, hieß in der ursprünglichen Ausgabe »Weronika, dein Mann ist da!«. Jetzt liegt es, mit kleinen Aktualisierungen, in einer Taschenbuchausgabe vor. Wer aber ist Weronika? Ist es vielleicht die Frau, deretwegen ich vor mehr als zwanzig Jahren nach Polen ging? Unzählige Male wurde ich ja schon gefragt, ob eine Frau dahintersteckte. Für viele, egal ob Deutsche oder Polen, scheint ein anderes Motiv fast gar nicht vorstellbar zu sein.

Doch meine Antwort lautete immer und ehrlich: Nein, es gab keine Frau; ich fuhr damals wirklich nur aus purer Neugier zu diesem Sprachkurs nach Krakau. Die erste polnische Frau, der ich persönlich begegnet bin, war meine Lehrerin Beata, und wie toll sie war, sieht man daran, dass ich extra für sie ein kleines Kindergedicht auswendig gelernt habe. Aber erst viele Jahre später sahen wir uns wieder und machten eine Fahrradtour, zusammen mit ihrer heutigen Partnerin.

War Weronika dann vielleicht die zweite Polin, die ich kennenlernte? Nein, auch die hieß nicht Weronika, sondern Magda, kam aus Warschau, studierte Mongolistik, wollte zu einem Stipendium nach Ulan-Bator, irrte sich aber, wie sie sagte, in der Himmelsrichtung, und landete plötzlich in Berlin. Sie hatte am Schwarzen Brett der Humboldt-Uni eine Anzeige aufgehängt, dass sie Polnischunterricht gebe, und ich rief sie an, weil ich gerade aus Krakau zurückgekommen war und diese atemberaubende Sprache weiterlernen wollte. Dank Magdas Privatunterricht schaffte ich es tatsächlich, mir die zwölf polnischen Monatsnamen zu merken, ein Vierteljahr dauerte das. Einmal war ihre Mutter zu Besuch und bot mir ein Stück warmen Kuchen an – da fühlte ich mich schon fast verheiratet. Doch dann kam Magdas gutaussehender Freund Marcin nach Berlin und steckte während unserer Unterrichtsstunde mehrmals seinen verstrubbelten Kopf durch die Tür – da war ich wieder solo. Erst vor Kurzem habe ich Magda wiedergesehen, zusammen mit ihrer jüngsten Tochter.

Bis heute habe ich es weder zum staatlich noch zum kirchlich abgesegneten Schwiegersohn gebracht; es gelang mir lediglich, einige Jahre mit einer Warschauerin zusammenzuleben, die für kurze Zeit meine Deutschstudentin war. Die romantischen Einzelheiten dieser Beziehung habe ich bereits in einem früheren Buch ausgebreitet.[1] Doch auch diese Frau hieß nicht Weronika, und da das Buch kein allzu großes Publikumsinteresse hervorrief, zog ich daraus den Schluss, mein Privatleben in Zukunft nicht mehr so hemmungslos auszuschlachten. Lieber erzähle ich die Liebesgeschichten anderer Leute! So bleiben der Welt auch die Details meiner zweiten langjährigen Beziehung mit einer polnischen Staatsbürgerin erspart, die aus dem Umland Warschaus kam (wo man für »Geschirr spülen« nicht das hochpolnische »spłukać« benutzt, sondern das regionale »potoknąć«!).

Ist es ein großer Verlust, wenn ich nicht als Betroffener, sondern meist lieber als Paartherapeut auftrete? Ich denke nicht – von einem Therapeuten will man ja auch nicht unbedingt mit seinem Privatkram belästigt werden. Wo kämen wir hin, wenn der Therapeut seinen Patienten erst mal die eigenen Trennungsgeschichten vorheulen würde? Und so konzentriere ich mich darauf, andere Leute zu Wort kommen zu lassen und höchstens dann und wann einen klugen Kommentar einzuwerfen.

1 Verzweifelte Fußnotenreklame: »Vita Classica – Bekenntnisse eines Andershörenden«, 2009.

Wer ist nun aber Weronika, die Titelheldin dieses Buches in der Erstausgabe? Die Antwort lautet: Ich weiß es nicht. Doch es muss eine tolle Frau sein. Vor einiger Zeit spazierte ich durch die Berliner Ackerstraße. An der Ecke Torstraße sah ich einen Zettel, der mit schwarzen Klebestreifen an einer Fußgängerampel angeklebt war.

!Weronika!
Wir hatten an einem Freitag/Samstag das Vergnügen, uns an Bord der MS Hoppetosse über den Weg zu laufen. Im Unterdeck hat es mir großen Spaß gemacht, gemeinsam zu blödeln und hier und da ein paar Sätze Polnisch zu lernen ... dann hab ich dir aus Anerkennung eine Pokémon-Karte geschenkt. Es war leider nur eine Psycho-Energiekarte, also nichts, womit du Eindruck schinden kannst. Ich habe dich dann bedauerlicherweise während des Tanzens aus den Augen verloren; jedenfalls würde ich mich sehr freuen, dich wiederzusehen. Und keine Sorge, ich bin auch entschleunigt und bei Tageslicht noch ganz in Ordnung. Wenn du möchtest, kannst du dich melden, unter Tel. 0176-xxxxxxxx
Noch einen schönen Tag!
Tobi

Die *MS Hoppetosse* ist keins der flach gedrückten Berliner Ausflugsboote, die unter jeder Spreebrücke durchpassen, sondern ein chilliges Partyschiff, das permanent vor Anker liegt und drei Decks mit elektronischer Musik beherbergt. Ich war noch nie da, kann mir die Atmosphäre aber dank Tobis Stilkunst in allen Einzelheiten ausmalen. Er scheint wirklich ein entschleunigter Typ zu sein, dazu noch romantisch und sogar spendabel (die Pokémonkarte). Ich an Weronikas Stelle würde mich sofort bei ihm melden! Doch leider sagt mir eine innere Stimme, dass Weronika seine Suchanzeige nie entdeckt hat, weil sie nur kurz in Berlin war. Falls jemand sie aus Polen kennt – sie soll sich

Das Partyschiff *MS Hoppetosse* in Berlin, auf dem Tobi von Weronika seine erste Polnischlektion erhielt

bitte umgehend bei mir melden, ich gebe ihr dann Tobis Telefonnummer. Als Gegenleistung müsste sie mir lediglich verraten, welche polnischen Sätze sie Tobi da im Morgengrauen beigebracht hat. Die Psycho-Energiekarte kann sie dagegen gerne behalten, davon habe ich selbst genug.

I. Teil

CLASH DER KLISCHEES

1 AUF SCHMUSEKURS

Vorurteil über Bord!

Weronikas und Tobis Geschichte hat mich umgehauen. Sie zeigt, wie unbeschwert und romantisch deutsch-polnische Flirts heute ablaufen können. Das ist ja meilenweit entfernt vom uralten Bauer-sucht-Frau-Klischee, das vielerorts noch durch die Köpfe spukt!

Doch Klischees sind zäh, und nach wie vor gilt, dass die Deutschen über kein anderes Land so fiese Witzchen erzählen wie über Polen. Auch die Polen ersparen den Deutschen kaum eine deftige Pointe. Und trotzdem gibt es Hunderttausende deutsch-polnischer Ehen und Partnerschaften.[2] Polnische Frauen waren lange Zeit die beliebtesten ausländischen Ehepartnerinnen deutscher Männer und wurden erst vor wenigen Jahren von Türkinnen auf Platz zwei verdrängt.

Was zieht gewisse Menschen hüben und drüben so stark zueinander hin, dass sie alle Vorurteile über Bord werfen und sich nicht einmal von der politischen Konjunktur abschrecken lassen, die derzeit schlecht ist? Und wie viele dieser Ehen und Partnerschaften scheitern? Ach ja – und warum sind es weit mehr Verbindungen polnischer Frauen mit deutschen Männern als deutscher Frauen mit polnischen Männern?

Das sind komplizierte Fragen, und deshalb möchte ich doch wenigstens kurz erklären, mit welcher Methode ich mich, trotz

2 Ich werde im Folgenden immer von »deutsch-polnischen« Partnerschaften sprechen. In der polnischen Version dieses Buches wird es dafür dann »polnisch-deutsche Partnerschaften« heißen – versprochen.

Ermangelung eines Doktortitels und ohne eigenen Think Tank, an sie herantasten will.

Zum einen kann ich, wie gesagt, auf die Erfahrungen aus zwei langjährigen Beziehungen mit polnischen Frauen zurückgreifen.

Zum anderen hatte ich zeitgleich noch drei andere Ehefrauen, nämlich während meiner fünfjährigen TV-Karriere als Kartoffelbauer Stefan Müller. In der polnischen Fernsehserie »M jak Miłość« (L wie Liebe), die bis zum heutigen Tag läuft, war ich zwar alles andere als ein Frauenversteher, eher ein schwer gehemmter Pechvogel, doch irgendwie gelang es meinem Alter Ego, sich trotz hartem deutschem Akzent in die Herzen von gleich drei TV-Dorfbewohnerinnen (hintereinander) zu daddeln. Ja, es kam so weit, dass der arme Stefan Müller die höchsten Beliebtheitswerte von allen Schauspielern der Serie erzielte und *reale* Schwiegermütter mir bunte Bonbonkartons, beklebte Streichholzschachteln und Fotos ihrer ledigen Töchter schickten. Von diesen strahlenden Erfolgen werde ich, im Unterschied zu meinem uninteressanten Privatleben, gerne und ausführlich berichten. Waren die Erfolge ausschließlich auf mein überragendes Schauspieltalent zurückzuführen? Nein, sie hatten wohl auch ein bisschen mit den Tricks der Drehbuchautoren zu tun. Diese trieben ein im positiven Sinn abgekartetes Spiel mit den Klischees, die sich in Polen um Deutsche ranken. Hier verbirgt sich eine kluge Strategie, der ich selbst erst ganz allmählich auf die Spur gekommen bin.

Das harte Los der Ehemänner

2006 brachte ich in Polen ein Buch heraus, das sich um die Kulturschocks eines Deutschen in Polen drehte. Anderthalb Jahre später erschien die deutsche Ausgabe unter dem Titel »Viva Polonia« und verkaufte sich wesentlich besser als die polnische. Woran lag das? Ich wusste es nicht, nahm aber gerne die zahlreichen Einladungen an, die aus Deutschland eintrudelten. Nach vierzehn Jahren polnischer Emigration kehrte ich teilzeitmäßig ins Vaterland zurück und mietete mir sogar eine kleine Wohnung in Berlin, um all die Auftritte zwischen Kiel und Memmingen zu bewältigen. Und irgendwann entdeckte ich die Ursachen für den Verkaufserfolg: Deutschland wimmelte von deutsch-polnischen Paaren, die nach Ratschlägen bezüglich gegenseitiger Kulturschocks suchten! Sie hatten sich während eines Erasmus-Stipendiums, auf einem digitalen Partnerportal oder auch einfach bei C & A in Sindelfingen kennengelernt und saßen nun vor mir, Hand in Hand oder auch mit verschränkten Armen. Häufig kamen sie nach den Veranstaltungen zu mir, um sich ihr Buchexemplar signieren zu lassen. Manchmal passierte es allerdings auch, dass nur eine Polin erschien, während ihr deutscher Gefährte sich fünf, sechs Meter abseits hielt. Warum mied er mich? Regelrecht peinlich wurde die Sache, wenn seine Frau zu ihm hinüberrief: »Uwek, kannst du mal kommen und ein Foto von uns machen?« So mancher Uwe grummelte dann »kein Speicherplatz mehr« und verließ das Theater. Eines Tages begriff ich endlich, was da los war. Ein gewisser **Axel**, seit Jahren mit einer Polin verheiratet, schrieb mir:

»Das erste Mal habe ich Sie im polnischen Fernsehen so um 2002 gesehen. Mit weitreichenden Folgen, wie zum Beispiel der gefühlten Herabsetzung meiner Person in den Augen meiner Schwiegermutter um 75 Prozent (weil Sie so gut Polnisch sprachen und ich nicht ganz so gut). Ich war so down, dass ich mich mit der Frage zu beschäftigen begann: Braucht man fürs kanadische Nord-West-Territorium ein Einreisevisum?«

Ach so, jetzt wurde mir einiges klarer. Deswegen an dieser Stelle eine herzliche Entschuldigung an alle Ehemänner, denen ich als Vorbild vorgehalten wurde! Es handelt sich durchweg um sympathische, gutaussehende Landsleute, die vor ihrer Eheschließung mit einer Polin schlichtweg nicht wussten, worauf sie sich einlassen. Seither müssen sie Polnisch lernen und ihre Gattin zweimal pro Jahr nach Polen begleiten, an Weihnachten und Ostern. Dort sitzen sie dann, mit einer schweren Kette an den Küchentisch gefesselt, und verstehen kein Wort, wenn die Schwiegermutter alle dreißig Minuten fragt: »No co, kochanie, jesteś jeszcze głodny?« Sie nicken nur höflich – und bekommen prompt die sechste Kelle Bigos auf den Teller geklatscht. Drei Tage lang geht das so, jeder Tag bedeutet ein zusätzliches Kilo auf der Waage. Und wehe, sie versuchen irgendwelche Tricks: »Äh, sorry, ich muss mal kurz eine rauchen.« Sofort sagt die Schwiegermutter in scharfem Ton zu ihrer Tochter: »Was ist denn mit deinem Mann los? Seit wann raucht der denn? Mag er uns nicht? Hat er was gegen Polen?« Die Tochter übersetzt es ihrem Mann – und der sinkt seufzend wieder hinter den Tisch zurück. Schon der Opa war ja damals in Polen, und da möchte der Enkel wirklich nicht noch einmal Ärger machen!

Doch nicht nur langjährige Ehemänner schrieben mir, sondern auch solche, die es erst noch werden wollen. Ein anonymes Beispiel:

»Hallo, zunächst zu meiner Person: Ich komme aus Saarbrücken, bin 42 Jahre alt, und mit Polen verbindet mich rein gar nichts. Ich bin in Göttingen zufällig in Ihre Show gestolpert, weil ich im Hotel neben dem Theater übernachtet habe. Ich war beeindruckt von den Fotos Ihrer drei TV-Ehefrauen. Wo lerne ich solche Frauen kennen? Eine würde mir schon genügen.«

Komischerweise brachten mich solche Anfragen aber noch nicht auf die Idee, ein Buch über die Liebe zwischen Deutschen und Polen zu machen. Stattdessen schrieb ich zunächst einige andere Bücher, zuletzt über meine Warschauer Wahlheimat. Erst als ich eine überraschende Mail meiner alten Freundin **Kasia** erhielt, dämmerte mir langsam, dass da irgendwo in der Welt eine riesige Marktlücke klaffte. Kasia teilte mir mit, dass sie inzwischen einen Deutschen geheiratet habe, von Warschau nach München gezogen sei und dort ein Internet-Partnerportal betreibe. Als ich sie nach interessanten Fällen fragte, schlug sie mir kurzerhand vor, ein Treffen mit einigen polnischen Freundinnen zu organisieren, die mit deutschen Männern liiert sind. Ich stimmte begeistert zu, und einige Zeit später fand dieses Treffen in einer Münchner Kneipe statt, die natürlich auch einer Polin gehörte. Es erschienen mehr als vierzig Frauen. Ich war der einzige Mann im Saal, abgesehen vom deutschen Ehemann der Wirtin, der mir gelegentlich aus der Küche zuwinkte. Die Diskussion war umwerfend offen, kein Thema wurde ausgespart, das Protokoll umfasst acht Seiten, und ich werde im weiteren Verlauf des Buches immer wieder daraus zitieren.

Vier Wochen später kam es, wiederum dank Kasia, zum umgekehrten Treffen. Diesmal erschienen zwar nur acht deutsche Ehemänner polnischer Frauen, aber das Protokoll des Treffens wurde sogar noch länger. Die Herren erwiesen sich als mindestens genauso mitteilungsbedürftig wie ihre Partnerinnen, sodass ich nach vier Stunden erschöpft abbrechen musste und den Vorschlag machte, eine Münchner Selbsthilfegruppe zu gründen. Ob sie wirklich ins Leben gerufen wurde, entzieht sich meiner Kenntnis. Falls weitere Ortsgruppen in Planung sind, komme ich gerne zur Gründungsversammlung.

Am Ende eines langen Diskussionsabends – 42 Polinnen und ich (im Bild sind 35 von ihnen zu sehen)

Faktenhunger

Nun hätte eigentlich die Arbeit beginnen können. Ich besaß bereits ziemlich viel Material. Doch in einem Anfall von empirischem Faktenhunger postete ich noch eine Umfrage auf meiner Facebook-Seite. Sie enthielt fünf Fragen, in denen ich deutsche und polnische Partner um ihre Erfahrungen bat. Das Echo war überwältigend. Es hagelte Antworten. Zunächst waren sie noch in einem äußerst handzahmen Stil gehalten, geradezu streberhaft brav. Da konnte man um ein Haar den Eindruck gewinnen, dass alle deutsch-polnischen Partnerschaften in Glückshormonen baden und von magischer Liebe erfüllt unaufhaltsam auf die Goldene Hochzeit zusteuern. Doch ich hatte keineswegs vor, eine reine Wohlfühlbroschüre zu verfassen. Deshalb postete ich auf Facebook gleich noch eine Mahnung: Man solle mir bitte schön kritischere Berichte schicken, denn das Publikum lese nun mal lieber über Hass, Mord und Drama.

Am Ende eines noch längeren Diskussionsabends – acht deutsche Ehemänner und ich

Von nun an wurden die Zuschriften interessanter. Einige streiften die Tragödie. Bei der Lektüre musste ich manches Mal heftig schlucken. Manchmal wurde nicht nur der Partner, sondern gleich auch in einem großen Aufwasch die gesamte deutsche oder gesamte polnische Kultur in die Pfanne gehauen. Das ist psychologisch leicht zu erklären. Alle Verlassenen und Verschmähten dieser Welt neigen dazu, nach einem Schuldigen für ihr Pech zu suchen. Nach einer gescheiterten Beziehung können sie meist keinen Sündenbock finden, außer dem Ex-Partner selbst. Doch bei binationalen Partnerschaften liegt die Sache anders. Man kann eine ganze Kultur, ein ganzes Land haftbar machen, Millionen von Menschen in einen Topf werfen – und darunter dann eine sehr heiße Flamme anzünden, die Flamme der Rache. Mancher und manche wird regelrecht zum Hass-Koch.

Auch im eigenen Bekanntenkreis machte ich mich auf die Suche, klopfte an die tränenbeschlagenen Fensterscheiben von Verletzten und Enttäuschten. Ich führte Interviews mit ihnen und protokollierte ihren Frust. Fast allen Unglücklichen musste ich versprechen, strikte Anonymität zu wahren, doch auch manch Glücklicher bat um Namensänderung. Ich sah darin kein Problem, ging es mir doch nicht um journalistische Authentizität. Wichtig war mir allerdings, deutsche und polnische Stimmen möglichst gleichberechtigt zu Wort kommen zu lassen. Ideal wäre, wenn am Ende des Buchs beide Seiten genau gleich sauer auf mich sind! ☺

Mehr als die Hälfte der im Folgenden zitierten Personen treten unter verändertem Namen auf, einige bestanden aber ausdrücklich auf ihrem Echtnamen. Der besseren Übersichtlichkeit halber sind alle Personen, die zum ersten Mal erwähnt werden, **fett gedruckt**. Nachnamen habe ich grundsätzlich weggelassen.

Allen meinen Gesprächs- und Korrespondenzpartnern möchte ich herzlich danken – vor allem auch denjenigen, deren Berichte ich aus Platzgründen diesmal leider nicht zitieren konnte. Es ist auf jeden Fall genug Material für einen Fortsetzungsband da …

2 VOM CHARME DER KLISCHEES

Deutsche Klischees

Nicht alle Menschen sind so gechillt und entschleunigt wie Tobi und Weronika. Sehr häufig stehen zu Beginn einer deutsch-polnischen Liebe immer noch allerlei Vorurteile und Klischees, und zwar in beiden Ländern. Schwer zu sagen, wer da eigentlich die schlimmeren hegt.

Beginnen wir mit den Deutschen.

Eine Zeit lang wollte ich dieses Buch einfach »Meine Frau ist Polin« nennen. Der Titel gefiel mir, weil er ohne Kalauer daherkam. Trotzdem fand ich ihn witzig; er klang wie der Stoßseufzer eines Patienten beim Psychoanalytiker: »Herr Doktor, meine Frau ist Polin.«

Doch mein Berliner Freund Peter sah mich ungläubig an und protestierte scharf. Nein, das Wort »Polin« passe *gar* nicht in den Titel. So könne man allenfalls ein Buch mit Altherrenwitzen nennen!

Seine Kritik bestürzte mich, denn ich gebe viel auf Peters Urteil. Er hat den siebten Sinn, was subtile Gehässigkeiten gegenüber Polen angeht. Von einer Konferenz im Berliner Auswärtigen Amt kam er einmal ironisch grinsend zurück: »Ich habe mir die Panels angehört und die Leute angeguckt. Wenn deutsche Beamte großartig verkünden, dass sie Geld für Polen geben wollen, geht es in Wirklichkeit nur darum, die Stellung der deutschen Sprache zu stärken. Meinst du, sie wollen wirklich Polen selbst helfen?«

Peter entstammt einer Spätaussiedlerfamilie, ist noch in Oberschlesien geboren, dann aber als kleiner Junge mit seinen Eltern ins Ruhrgebiet gekommen und dort zweisprachig aufgewachsen. Er arbeitet in der Versicherungsbranche und gewinnt Jahr für Jahr einen Preis als bester Berater, weil er nicht nur sympathisch und kompetent ist, sondern auch die in Deutschland lebenden Polen bestens versteht. Dieser riesige Pool potenzieller Kunden wird ja immer noch von den meisten deutschen Firmen und politischen Parteien sträflich vernachlässigt, einmal abgesehen von einer Supermarktkette, bei der es inzwischen eigene Regale mit polnischen Produkten gibt.

Ich fragte ihn, welche Assoziationen er denn bei »Polin« habe. Das Wort sei doch völlig neutral!

Er verzog das Gesicht: »Nee. Ich kann ›Polin‹ nicht ertragen.«

»Hä?«

»Klingt furchtbar.«

Ich schaute ihn verwundert an, und dann erklärte er es mir: An dem Wort hänge eine Klischeelast, die es herunterziehe wie fünfzig Kilo Botox. »Polin« sei kein normales Wort wie »Französin« oder »Italienerin«. Polinnen würden im besten Fall mit Altenpflegerinnen oder Putzfrauen assoziiert. Und im schlechtesten – na ja, ich wisse ja selbst …

Ich widersprach: »Wieso denn? Polinnen haben doch einen glänzenden Ruf! Heinrich Heine hat sie die ›Weichselaphroditen‹ genannt. Karl Millöcker komponierte sogar ›Der Polinnen Reiz ist unerreicht‹.«

»Das war in der Steinzeit. Aber heute wird alles von den Kleinanzeigen in den Boulevardzeitungen überschattet. Lass die Finger von diesem Wort.«

An diesen Tipp habe ich mich, wie man sieht, gehalten, und mich stattdessen bei der Wahl des Buchtitels an meinem aktuellen Bühnenprogramm orientiert.

STEFFEN MÖLLER
POLNISCHE PAARTHERAPIE
SO. 2.10.2022
Die Wühlmäuse
Tickets & Infos Tel. 030 30673011 www.wuehlmaeuse.de sowie bei allen guten VVK-Stellen

Polnische Vorurteile

Auch in Polen gibt es Klischees, und sie sind gerade gegenüber deutschen Frauen recht unfreundlich. Zum Glück wissen es die meisten deutschen Touristen gar nicht und werden es auch bei einem Kurzurlaub in Masuren nicht erfahren. Mir selbst fiel es erst auf, als ich begann, mich für polnische Comedy zu interessieren. Sobald in irgendeinem Sketch eine deutsche Frau auftauchte, hieß sie »Helga« und war eine Mischung aus strenger Gouvernante und behaartem Sexmonster. Während die deutschen Männer im polnischen Kabarett meist als verkappte Nazis herumstiefeln, stehen sie doch immerhin im Ruf, schneidig und gutaussehend zu sein. Die deutschen Frauen dagegen sind angeblich nicht nur hässlich, unweiblich und unter den Achseln unrasiert, sondern gelten darüber hinaus auch als – sexbesessen.

Verantwortlich für dieses reichlich widersprüchliche Klischee ist ein gewisser Zweig der westdeutschen Filmindustrie. In den Siebziger- und Achtzigerjahren wurden aus der BRD anscheinend vor allem zwei Artikel ins kommunistische Polen geschmuggelt: Filterkaffee und Videokassetten. Jacobs Krönung und »Liebesgrüße aus der Lederhose«, Eduscho und »Reich mir den Stengel, du Bengel«, Tchibo und »Unterm Dirndl wird gejodelt«.

Ist es peinlich, das hier zu erwähnen? Sollte man diese Dinge am besten schamvoll unters Lederhöschen ... pardon, unter den Teppich kehren? Nein, seien wir lieber froh und dankbar dafür, dass es auf beiden Seiten deftige Obszönitäten gibt! Dadurch kann eine Atmosphäre wechselseitiger Abschreckung entstehen. Wenn der Pole dem Deutschen mit einem gehässigen Witz kommt, etwa: »Mein Beileid! Ich habe gehört, dein Opa ist im KZ umgekommen – vom Wachturm gefallen!«, dann

Starke Frauen schüchtern mich ein –
das Helga-Denkmal vor dem Bahnhof von Emsdetten

kontert der Deutsche bissig: »Wie kann man Autos in Luft auflösen? Mit Polenstoffdioxid!« Und sollte der Deutsche dann noch Lust haben, eine Polin als »willig und billig« zu bezeichnen, kann der Pole postwendend fragen, wie es eigentlich dem »Stoßtrupp Sabine« geht. Die Konsequenz: Beide Seiten ersparen sich ihre Witze und bleiben hübsch höflich.

Übrigens beschloss Freund Peter vor Kurzem, mein Buch nun doch zu unterstützen, nämlich mit einigen Berichten aus seinem eigenen Eheleben. Hier sind seine »Zehn Gebote einer polnischen Ehefrau« (von seiner Frau angeblich alle abgesegnet). Ja, solche Meinungsumschwünge sind typisch für ihn. Erst moralisiert er wie ein echter Deutscher, danach schaltet er auf Selbstironie um, wie ein echter Pole.

Die 10 Gebote einer polnischen Ehefrau (nach Peter)

1. Du sollst keine anderen Interessen haben außer mir, weder Fußball, Klettern noch Freunde.
2. Du sollst den Namen deiner Göttin nicht unnütz im Munde führen, zum Beispiel »Bring mir mal Bier aus dem Kühlschrank, oh du meine Göttin.«
3. Du sollst den Feiertag heiligen, am besten mit Rosen. Konkret handelt es sich um den 14. 2. (Valentinstag), den 8. 3. (Frauentag) sowie meinen Geburtstag, den Geburtstag meiner Mama, unseren Hochzeitstag, die Geburtstage unserer Kinder und Muttertag.
4. Ehre meine Mutter und meinen Vater.
5. Du sollst mich nicht schlagen, nicht mal im Scherz.
6. Du sollst nicht trinken. Wenn du dieses Gebot zehn Jahre lang peinlich genau befolgst, wird es zur Belohnung abgemildert. Dann lautet es: ›Trink nicht zu viel.‹

7. Was mein ist, sei mein, und was dein ist, sei unser, es sei denn: Schulden und Rechnungen – die sind dein.
8. Du sollst mich nicht belügen, denn ich erfahre es sowieso. Eine Ausnahme von dieser Regel stellt die Frage nach meinem Aussehen dar.
9. Begehre nicht meine Freundinnen …
10. … noch sonst irgendeine Schlampe, die dich anlächelt.

Die untote Wanda

Nun zu einem weiteren polnischen Klischee über Deutsche, das hier nicht fehlen darf. Es geht zurück auf eine mittelalterliche Legende, die in Polen so berühmt ist wie die deutsche Legende von der Loreley, die auf dem Rheinfelsen sitzt und ihr Haar kämmt. Aber so wie in Deutschland wohl niemand erklären könnte, wie die Loreley eigentlich auf den Felsen hochgekommen ist, vermag auch in Polen kaum jemand die Wanda-Geschichte anständig nachzuerzählen. Den meisten Leuten ist nur der Titel der Legende geläufig: »Wanda, die den Deutschen nicht wollte« (Wanda, co nie chciała Niemca). Wohl jeder deutsche Ehemann wurde schon einmal mit diesem rätselhaften Halbsatz konfrontiert, so wie jede Polin in Deutschland sich den Running Gag anhören muss, dass Polen noch nicht verloren sei … was übrigens die erste Zeile der polnischen Nationalhymne ist.

Auch ich stolperte gleich nach meiner Ankunft in Warschau über den ominösen Namen. Eine Lehrerkollegin am Gymnasium fragte mich freundlich, ob ich schon »meine Wanda« gefunden hätte. Meinte sie etwa unsere Kollegin, die schöne Biologielehrerin? Die hieß Wanda, richtig, war aber mindestens zwanzig Jahre älter als ich … seltsam …

Der Ursprung der Legende liegt etwa im Jahr 1200, als sie von einem polnischen Bischof und Chronisten namens Kadłubek aufgeschrieben wurde. Aufgeschrieben? Das klingt so, als hätte er eine alte Überlieferung schriftlich festgehalten. Doch sehr wahrscheinlich hat er sich die ganze Story von Anfang bis Ende ausgedacht. Sein ehrenwertes Ziel war es, dem jungen Volk der Polen einen strahlenden Gründungsmythos zu geben. Und weil zu seiner Zeit noch die Vorstellung herrschte, dass die Polen von den Vandalen abstammten, kam er auf den Namen »Wanda«. Sie sollte die schöne Tochter des Königs Krak sein, des mythischen Gründers von Krakau. Kadłubek dachte sich also quasi den Sequel einer bekannten Sage aus, und das klang so: Als der König starb, folgte Wanda ihm auf den Thron. Dank ihrer weisen Herrschaft gewann sie schnell die Liebe ihrer Untertanen, blieb aber ledig und wies beharrlich alle Bewerber ab. Eines Tages erschienen wieder einmal Abgesandte und hielten im Namen ihres Herrschers Rytygier (Rüdiger) um Wandas Hand an. Wanda erteilte auch ihnen einen Korb. Prinz Rytygier aber ließ sich das nicht gefallen und trug seinen Abgesandten auf, noch einmal in Krakau anzutreten, diesmal mit einer Drohung: Wenn Wanda ihm weiterhin ihre Hand verweigere, werde er ihr Land mit Krieg überziehen! Als die Königin dies vernahm, zog sie sich sorgenvoll in ihre Gemächer zurück, dachte lange nach und verschwand schließlich bei Sonnenaufgang aus dem Schloss. Man fand sie später im Wasser der Weichsel treibend. Sie hatte sich in die Fluten gestürzt, um ihrem Volk eine Katastrophe zu ersparen – und sich selbst die Ehe mit dem Deutschen …

Heute weiß man, dass der Legendenfabrikant Kadłubek von einer falschen Voraussetzung ausging. Die Polen stammen keineswegs von den Vandalen ab, da diese überhaupt kein slawisches, sondern ein ostgermanisches Volk waren. Möglicherweise hatten sie tatsächlich eine Zeit lang an der unteren Weichsel gelebt, zogen aber zur Zeit der Völkerwanderung nach Westeuropa und weiter bis nach Nordafrika. Ihren schlechten Ruf erwarben sie sich durch allerlei Schandtaten bei der Einnahme Roms im

Das legendäre Wanda-Heft von 1938
mit Text von K. Makuszyński und Bildern von M. Walentynowicz

Jahr 455. Stand heutiger Forschung ist eher, dass nicht die Polen, sondern die Deutschen von den Vandalen abstammen.

Aber es ist natürlich längst zu spät. Die Wanda-Legende wurde in Polen zum zweitwichtigsten antideutschen Mythos, gleich nach der Schlacht bei Grunwald (Tannenberg), die 1410 zur Abwechslung allerdings tatsächlich stattfand. Im 19. Jahrhundert, im Zeitalter des blühenden Nationalismus, kochte das Wanda-Thema wieder hoch, es entstanden große fünfaktige Theaterstücke, und der tschechische Komponist Antonín Dvořák schrieb 1875 sogar eine Wanda-Oper.

Bis heute wird übrigens in der Nähe von Krakau »Wandas Grabhügel« (Kopiec Wandy) gezeigt, gleich am Ufer der Weichsel. Archäologen ermittelten, dass er vor über tausend Jahren aufgeschüttet wurde. Viel Aufwand für eine Phantomleiche! Fast bin ich verwundert, dass hier von gewissen Politikern noch nicht nachgebuddelt wurde. Ließe sich nicht beträchtliches Kapital daraus schlagen, wenn man Wandas Skelett fände: das berühmteste Opfer der Deutschen? Für zwei Prozent zusätzlicher Stimmen würden manche Leute sogar das Grab von Micky Maus öffnen lassen.

Der lange Schatten des Krieges

Doch es gibt noch eine andere Geschichte, deren Schatten auf jedes deutsch-polnische Paar fällt, und dieser Schatten ist ungleich länger als der der alten Wanda-Story. Gemeint ist natürlich die Geschichte des Zweiten Weltkriegs.

Aus dieser Zeit wäre von unzähligen traurigen Schicksalen deutsch-polnischer Paare zu erzählen, etwa von polnischen Zwangsarbeitern, die verbotene Beziehungen mit deutschen Frauen eingingen und dafür hingerichtet wurden. Wer sich damit näher befassen möchte, sei auf das hochinteressante Buch »(Nie-)poszła za Niemca« (»Sie wollte (k)einen Deutschen«) von Piotr Roguski verwiesen, das 2018 herauskam, bislang leider nur auf Polnisch.

Nach dem Krieg waren deutsch-polnische Paare viele Jahrzehnte lang eine absolute Ausnahme. Das lag an der Abgeschlossenheit Polens hinter dem Eisernen Vorhang, aber auch an den schockierenden Erfahrungen vieler Polen mit den Deutschen während des Krieges. **Kasia** berichtet, dass ihre Mutter Mitte der Siebzigerjahre als Studentin in Holland arbeitete und sich dabei in einen wunderbaren Mann aus Deutschland verliebte. Sie heiratete ihn aber nicht, weil sie sich nicht vorstellen konnte, ihren Eltern einen deutschen Schwiegersohn zu präsentieren. Als Kasia ihrer Mutter dreißig Jahre später ihrerseits einen deutschen Mann vorstellte, hielt sich deren Begeisterung in Grenzen, doch sperrte sie sich nicht gegen die Beziehung.

Konfrontation mit der Vergangenheit

Die meisten deutschen Ehepartner werden wohl erst durch ihre polnischen Partner/-innen mit den deutschen Untaten in Polen während des Krieges konfrontiert. Erstaunlicherweise scheinen diese Begegnungen mit der Vergangenheit aber meistens sehr versöhnlich zu verlaufen.

Sylwia fährt jeden Sommer mit ihrem deutschen Mann nach Polen. Dort trinkt er dann Wodka mit ihrem einundneunzigjährigen Onkel, der als Junge gegen Kriegsende gefallene deutsche und sowjetische Soldaten begraben musste. Er schloss Sylwias Mann in sein Herz und erzählte ihm immer von den toten Soldaten. Nach 1989 bemühte er sich darum, dass jemand ihre sterblichen Überreste nach Deutschland brachte. Vor einigen Jahren kam endlich eine Kommission aus Katowice und exhumierte die Toten. Da sagte der alte Onkel zu Sylwias Ehemann: »Na, siehst du, Junge, jetzt haben sie deine Kollegen weggeholt.« Danach lachten beide und tranken zusammen ein Gläschen Magenbitter.

Agnieszkas Großeltern, die in Poznań leben, freuten sich sehr über einen Deutschen in der Familie. »Ja, allen Ernstes: wirklich und gerade über einen Deutschen.« Der Großvater ist nämlich stolz darauf, dass Posen heute in Polen für seine Ordnung und Sauberkeit bekannt ist, und bezeichnet dies als ein Verdienst der Deutschen (Posen gehörte bis 1918 zum Deutschen Reich).

Während der Kriegszeit wäre der Großvater einmal fast von einem deutschen Soldaten erschossen worden. Erst im letzten Moment wurde dem Soldaten von einem anderen Deutschen die Waffe aus der Hand geschlagen, sodass die Kugel in die Wolken ging. Der Großvater erzählte ihrem Mann diese Geschichte, so Agnieszka, um zu zeigen, dass es auch unter den Deutschen Gute und Böse gegeben habe.

Agnieszkas Großmutter wiederum arbeitete vor dem Krieg als Kindermädchen bei einer deutschen Familie (die offensichtlich zu der nach 1918 dagebliebenen deutschen Minderheit gehörte). Gegen Ende des nächsten Krieges, als die Deutschen Richtung Westen flohen, nahmen sie auch ihr Kindermädchen mit. Nach dem Krieg fuhr der Opa hin, um seine Frau zurückzuholen. Er kam zurück, den Kopf voller Eindrücke. In Deutschland habe er nette Menschen angetroffen, ein Fest im Dorf erlebt, große Bierkrüge, alle hätten an den Tischen geschunkelt … Mit der deutschen Familie, bei der die Großmutter einst gearbeitet hatte, wurde noch vierzig Jahre lang Kontakt gehalten. Dieser Verbindung hatte Agnieszka es zu verdanken, dass sie mitten im Kommunismus Pakete aus Deutschland mit hübschen Kleidchen bekam.

Peter (aber nicht mein Berliner Freund, Peter 1, sondern ein mir persönlich unbekannter Peter, den ich ab jetzt **Peter 2** nennen werde) berichtet, dass seine Schwiegereltern in einem kleinen Dorf wohnen, in dem die Deutschen im Zweiten Weltkrieg ein Massaker anrichteten. Heute gibt es dort ein großes Museum, das von vielen polnischen Schulklassen besucht wird. Trotzdem gewann Peter von Anfang an den Eindruck, dass die Dorfbewohner kein Problem mit ihm hatten. Eines schönen Sommertages arbeitete er bei großer Hitze unweit der Straße, zusammen mit seinem polnischen Schwager. Sie entfernten Unkraut und stapelten endlose Mengen Holz auf. Da lief ein Nachbar vorbei und sagte spöttisch: »Vor 75 Jahren haben uns die Deutschen zur Zwangsarbeit gezwungen, heute kommt der Deutsche freiwillig und macht die Drecksarbeit.« Peter mag diesen Umgang mit der Geschichte. »Es ist nichts vergessen, wird aber nicht über die Maßen strapaziert.«

Ein Nazi im Haushalt?

So locker der Umgang mit der Geschichte auch ist – die Nazi-Assoziationen funken trotzdem noch in jede deutsch-polnische Partnerschaft hinein, und zwar nicht immer nur ironisch-lustig.

Die Deutsche **Barbara** beklagt sich: Immer wenn ihrem polnischen Mann etwas nicht passe, komme er sofort mit Nazi-Vergleichen. Schimpfe sie zum Beispiel mit den Kindern, heiße es von seiner Seite sofort, sie solle mit dem SS-Stil aufhören.

Markus: »Ich bin für meine Frau ständig der Nazi. Nazi ist mein zweiter Vorname.« Einmal im Flugzeug lehnte Markus die Frage einer Stewardess, ob er etwas trinken wolle, ein wenig schroff ab (er sah gerade einen guten Film). Sofort kritisierte ihn seine Frau: »Das war jetzt nazimäßig.« Ein andermal wollte er die Polizei benachrichtigen, weil im Treppenhaus ein Obdachloser schlief. Seine Frau warf ihm sofort wieder vor, sich wie ein Nazi zu verhalten. Er ertappt sich manchmal dabei, dass er von einer deutsch-deutschen Ehe träumt. »Ich stell mir das so schön privat vor, ohne jeden Vergleich. Da bin ich dann nur noch der Markus.«

Matthias berichtet, dass seine Frau es nicht mag, wenn er mit Schuhen in die Wohnung kommt. Am Anfang fand er das lästig und hielt sich nicht dran, doch eines Tages akzeptierte er es. Und wie kam es zu dieser Sinnesänderung? Als das Ehepaar mal wieder über die Weihnachtstage nach Polen fuhr und Matthias auch bei seinen Schwiegereltern nicht die Schuhe auszog, nahm seine Frau ihn nach drei Tagen diskret beiseite: Ihre Eltern hätten ihr gesagt, dass sie jedes Mal einen Schrecken bekämen. »Wenn dein Mann reintrampelt, denken wir immer, er möchte eine Razzia machen.« Seitdem zieht Matthias gleich an der Türschwelle die Schuhe aus und schwebt elfengleich auf Strümpfen durch die Wohnung.

Klaus berichtet, dass der Bruder seiner polnischen Frau ihm einmal beim Spazierengehen sagte, der Holocaust sei ein solches Verbrechen gewesen, dass es wohl für alle Zeiten an den Deutschen kleben werde. Klaus stimmte dem zu, wunderte sich aber insgeheim über den feierlichen Ton, in dem sein Schwager gesprochen hatte. Er schien anzunehmen, dass die Deutschen die ganze Sache am liebsten abstreiten würden. Klaus hätte ihm gerne geantwortet: »Tut mir leid, ich kann deine Anklage nicht persönlich nehmen, denn ich betrachte die Nazi-Verbrechen genauso wie du.«

Das Erfolgsgeheimnis des Kartoffelbauers

Klischees und Vorurteile über andere Länder werden auf der Erde bis zum endgültigen Einschlag eines Meteors existieren. Sie sind überall dort eine Orientierungshilfe, wo wir über keinerlei eigene Erfahrungen verfügen. Man sollte sie deswegen auch nicht abfällig als gefährliches Halbwissen bezeichnen, sondern eher als tastendes Viertelwissen, eine Art Wikipedia des steinzeitlichen Bewusstseins. Die Schwierigkeit besteht »lediglich« darin, sie zu bemerken und dann ein bisschen ironisch zu brechen. Wenn das gelingt, kann man mit ihnen spielen und sie sich sogar zunutze machen.

Diese Erfahrung habe ich selbst gemacht, und zwar in der bereits erwähnten polnischen TV-Serie. Die Drehbuchautoren spielten auf geniale Weise mit den Klischees, die sich um Deutsche ranken. Manchmal bestätigten sie sie schlau, dann wieder schrieben sie meiner Figur Eigenschaften auf den Leib, die quer zur Erwartungshaltung des Publikums lagen. So spürte ich an der eigenen Haut, dass man auch als Ausländer niemals nur einfach hilfloses Opfer der einheimischen Klischees zu sein braucht.

Hier sind einige polnische Klischees über Deutsche, die von Kartoffelbauer Stefan Müller teils bestätigt, teils widerlegt wurden.

1. Deutsche sind wohlhabend
   Im Unterschied zu vielen anderen hochgestylten Figuren der auf dem Land spielenden Serie war Stefan Müller ohne jeden modischen Chic gekleidet. Ich trug klobige Stiefel, ausgebeulte braune Cordhosen, eine unmögliche grüne Winterjacke und sah ärmer aus als der ärmste polnische Bauer. Das weckte Mitgefühl und baute Ängste vor dem vermeintlich reichen Deutschen ab.

2. Deutsche trinken Bier und fahren Mercedes
   Deutsche trinken gerne Bier, und auch Stefan tat es (die Mitarbeiter der Requisite dachten sich schenkelschlagend immer neue Fantasiemarken aus). Deutsche fahren Mercedes, und auch Stefan tat es – allerdings ein zehn Jahre altes Modell. Das Alter wurde von vielen Zuschauern sehr genau zur Kenntnis genommen und als sympathische Abweichung vom Klischee gewertet. Doch merke: Man kann nur dann sympathisch vom Klischee abweichen, wenn man es im Kern bestätigt. Ein Deutscher, der kein deutsches Auto fährt, würde in Polen wohl gar nicht mehr als Deutscher empfunden werden, so wie ein Pole in Deutschland Unverständnis ernten würde, wenn er erst mal kräftig auf Papst Johannes Paul II. schimpft. »Ist das noch ein Pole?«

3. Die Deutschen wollen vom Krieg nichts mehr wissen
   Niemals wurde Stefan Müller auf den Zweiten Weltkrieg angesprochen. Das heikle Thema existierte gar nicht. Auch die Fans auf der Straße fragten mich niemals nach der Vergangenheit meiner Figur. Ich selbst hätte durchaus Lust gehabt, einige Sätze dazu zu sagen, um zu zeigen, dass ich das

Thema nicht unter den Teppich kehren wollte. Doch die Drehbuchautoren fanden eine elegantere Lösung: Wenn du nett bist, interessiert sich niemand dafür, was dein Großvater gemacht hat. Wenn du Interesse an Polen und an der Sprache zeigst, wird dir auch keiner unangenehme Fragen stellen. Nur bei Deutschen, die arrogant auftreten – da kommt das Thema Krieg ganz schnell auf den Tisch.

4. Deutsche haben Schäferhunde
Auch hier wich meine Figur wieder sympathisch vom Klischee ab: Ich hatte keinen scharf bellenden Schäferhund, sondern einen kuscheligen Golden Retriever, den Freund aller Kinder. Nach nichts anderem wurde ich von den Fans häufiger gefragt als nach meinem Hund »Bruder«. Wie hieß er in Wirklichkeit? War er folgsam? Wie geht es ihm heute? Habe ich noch Kontakt zu ihm? Daher mein Rat für alle Ehemänner: Wenn der Kontakt zu den polnischen Schwiegereltern am Anfang schwierig sein sollte, würde ich einfach mal beim nächsten Weihnachtsfest mit einem Hund aufkreuzen. Kann ja auch ein geliehener sein, braucht niemand zu wissen.

5. Deutsche sind immer Weltmeister
Es hätte mir gar nichts Besseres passieren können, als schon während meiner ersten Trauung von der Braut verlassen zu werden. Sie rannte aus der Kirche, weil sie in letzter Minute doch keinen deutschen Mann haben wollte. Dieser Skandal wurde zum Grundstock meiner Beliebtheit. Nun war ich der Pechvogel, und meine Warschauer Metzgerin, Pani Alicja, klopfte mir mitleidig auf die Schulter: »Pan Stefan, auch Sie finden irgendwann eine Frau, geben Sie nicht auf!« O, wie gut tat es den Leuten, dass der Deutsche auch mal der Verlierer war. Sind die Deutschen nicht dauernd und überall Weltmeister? Und dass ich bald darauf

Meine erste TV-Braut Jola bei ihrer Flucht aus der Kirche

auch noch von der zweiten Frau verlassen wurde – fantastisch! Erst mit der dritten durfte ich dann glücklich werden.

6. Deutsche sind keine Familienmenschen
   Nach der gescheiterten ersten Hochzeit tauchte plötzlich Stefan Müllers Mutter auf, Simona. Sie war eine Polin, die einen Deutschen geheiratet hatte, und wollte jetzt nach ihrem armen Sohn schauen. Bald erwies sie sich als die größte Drama-Queen unter der Sonne, eine Übermutter, unter deren Launen und schrägen Ideen das ganze Dorf zu leiden hatte. Stefan war ihr größtes Opfer, hörte aber geduldig zu, wenn sie wieder ausführlich über ihre Wehwehchen lamentierte. Auch dafür gab es beim Publikum viele Extrapunkte: Sieh mal an, der Deutsche hat ja Geduld und Familiensinn – bravo!

Meine zweite TV-Gattin Gosia – ich hätte mich vom Fotografen nicht überreden lassen sollen, mal kurz den Blumenstrauß zu halten

7. Deutsche haben keinen Humor
Stefan Müller machte keine Witze und hatte weniger Humor als sein Hund. In diesem Punkt wurde also das Klischee über Deutsche vollauf bestätigt. Auch das passte mir anfangs nicht. In manchen Szenen hätte ich gerne mal ein harmloses Witzchen eingeflochten, zum Beispiel darüber, dass ich mir Sorgen um meinen schönen Mercedes machte. Doch das war verboten. Die Schauspieler hatten nur gehorsame Diener der Drehbuchautoren zu sein und durften kein einziges Wort selbst dazudichten. Im Nachhinein bedauere ich es nicht. Ironische Bemerkungen hätten mein Pechvogel-Image kaputt gemacht, denn sie hätten den Zuschauern gezeigt: Dem armen Stefan geht es in Wirklichkeit gar nicht schlecht, denn er macht ja noch Witze. Hilfsbereitschaft bringt viel mehr Sympathie als Humor! Ging also irgendwo eine Frau einsam über die Felder, kam mit Sicherheit gerade Stefan Müller in seinem Mercedes vorbeigefahren und brachte sie zur nächsten Bushaltestelle, wo sie wohlbehalten wieder ausstieg.

Vorurteile helfen im Alltag

Auch im Alltag eines deutsch-polnischen Paares kann es überraschende Vorteile mit sich bringen, dass die Partner anfangs in wechselseitigen Klischees übereinander denken. Hier einige Beispiele für Konflikte, die dank der bösen Klischees nicht weiter eskalierten.

Ich selbst lasse immer die Kühlschranktür offen stehen. Das hätte meine Ex-Partnerin bei einem polnischen Mann sehr verärgert, aber in meinem Fall überwog bei ihr die Verblüffung. Sind die Deutschen nicht alles Leute, die ihre Zahnpasta immer ordentlich auspressten und am Ende noch mit einem Messer die Tube aufschlitzten? Ich ertappte sie sogar dabei, dass sie wider

Hochzeit mit meiner dritten TV-Gattin Ela. Diesmal ging alles gut – wir wurden so dermaßen glücklich, dass man uns aus der Serie hinausschrieb

Willen lachen musste, wenn sie schon wieder meine offene Kühlschranktür bemerkte.

Agnieszkas Partner trinkt abends gerne mal ein Bierchen zu viel. Wenn ein polnischer Mann das täte, würden bei ihr alle Alarmglocken schrillen, aber bei einem Deutschen hat sie keine Angst, dass er zum Alkoholiker wird. Die Deutschen sind schließlich allesamt erprobte Biertrinker! Dass es ihnen bislang nicht nachhaltig geschadet hat, sieht Agnieszka daran, dass sie weltweit nicht als schlimme Alkoholiker gelten. Die Slawen hingegen haben nach ihrer Meinung einen gefährlichen Hang zum Alkoholismus.

Jens ist Österreicher und war vom ersten Tag der Ehe an genervt davon, dass er beim Betreten der Wohnung seine Schuhe ausziehen sollte. Er fand das spießig, und einer österreichischen Ehefrau hätte er diesen Gefallen wohl nicht getan. Doch seiner polnischen Frau gegenüber kam es ihm unpassend vor, sie spießig zu nennen. In Polen ziehen halt alle Leute ihre Schuhe aus, dachte er, seine Frau kennt es nicht anders!

Annas Mann hatte, als sie ihn kennenlernte, ein vorsintflutliches Handy, in dem es noch nicht mal einen Fotoapparat gab. Das fand Anna seltsam, weil sie bisher angenommen hatte, dass die Deutschen durchweg »Vorsprung durch Technik« haben. Umso sympathischer fand sie, dass ihr Mann nicht in das Klischee passte. Am Ende war sie es, die ihn zwang, das alte Handy wegzuwerfen und sich ein Smartphone zuzulegen. Seither hat Anna beobachtet, dass auch viele andere Deutsche so alte Telefone haben. Das hat sie dazu gebracht, das Klischee von den technikbegeisterten Deutschen total über den Haufen zu werfen. Stattdessen meint sie heute, dass in Wirklichkeit die Polen viel fortschrittlicher seien. Sogar ihre Eltern besitzen inzwischen Smartphones, während ihre deutschen Schwiegereltern noch hinterherhinken.

Machen diese Berichte nicht ein bisschen Mut? Klischees sind auf den ersten Blick meist negativ, können aber die Funktion von Schmieröl übernehmen, mit dem eine Partnerschaft glatter läuft. Wo es fehlt, reibt Metall an Metall, Individuum an Individuum. Ein Mann, der stundenlang eine Kühlschranktür offen stehen lässt, wäre für seine Frau, ob in Deutschland oder Polen, eigentlich nur ein Schussel und Stromverschwender. In einer binationalen Ehe wird er plötzlich zum Ausnahmedeutschen aufgewertet!

3 FLIRT, ROMANTIK, EROTIK

Flirten in Deutschland

Der israelisch-österreichische Pantomime und Schauspiellehrer **Samy Molcho** hält seit vielen Jahren Workshops zum Thema Flirten ab; man kann sich das im Internet angucken. Er erklärt zum Beispiel sehr überzeugend, dass Flirts stets von der Frau ausgehen, Männer reagieren bloß. Über die Deutschen klagt Molcho, dass sie ein höchst gestörtes Verhältnis zum Flirt hätten, was man schon an dem schwerfälligen deutschen Sprichwort »Wer A sagt, muss auch B sagen« erkenne. Ein Flirt, so Molcho, bestehe nun einmal definitionsgemäß darin, nur A zu sagen – und das B in der Schwebe zu lassen. Doch die Deutschen dächten immer gleich an die Konsequenzen …

Georg, der mehrere Jahre lang eine polnische Freundin hatte, beschreibt die diametral verschiedene Ausgangslage in den beiden Ländern so: Eines Tages, als er gerade von seiner Freundin, die in Danzig wohnte, in seine deutsche Heimatstadt zurückkam, überquerte kurz vor ihm eine junge Frau die Straße. »Ihr Weg musste sich mit meinem kreuzen. Aber die Frau bemerkte das und vermied ein Zusammentreffen. Sie verlangsamte ihren Schritt, erreichte auf diese Weise kurz hinter mir den Bürgersteig und hielt sich von da an strikt hinter mir. Ich hatte das deutliche Gefühl, dass sie auf keinen Fall in Blickkontakt mit mir geraten wollte. Warum eigentlich nicht? Ich fand das wahnsinnig verkrampft. Genau das Gegenteil hatte ich an den vorangehenden Tagen in Danzig erlebt. Überall, ob im Bus oder auf der Straße, begegneten mir Blicke von jungen Frauen, meist natürlich nur zufällig. Es gab keine Angst vor Blickkontakt.«

Der Israeli **Daniel**: »Die Situation in Berlin wird immer schlimmer. Deutsche Frauen in Bus oder U-Bahn gucken absichtlich in eine andere Richtung oder wechseln sogar den Sitzplatz, um mit dem Rücken zu mir zu sitzen. Man gewöhnt sich das Flirten im Handumdrehen ab.«

Durch die #MeToo-Bewegung ist die Lage noch einmal komplizierter geworden, vor allem für junge Männer. Die französisch-israelische Soziologin **Eva Illouz** konstatiert: »Da gibt es eine gewisse Panik davor, sich Frauen zu nähern, etwas falsch zu machen und später in den sozialen Medien aufzutauchen.«[3]

Kein Wunder, dass die deutschen Männer verschreckt sind und sich ins Schneckenhaus zurückziehen. **Agnieszka**, die seit einigen Jahren in Deutschland lebt, gibt ein vernichtendes Urteil über deutsche Männer ab. Als sie nach Deutschland kam, fand sie zwar, dass die Männer im Allgemeinen gut aussahen. Sie wirkten gepflegt, machten Sport, zogen sich geschmackvoll an und waren intelligent, belesen usw. »Doch ich fand sie bei alledem absolut asexuell. Nicht anziehend. Neutral. Lauwarm.« Dazu halten sie, nach Agnieszkas Beobachtung, auch noch große physische Distanz zu anderen Menschen. Die Begrüßung und Verabschiedung mit einem Deutschen sieht für Agnieszka so aus, als würde man einen Besenstiel umarmen. »Die Polen küssen sich zur Begrüßung dreimal. Die Deutschen aber vollführen eine seltsame Bewegung mit dem Oberkörper in Richtung eines anderen Oberkörpers. Ich habe keine Ahnung, wie sie eigentlich eine Frau finden wollen.«

3 Interview in der *Berliner Zeitung* am 5.2.19, siehe: https://www.berliner-zeitung.de/ratgeber/familie/soziologin-eva-illouz--es-wird-viel-mehr-menschen-geben--die-allein-leben--31973696

Flirten in Polen

Doch heißt das jetzt im Umkehrschluss, dass in Polen eine erotisch aufgeladene, schwüle Atmosphäre herrscht?

Dazu eine Beobachtung, die man in Warschauer Bussen und Straßenbahnen jeden Mittag machen kann, wenn die Schule aus ist. Da sitzen pubertäre Schülerinnen auf den Knien ihrer Mitschüler, giggeln, gaggeln und flirten, was das Zeug hält. Ich habe das bereits in »Viva Polonia« beschrieben, damals allerdings einen völlig falschen Schluss daraus gezogen.

Ich war überrascht, in einem katholischen Land so viel Erotik zu finden, und dachte tatsächlich, dass die Teenager am Mittag einübten, was die Erwachsenen dann am Abend in Cafés und Kinos auf professionelle Weise zelebrierten. Überall brannte die Luft – schien mir.

Heute sehe ich das ganz anders. Ich übertrug mein eigenes Verständnis von Erotik auf Polen und sah im Verhalten der Schüler allerlei Dinge, die in Wirklichkeit gar nicht da waren. Die giggelnden Schüler flirten ein bisschen, ja richtig – aber sie denken dabei nicht groß an erotische Subtexte. Es ist kein sexuell aufgeladenes, sondern einfach ein lustiges Spiel, und die Grundregel lautet, streng nach Samy Molcho: »Sage A, ohne an B zu denken.« Es ist im Grunde eine gigantische Harmlosigkeit – die nur auf jemanden erotisch wirkt, der ohne sie aufgewachsen ist. Dem deutschen Beobachter ist die Unschuld schon lange vergangen, er kann nicht mehr anders, als ständig an B zu denken. – Eine ähnliche Natürlichkeit und Unverkrampftheit zwischen den Geschlechtern glaube ich übrigens später auch in Italien und Russland beobachtet zu haben, während mir in England und Amerika schien, dass die Stimmung, ähnlich wie in Deutschland, sehr verklemmt, sprich: oversexed war.

Der unverkrampftere Umgang der Geschlechter miteinander lässt sich in Polen auch noch bei den Erwachsenen beobachten.

Eines Tages saß ich mal wieder im Zug von Berlin nach Warschau, im Speisewagen, und beobachtete das polnische Kellnerteam, einen Mann und zwei Frauen. Irgendwo zwischen Świebodzin und Zbąszynek kam eine Schaffnerin herein, die ich noch nie gesehen hatte. Sie war nicht älter als fünfundzwanzig, sehr groß, sehr korpulent und hatte platinblond gefärbte Locken. Der junge Speisewagenkellner begrüßte sie überschwänglich. Er umschlang sie mit beiden Armen und schmiegte den Kopf zutraulich an ihre Brust – er war einen ganzen Kopf kleiner. So stand das kuriose Pärchen fest umarmt neben der Theke, während die beiden Kellnerkolleginnen einfach weiterarbeiteten, als wäre nichts geschehen. Jetzt kam auch noch der alte Bordtechniker in seiner blauen Weste dazu. Er stellte sich direkt neben das innig umschlungene Pärchen und richtete unbefangen irgendeine Frage an den Kellner. Der antwortete ihm aus dem Schwitzkasten der Schaffnerin heraus: »Ja, ist in Ordnung.« Erst, als der Techniker beharrlich weiter über irgendwelche geänderten Vorschriften sprach, ließ die Schaffnerin ihren Liebling widerwillig los und stand abwartend daneben. Kaum war der Techniker endlich verschwunden, legte sie dem jungen Kellner wieder die Arme um den Hals. Dann standen die beiden noch einige Augenblicke lang umschlungen da. Waren sie ein Paar? Nein, höchstwahrscheinlich nicht. Was für meine überhitzte deutsche Fantasie eindeutig eine erotische Komponente hatte, wirkte auf die anwesenden Polen offensichtlich völlig normal. Keiner der anderen Passagiere schenkte dem Vorgang Beachtung. Ich möchte nicht wissen, was bei einem ähnlichen Anblick in einem deutschen ICE-Speisewagen los gewesen wäre.

Die Harmlosigkeit zwischen den Geschlechtern drückt sich übrigens auch sprachlich aus, nämlich in zwei kleinen Wörtern, die es erlauben, das Verhältnis von Mann und Frau zueinander völlig offenzulassen. Schon im Kindergarten reden sich polnische Kinder mit »mój kolega« und »moja koleżanka« an. Diese

Wörter sind ins Deutsche nicht wirklich übersetzbar. »Mein Kollege« und »meine Kollegin« meint im Deutschen bekanntlich nur Arbeitskollegen. Doch in Polen reden sich so auch Klassenkameraden, Spielkameraden oder Freunde an. Es ist ein Zwischending zwischen »Kamerad« und »Freund«, das im Deutschen leider fehlt. In Köln oder Stuttgart muss bereits der sechsjährige Max genau definieren, in welchem Verhältnis er zu dem frechen Nachbarsmädchen Nina steht. Ist sie seine Freundin? Oder doch nur »eine« Freundin? Das möchte die Mutter neckend wissen. »Nein!«, schreit der Junge wütend, weil er jeden Anschein einer »Verliebtheit« streng vermeiden will, »die ist gar nix!« In Polen hätte er dieses Problem nicht: Nina ist ganz einfach eine »koleżanka« – und sie wird es auch noch bleiben, wenn sie und der ehemals kleine Junge viele Jahre später einmal einen Kaffee zusammen trinken sollten.

Auf diese Weise gibt es das ganze Leben hindurch kein Problem damit, den Beziehungsstatus zu anderen Menschen zu definieren. Alles bleibt sprachlich in der Schwebe, für Außenstehende (und oft sogar für einen selbst) nicht ganz zu durchschauen.

Flirt ohne Romantik?

Offensichtlich ist es sowohl in Deutschland als auch in Polen gar nicht so einfach, eine Frau zu erobern beziehungsweise genauer: von ihr erobert zu werden. Wie also soll »mann« es anstellen, um erfolgreich zu sein?

Artur hat folgende Faustregel parat: »Taktisch klüger ist es sicherlich, einer Deutschen am Anfang eher negative als positive Signale zu geben. Wegschauen, Ignorieren und kühle Distanz sind vielversprechender als Komplimente und feurige Blicke. Wehe, sie fühlt sich bedrängt. Sie muss das Gefühl haben, dass der fremde Mann im Bus rein zufällig neben ihr steht.«

Eine (Bilderbuch-)Polin hingegen erwartet es genau umgekehrt. Sie fühlt sich nicht sofort bedrängt, wenn sie bemerkt, dass ein Mann ihre Nähe sucht. Wovor sollte sie auch Angst haben? Es ist ja nur ein Flirt, eine Harmlosigkeit. Die eigentlich gefährliche Phase beginnt erst anschließend, mit heißen Blicken, Blumen, Komplimenten und Liebesgedichten. Man könnte sie die romantische Phase nennen. Sie dauert nicht wenige Minuten, so wie der Flirt, sondern kann sich über Wochen, Monate, Jahre erstrecken. In Deutschland gibt es sie eigentlich nur noch rudimentär. Hier ist ein Flirt fast schon gleichbedeutend mit der Eroberung – denn sonst hätte die deutsche Frau es gar nicht erst so weit kommen lassen. Ein ordentlicher deutscher Flirt endet mit »Sex«, den man definieren könnte als körperlichen Kontakt ohne vorangegangene Phase der Romantik. (Kein Wunder, dass »Sex« ein relativ junges Wort ist. Es konnte erst aufkommen, nachdem die Romantik dahingestorben war.)

Der Verehrer einer Polin hingegen hat es nur am Anfang leichter. Im Endeffekt muss er einen viel weiteren Weg gehen. Er muss ihr zuerst deutlich machen, dass er die Phase der Harmlosigkeit zu beenden und in die romantische Phase einzutreten wünscht. Danach muss er sich in einen treuen Ritter verwandeln, der lebenslang die Farben seiner Dame zu tragen bereit ist – oder er muss zumindest so *tun*, als würde er sich in einen Ritter verwandeln, der geduldig unter dem Söller harrt und wartet, bis Rapunzel ihr Haar herunterlässt.

Bedenkt man alle diese kulturellen Unterschiede, ist es kein Wunder, dass es bei erotischen Begegnungen zwischen Polen und Deutschen zu vielen Missverständnissen kommen kann. Ein Pole, der in Deutschland unbefangen eine Frau anspricht, erlebt vermutlich eine böse Überraschung; seine Harmlosigkeit wird ihm schnell ausgetrieben. Ein Deutscher hingegen, der eine Polin anspricht, wird eine angenehme Überraschung erleben – und sie falsch interpretieren, nämlich viel zu weitgehend.

Für die Polin ist es nur ein Kaffee, für den Deutschen bereits ein zerwühltes Hotelbett.

Sven, VW-Mitarbeiter im Werk Poznań, erzählt von einem solchen interkulturellen Missverständnis. Eines Abends gab es eine Party, bei der die Belegschaft miteinander tanzte. Um Mitternacht sprach sich herum, dass ein deutscher Arbeitskollege Geburtstag hatte. Sofort bildeten mehrere Polinnen einen Kreis um ihn und forderten ihn der Reihe nach zum Tanz auf. Schmunzelnd fährt Sven fort: »Der Kollege war im siebten Himmel; sowas hatte der noch nie erlebt. Der dachte schon, heute Nacht kann er hier jede haben. Denkste. Eine Stunde später saß er ganz bedröppelt an der Bar, mutterseelenallein. Alle Polinnen waren nach Hause gegangen.«

Auch **Philippe**, ein in Warschau lebender Franzose, berichtet von diversen Enttäuschungen, die er bei Klubbesuchen erlebte. Während auf der Tanzfläche noch wild geflirtet wurde, mit Engtanz und Zungenküssen, endete das Spiel abrupt im Morgengrauen. Philippe dachte, dass es nun nur noch um die Frage »zu dir oder zu mir?« gehen könne. Doch was geschah? Nichts. Er bekam von seiner Tanzpartnerin einen flüchtigen Kuss auf die Stirn gedrückt und fand sich kurz darauf im Nachtbus wieder – allein. »One-Night-Stands gehören in Polen zur absoluten Ausnahme«, meint er. »Flirts sind einfach, aber Sex ist schwierig.«

Markus erlebte das Missverständnis in einer harmloseren Version. Beim zweiten Date mit seiner heutigen Frau fiel ihm auf, dass sie sich auf dem Heimweg zur U-Bahn bei ihm unterhakte. Er war dadurch ganz verdattert und dachte, die geht ja ran, doch noch mehr verdatterte ihn, dass sie sich gleich darauf an der U-Bahn ziemlich kühl von ihm verabschiedete. Er empfand ihre Signale als äußerst widersprüchlich. Wollte sie nun etwas von ihm, oder wollte sie nichts? Weil er so verwirrt war, meldete er sich einige Tage lang nicht mehr bei ihr, bis sie ihn schließlich erstaunt kontaktierte und fragte, was los sei. Für sie war das Unterhaken eine ganz normale Geste gewesen, die nichts zu bedeuten hatte, für ihn hingegen eine physische Berührung, mit der eine klare Grenze überschritten war.

Wie sieht die Sache aus umgekehrter Perspektive aus? Wenn sich Polinnen mit deutschen Männern verabreden, sind sie häufig entsetzt und frustriert über deren (vermeintliche) Kühle und Zurückhaltung. **Paulina** erzählt, dass sie eines Tages von einem gut aussehenden Jurastudenten zum Essen eingeladen wurde. Doch wohin lud er sie ein? In die Uni-Mensa. Na gut, sie ging hin. Doch als er sie an der Kasse auch noch ihr Essen selbst bezahlen ließ, löschte sie gleich anschließend seine Nummer aus ihrem Telefon (und bereute es später). Aus deutscher Sicht ist der grauenvolle Fauxpas natürlich schnell erklärt: In Wirklichkeit war der gut aussehende Jurastudent alles andere als kühl. Er zitterte vor dem Date, weil er fürchtete, tausend Dinge falsch zu machen. Dass er Paulina überhaupt schon zu irgendetwas einlud, kostete ihn riesige Überwindung. Ein anständiges Restaurant war dabei von vornherein ausgeschlossen, denn das hätte eine deutsche Frau noch misstrauischer gemacht, als sie durch seine Einladung ohnehin schon gewesen wäre: Glaubt dieser Macho etwa, mich mit einer Einladung kaufen zu können?

Und so spielen die deutschen Frauen die kühlen, unnahbaren Prinzessinnen, und die deutschen Männer spielen die coolen Typen, die noch nie im Leben einen erotischen Hintergedanken hatten. Die Polinnen hingegen spielen nicht, sondern sind allen Ernstes die netten, nahbaren »koleżanki«. Sie freuen sich über eine schöne Einladung ins Restaurant und können darin nichts Böses erkennen. Erst wenn die Grenze der Harmlosigkeit subtil (oder grob, so wie bei Philippe) überschritten wird, ziehen sie sich dezent zurück. Dann ist entweder Schluss, oder es beginnt etwas ganz Neues, nämlich das große Spiel namens »Romantik«, und da gelten dann ganz andere Regeln als beim kleinen Flirt.

Polnische Ritter

Bei »Ritter« muss ich immer an eine kleine Szene denken, die ich ebenfalls im Berlin-Warschau-Zug beobachtet habe. Am Posener Hauptbahnhof, wo der Zug zehn Minuten lang hielt, stieg eine etwa sechzigjährige Dame ein. Sie wurde von ihrem Mann bis in den Speisewagen begleitet, wo sie Platz nahm. Der Mann verstaute noch artig ihren Koffer auf der Gepäckablage, küsste seine Dame kurz auf den Mund und verließ eilig wieder den Waggon. Draußen auf dem Bahnsteig nahm er direkt vor dem Fenster Aufstellung und sah unverwandt herein, winkte aber nicht und schnitt auch keine Abschiedsgrimassen, sondern wartete einfach nur auf die Abfahrt des Zuges, mit ernstem Gesichtsausdruck. Seine Dame kümmerte sich derweil überhaupt nicht um ihn. Sie bestellte beim Kellner einen Tee und zog eine Illustrierte heraus. Erst als der Zug wieder anrollte, sah sie kurz auf und hob minimal grüßend die Hand. Der Ritter winkte zurück, ohne zu lächeln. All das wirkte äußerst dezent, ganz so, wie ich mir routinierten Minnedienst vorstelle.

Andere Ritter, junge und alte, sieht man in Polen vor allem am Sonntagnachmittag, wenn sie vor den Cafés, Parks und Kinos mit langstieligen Rosen warten. Sie sind hier zu einem »Randka« (Rendezvous) verabredet, und die Rose ist keine bloße Pflichtübung, sondern soll der Dame schon von Weitem signalisieren, dass hier ein Mann steht, der ausnahmsweise mal über den Wassergraben der Harmlosigkeit hinüberspringen und nicht mehr länger bloß ihr »kolega« sein will.

Routinierter Minnedienst eines deutschen Ritters. Meine TV-Frau Ela quittiert es mit nonchalanter Selbstverständlichkeit

Gibt es deutsche Ritter?

Sämtliche Polinnen, mit denen ich je gesprochen habe, vermissen bei den deutschen Männern die kleinen Gesten eines Gentlemans, etwa das Aufhalten einer Tür oder das Hineinhelfen in den Mantel. Kein anderes Thema wurde von ihnen so häufig erwähnt. Bei einem fremden Mann erwarten sie nur einen »Gentleman«, aber der eigene Mann muss mehr sein – eben ein »Ritter«!

Hania berichtet spöttisch, wie kläglich ihr Mann sich gegen den Vorwurf verteidigte, kein Gentleman zu sein. Ein Gentleman, das sei doch nur ein abgefeimter Macho, der eine Nebelkerze abschieße und darüber hinwegtäuschen wolle, dass er ein grauenhaft traditionelles Rollenbild habe. Wer einer Frau die Tür aufhalte, zeige damit an, dass er sie für unfähig halte, es selbst zu tun! – Nach zwölf Jahren solch alberner Theorien hat Hania inzwischen resigniert und macht sich ihre Türen selbst auf.

Karolina musste auf dem Münchner Oktoberfest beobachten, wie zwei Frauen Probleme mit einer Wasserflasche hatten, die ihnen der Kellner gebracht hatte. Vergeblich versuchten sie, den Deckel aufzudrehen. Ihre Männer saßen passiv daneben und feixten fröhlich. Karolina tobt: »Ein Pole hätte dem Kellner sofort die Flasche aus der Hand genommen und aufgemacht!«

Doch natürlich gibt es auch Ausnahmen von der Regel. **Siegbert** hat von seiner Frau gelernt, dass er ihr seine volle Aufmerksamkeit zu schenken hat. Wenn sie zusammen auf ein Restaurant oder eine sonstige Lokalität zusteuern, stürmt Siegbert kurz vorher los und reißt seiner Frau die Tür auf. Bei Tisch behält er permanent ihr Weinglas im Blick, um es im Bedarfsfall diskret nachfüllen zu können.

Auch **Magda** wurde einmal angenehm überrascht. Es war in einer heruntergekommenen Berliner Pizzastube, wo sie sich mit einem deutschen Bekannten verabredet hatte. Leider verspätete sie sich einige Minuten, und während der Freund auf sie wartete, tat er etwas Ungeheuerliches, etwas, was Magda in Deutschland niemals für möglich gehalten hätte: Er bestellte ihr beim Kellner schon vorab einen dampfenden Tee und stellte ihn an ihren Platz. »Ist der für mich?«, fragte Magda ungläubig, als sie angekommen war und den Freund zur Begrüßung umarmt hatte. »Ja«, sagte er charmant. Magda sank erstaunt auf ihren Stuhl. Doch es kam noch besser: Der Tee war auch schon bezahlt! Magda war kurz vor einem Weinkrampf. Dass sie das noch erleben durfte …

Doch nun eine provokative Frage: Darf man nicht aus solchen Berichten schließen, dass die polnischen Frauen in Sachen Gleichberechtigung einige Jährchen hinterherhinken und von längst vergangenen Zeiten träumen? Wie sieht es denn heute aus mit der Emanzipation in Polen? Fest steht: Nachdem das kommunistische Polen noch, wie überall in diesem System, eine reine Männerveranstaltung war, haben Polinnen sich seit 1989 in viele politische Führungspositionen vorgekämpft. Während es in Deutschland erst eine einzige Bundeskanzlerin gab, hat es Polen schon auf zwei Premierministerinnen gebracht, Hanna Suchocka und Ewa Kopacz. Auch die erste polnische EU-Kommissarin war eine Frau, Danuta Hübner. Zehntausende Frauen gingen 2018 in Warschau und anderen Städten auf die Straße, um für das Recht auf Abtreibung zu demonstrieren. Ich kann mich nicht erinnern, auf Deutschlands Straßen je eine ähnlich massierte Frauenpower erlebt zu haben. Manche Kenner der Szene behaupten sogar, dass die Emanzipation in Polen viel weiter fortgeschritten sei, weil sowieso im Grunde seit jeher das Matriarchat herrsche …

Wie dem auch sei – es ändert nichts daran, dass der Traum vom Ritter heute noch genauso aktuell ist wie vor fünfzig Jahren. Man kann die (meisten) Polinnen vielleicht ein bisschen mit den (meisten) italienischen Kapitalismuskritikerinnen vergleichen. Selbst die radikalste Anarchistin lässt es sich dort nicht nehmen, eine Sonnenbrille von Ray-Ban zu tragen. Ihre deutsche Kampfgenossin, die bei der gemeinsamen Demo vor der Europäischen Zentralbank in Frankfurt neben ihr steht, kann über so viel Markenfetischismus nur den Kopf schütteln. Doch Schönheit und Stil sind in Italien eben höhere Werte als Antikapitalismus, so wie Romantik in Polen (noch) ein höherer Wert ist als Gleichberechtigung.

Drama-Queen

Keine Frage: Galante Ritter gibt es in Deutschland hundert Mal seltener als in Polen. Die positive Kehrseite davon dürfte allerdings sein, dass auch das Phänomen der Drama-Queen seltener auftritt. Wo keine Romantik gefordert wird, kann sie auch nicht so leicht überstrapaziert werden. In Polen dagegen ist es mitunter von der romantisch umschwärmten Prinzessin zur befehlshaberischen Drama-Queen nur ein kleiner Schritt. Dann wird der Ritter zum Laufburschen degradiert, der kein eigenes Leben mehr haben darf. Die folgende Geschichte ist das späte Coming-out einer reumütigen Drama-Queen.

Natalka war mehrere Jahre lang mit einem Deutschen zusammen. Sie war die Prinzessin, und er sollte sich jeden Tag darüber freuen, dass er der erwählte Ritter war. Wenn er am Freitagabend Lust auf ein Bierchen mit Freunden hatte, verbot sie ihm das. Er sollte gefälligst zu Hause bleiben und ihr Gesellschaft leisten. Wenn sie schon ein Paar waren, durften sie schließlich nicht getrennte Wege gehen! Und wozu braucht man Freunde, wenn man eine Freundin hat?

Für sie selbst galten allerdings andere Regeln. Frauen dürfen Freundinnen haben! Und Männer sind dazu da, ihre Freundinnen abends von der U-Bahn abzuholen! Natalka wollte abends tatsächlich nie allein nach Hause zurückfahren. Berlin ist doch so gefährlich! Ihr deutscher Freund fand diese Angst albern, kam aber trotzdem stets geduldig hin und holte sie ab. Sie jedoch, statt sich darüber zu freuen (wie sie es heute tun würde), regte sich noch darüber auf, dass er bei ihrem Anblick nicht immer überglücklich strahlte. Sie schrie ihn an, dass er ein unmöglicher Mann sei; er solle ihr ihre Wünsche gefälligst mit einem Lächeln im Gesicht erfüllen!

Es gab nur einen einzigen Ort, zu dem er allein gehen durfte – seinen Arbeitsplatz. Dort war es ihm allerdings streng untersagt, Kontakt mit Kolleginnen zu pflegen. Als er trotzdem einmal mit einer Kollegin einen Kaffee trinken ging und Natalka anschließend arglos davon erzählte, flippte sie aus. Einige Jahre lang ertrug er alles sehr geduldig und ließ sich klaglos zum Pantoffelhelden degradieren. Er habe sie wohl wirklich geliebt, meint Natalka heute wehmütig.

Die Beziehung scheiterte schließlich an etwas anderem. Es gab nämlich, neben seiner Arbeit, noch einen zweiten Bereich, den Natalka ihm nicht verbieten konnte: seine Familie; er hing sehr an ihr. Mehrmals pro Woche rief er seine Eltern oder seine

Schwester an. Im Urlaub am Meer meldete er sich sogar jeden Abend bei seiner Schwester und erzählte ihr detailliert, wie er den Tag verbracht hatte. Für Natalka war das ein untrügliches Anzeichen dafür, dass sie bei ihm erst an zweiter Stelle kam. Zwar telefonierte sie selbst ebenfalls sehr häufig mit ihrer Mutter in Polen, doch war das etwas ganz anderes; eine Frau durfte das! Ein Mann aber hatte die Nabelschnur zu seiner Familie durchzuschneiden und nur noch für seine Frau da zu sein. Sie machte ihm Szene auf Szene, bis er es nicht mehr aushielt und floh. Heute ist Natalka Single und meint, sie habe viele Fehler gemacht. Mittlerweile würde sie problemlos akzeptieren, dass ein Mann sich auch mal mit seinen Freunden treffen will.

Sogar der Klempner ist romantischer ...

Georg kann dazu eine Geschichte beisteuern. Eine frühere Freundin, die hier einmal **Iza** heißen soll, stellte verflixt hohe Ansprüche an ihn. Sie wohnten nicht zusammen, aber schon die täglichen Telefonate brachten Georg an den Rand seiner Kräfte. Sobald er ihr irgendwelche harmlosen Geschichten aus seinem Alltag erzählte, unterbrach Iza ihn und verlangte, dass er keine Zeit verschwenden, sondern ihr stattdessen seine Liebe versichern solle. Das brachte er allerdings meist nicht so romantisch über die Lippen, wie sie es sich wünschte. Wenn er endlich knurrte »no dobra, kocham cię« (also gut, ich liebe dich), sagte sie wütend, dass er perfekt das Klischee vom gefühlskalten Deutschen erfülle. Was sie überhaupt nicht leiden konnte, war, wenn er sie seinen Freunden als seine »Partnerin« vorstellte. Sie sei seine *kobieta (Frau)*, ob mit oder ohne Trauschein, egal – aber bitte nicht »Partnerin«! Er verteidigte sich damit, dass »Partnerin« für ihn eine Beziehung auf Augenhöhe suggeriere, aber sie bat ihn dringend, das hässliche Wort in ihrer Gegenwart nie mehr zu benutzen.

Eines Morgens schrieb er ihr gleich nach dem Aufwachen: »Bist du schon aufgestanden? Hier ist herrliches Wetter. Und bei dir?«

Ihre Antwort kam postwendend: »Okay, ich antworte dir jetzt so, wie du es anscheinend am liebsten magst. Also: Bei mir ist gerade 16 Grad, die Sonne scheint, es gibt keine Wolken. Gleich fahre ich in die Firma, unterwegs werde ich tanken. Bei der Gelegenheit werde ich vermutlich auch den Reifendruck prüfen lassen.« Georg musste lachen und schrieb zurück: »Das war übermenschlich, Iza, gratuliere!« Doch ihr war nicht nach Witzen zumute. Am Abend überschüttete sie ihn mit Vorwürfen: Was für eine furchtbare Nachricht sei das heute Morgen gewesen! Er solle sich bitte mal in ihre Lage hineinversetzen: Sie habe die ganze Nacht vor Sehnsucht kaum schlafen können, denke schon seit dem Morgengrauen an ihn, doch als dann endlich eine Nachricht kam, fand sich dort kein Wort von Liebe, sondern vom Wetter - welche Enttäuschung! Sogar ihr Klempner schreibe ihr gefühlvollere Mails! Sie werde ihm jetzt mal vorlesen, was ihr der (polnische) Klempner vor Kurzem geschrieben habe: »Liebe Pani Iza, leider kann ich heute nicht, wie vereinbart, zur Montage der neuen Dusche kommen. Das tut mir sehr leid, weil Sie immer so nett und freundlich zu mir waren und ich Sie heute enttäuschen muss. Ich werde das bei nächster Gelegenheit wiedergutmachen. Nochmals Entschuldigung!« Das schreibe ihr ein Mann, mit dem sie vielleicht dreimal im Leben geredet habe, noch dazu ein einfacher Handwerker. Der wisse aber immerhin, wie man sich einer Frau gegenüber zu verhalten habe!

Georg musste schlucken: »Iza, du hast mich total missverstanden. Hast du schon mal von der Kunst gehört, zwischen den Zeilen zu lesen? Als ich dir geschrieben habe, dass ich gerade aufgewacht bin, wollte ich eigentlich sagen, dass ich leider allein im Bett liege, ohne dich …«

Sie lachte: »Das klingt gut. Weiter!«

»… und als ich dich dann gefragt habe, wie bei dir heute das Wetter ist, wollte ich dir durch die Blume sagen, dass du für mich wie die Sonne bist, an der ich mich wärme. So hättest du meine Nachricht verstehen müssen.«

»Warum sagst du es mir dann nicht genau so?«

»Verdammt, wir Deutsche sind halt eher Techniker.«

»Nein, polnische Techniker sind charmant.«

»Na gut, verdammt, dann sind wir halt noch kühler als polnische Techniker.«

»Kühl wie deine ungeheizte Wohnung an einem Wintermorgen.«

»Ja, von mir aus.«

»Okay, das war ein schönes Gespräch. Ich habe wieder Hoffnung und warte morgen früh auf eine neue Nachricht. Aber fang bitte direkt bei der Stelle an, wo du jetzt aufgehört hast.«

Georg wurde nervös. »Wie meinst du das?«

»Na, dass ich die Sonne bin.«

Es war anstrengend.

Romantik nach zwanzig Jahren

Und wie sieht es mit der Romantik nach mehreren Jahren Ehealltag aus? Hier einige Zitate deutscher Ehemänner.

André: »Ich bin von uns der Romantischere, meine Frau ist eher praktisch veranlagt. Die ist vom Land, da sind die Leute prüde. Küssen und Umarmen war verpönt. Ich habe meine Romantik dann in der Ehe total auf null runtergefahren. Heute brauche ich keine Romantik mehr. Erst seit Neuestem verlangt meine Frau plötzlich Romantik, denn sie hat im deutschen Fernsehen von Candle-Light-Dinners gehört. Das will sie jetzt auch haben. Aber ich mache da nichts. Kerzen und Wein trinken? Ich bin seit Jahren in einer Art Schockstarre, rien ne va plus.«

Ulrich: »Meine Frau ist romantischer als ich. Sie hat allerlei Ideen, was man so alles machen könnte – Wegfahren zum Beispiel … Ich bin da eher der Techniker. Ich versuche mein Bestes, aber es ist ihr nie genug. Sie steigt dann allein in die Badewanne und stellt sich lauter Duftkerzen an den Rand. Ich würde am liebsten mit dem Feuerlöscher drübergehen. Sie fordert jetzt übrigens ebenfalls ein Candle-Light-Dinner von mir, so mit viel reden – wo der Mann halt auf die Uhr guckt.«

Rolf: »Wir Deutsche sind doch alle emotional gestört. Nein, das ist zu hart – wir sind emotional anders begabt.«

Ingo: »Wenn man drei Kinder zusammen hat, braucht man über Romantik nicht mehr nachzudenken, da lebt man im Zölibat.«

Geschenke

Allen emotional anders begabten Männern möchte ich einen Vorschlag machen, wie sie auch ohne Candle-Light-Dinner ein bisschen Romantik in ihren Ehealltag bringen: Geschenke! Ich verdanke diese Idee der vorhin erwähnten Iza. Sogar bei diesem kleinen Thema gab es nämlich viel Ärger zwischen uns. Von Deutschland her war ich es so gewohnt, dass man sich nur zweimal im Jahr etwas schenkt, zum Geburtstag und zu Weihnachten. Da ich schon mitbekommen hatte, dass man in Polen den Geburtstag nicht so üppig feiert, blieb nur noch einmal übrig – dachte ich. Dass war eine falsche Schlussfolgerung. Geschenke waren für Iza nämlich essenziell wichtig, ein Ausdruck von Romantik, eine immer neue Manifestierung von Liebe und Zuneigung. Iza brachte mir auch bei, dass ich bitte nicht auf Gegengeschenke warten solle. Geschenke seien Männersache, eine lebenslange Einbahnstraße, hier höre die Gleichberechtigung (mal wieder) auf.

1. Die Geschenkanlässe sind zahlreich und über das ganze Jahr verstreut: Geburtstag, Namenstag, Valentinstag und Tag der Frau (8. März) sind absolute Pflichttermine, doch ein echter Romantiker ist daran zu erkennen, dass er auch dann Blumen besorgt, wenn es gerade überhaupt keinen Anlass gibt, einfach so aus heiterem Himmel, an einem Dienstag.
2. Solange man noch nicht fest zusammen ist, sollten die Geschenke nicht übertrieben groß sein, das wirkt ungeduldig, überfallartig. (Außerdem hängt man die Messlatte zu hoch und kann sich in der Zukunft nur noch verschlechtern.)
3. Man bringe immer ein Geschenk mit, wenn man von einer Reise zurückkommt. Daran merkt SIE, dass man auch in der Fremde an SIE gedacht hat. Wenn man es *ausnahmsweise* mal nicht geschafft hast, beim Geschäftstrip nach New York ein Geschenk zu besorgen, sollte man das gleich an der Haustür durch eine Restauranteinladung für den nächsten Abend wettmachen.
4. Man hüte sich vor Geiz, denn damit ruiniert man sich seinen Ruf. Kaufhof-Schmuck und Tchibo-Regenschirme sind unmöglich. Noch einmal: Das ideale Geschenk ist so etwas wie materialisierte Romantik. Alles, was weniger als fünfzig Euro kostet, ist nicht Romantik, sondern ein Billigschnäppchen. Romantisch ist es hingegen, IHR im Winter eine schöne Wollmütze mit einem dazu passenden Schal zu besorgen, denn das heißt ja, dass man sich um IHRE Gesundheit sorgt.
5. Ein Geschenk darf keinerlei praktischen Nutzen haben. Korkenzieher, Waschpulver oder Gießkannen sind unsexy. Ein Geschenk sollte eine luxuriöse Annehmlichkeit sein, eine Freude. Deswegen darf ein Geschenk auch nicht so aussehen, als ob man SIE erziehen wollte. Wenn man IHR eine Bratpfanne schenkt, damit die Pfannekuchen endlich nicht mehr anbrennen, wird es peinlich.

6. Ein Geschenk kann nicht durch andere Zahlungen aufgewogen werden, etwa durch eine höhere Krankenversicherung oder dadurch, dass man alle Restaurantbesuche und Taxifahrten übernimmt. Das ist sowieso Pflicht!
7. Wenn man zusammen im Urlaub ist, kommt die Zeit für die wirklich aufwendigen Geschenke. Endlich gibt es genug Zeit, um in aller Ruhe etwas Schönes auszusuchen! Man gehe mit IHR zum Juwelier und schaue liebevoll zu, wie SIE verschiedene Ringe oder Halsbänder anprobiert. Und wehe, man wirkt dabei gequält oder zählt schon mal unruhig das Geld vor!

4 KENNENLERNEN

Dating mit Hindernissen

Justyna und **Maciej** lernten sich während des Studiums in Warschau kennen. Justyna stammte aus einer Kleinstadt bei Warschau, Maciej war in Danzig geboren, aber als Kind mit seiner Mutter nach Deutschland gezogen und in der Nähe von Heidelberg aufgewachsen. Dort in Deutschland, wo ihn alle nur »Matthias« nannten, studierte er Volkswirtschaft und kam nun im Rahmen eines Jahresstipendiums nach Polen zurück. Justyna mochte ihn auf Anhieb, weil er gut aussah und immer noch ein perfektes Polnisch sprach. Schon beim ersten Date bemerkte sie allerdings die deutsche Seite seines Charakters. Maciej hatte ihr vorgeschlagen, im Warschauer Łazienki-Park spazieren zu gehen, doch interessierte er sich sehr bald nur noch für einen umgestürzten Baum, der quer über dem Gehweg lag. Er machte Fotos davon und murmelte, dass so ein Baum in Deutschland innerhalb weniger Stunden entsorgt werden würde.

Nachdem sie aus dem Park auf die Straße hinausspaziert waren, entdeckte Maciej plötzlich ein Loch im Bürgersteig. Er erklärte Justyna, hier leider nicht lange warten zu können, da die Sache für nächtliche Passanten hochgefährlich enden könnte. Deshalb rief er beim Hoch- und Tiefbauamt der Stadt Warschau an. Bis er die zuständige Sachbearbeiterin erreicht hatte, musste er am Telefon lange warten. Justyna setzte sich derweil auf die Bank einer Bushaltestelle und betrachtete den Autoverkehr. Sie hatte Maciej für einen kompletten Polen gehalten, der zufälligerweise einige Jährchen in Deutschland aufgewachsen war.

Nun aber stellte sich heraus, dass er doch sehr deutsch geworden war!

Als Maciej seine telefonische Beschwerde endlich losgeworden war und sich zu Justyna umdrehte, bemerkte er aus dem Augenwinkel, dass einer der Fahrpläne an der Bushaltestelle abgerissen war. Was war hier zu tun? Er wartete auf den nächstbesten Bus, bestieg ihn kurz und forderte den Fahrer auf, der Zentrale via Funk zu melden, dass ein wichtiger Fahrplan an der Haltestelle fehle. Der Fahrer verstand zunächst nicht, worum es ging, doch als er endlich kapiert hatte, dass Maciej wegen eines fehlenden Blatt Papiers intervenierte, wurde er wütend und forderte ihn auf, den Bus umgehend wieder zu verlassen. Maciej sprang hinaus und musste von Justyna lange besänftigt werden. Der Mangel an Zivilcourage und Bürgersinn in Polen, so schimpfte er, sei eine furchtbare Sache. Justyna versicherte ihm, dass dies nur typisch für Warschau sei. In ihrer Heimatstadt sehe es mit der Zivilcourage wesentlich besser aus!

Das zweite Date führte Justyna und Maciej in ein Restaurant und endete in einer Diskussion mit dem Kellner. Maciej verhielt sich wie der Botschafter des deutschen Kulturerbes, besonders des Biers. Er belehrte den Kellner, dass man Weizenbier nur im Sommer trinken dürfe, Pils nur im Winter. Als er dann auch noch zu erklären anfing, in was für einem Glas man die jeweilige Biersorte servieren müsse, wurde der Kellner ärgerlich.

Auch Zugreisen mit Maciej waren für Justyna keine einfache Angelegenheit. Da er ein radikaler Nichtraucher war, aber beobachtet hatte, dass auf den polnischen Zugtoiletten sehr häufig heimlich geraucht wurde, spazierte er die Waggonkorridore entlang und sog prüfend die Luft ein. Wenn er bemerkte, dass aus einer abgesperrten Toilette Zigarettenqualm quoll, meldete er die Sache sofort dem Zugschaffner oder wartete gleich selbst vor der Toilette, bis der Übeltäter sie verließ. Zu seiner Bestürzung kam es einmal vor, dass kein anderer als der Schaffner selbst aus der Toilette trat. An diesem Tag musste Justyna einen sehr heftigen Streit schlichten.

Als sie Maciej einmal fragte, warum er eigentlich nicht nach Deutschland zurückgehe, da ihm ja in Polen offensichtlich gar nichts gefalle, wehrte er heftig ab: Nein, es gefalle ihm in Polen ganz hervorragend, es sei seine wahre Heimat, doch gerade deshalb schmerze ihn jeder Missstand doppelt.

Eines Tages wurde Maciej eine kleine Lehre erteilt. Als er mit Justyna durch die Ulica Mokotowska spazierte und einen Streifenpolizisten anhielt, um ihm eine ganze Reihe von Autos anzuzeigen, die schief auf dem Bürgersteig parkten, lächelte der Hüter der öffentlichen Ordnung dünn und sagte, indem er auf Justyna zeigte: »Wissen Sie was? Laden Sie mal besser die Dame hier auf einen guten Kaffee ein.« Maciej war entrüstet, aber Justyna freute sich klammheimlich.

Die Geschichte der beiden endet überraschenderweise positiv. Sie sind ein glückliches Paar geworden, haben zwei süße kleine Kinder, und als Justyna mir von den schwierigen ersten Dates erzählte, saß Maciej ganz entspannt dabei und grinste nur.

Berliner Liebe

Mit fast vierzig beschloss **Robby**, endlich seine Traumfrau zu finden. Auslöser für diesen energischen Entschluss war ein Klassentreffen, bei dem er eine Klassenkameradin wiedersah, die ihn schon zu Schulzeiten fasziniert hatte. Nun, zwanzig Jahre später, hatte sie drei Kinder, war eher noch schöner geworden und arbeitete erfolgreich als Model. So eine Frau wollte Robby auch haben! Er überlegte, wie er die Sache angehen sollte. Anfangs wollte er sich bei dem Internetportal parship.de anmelden. Doch beim Einloggen kamen ihm Zweifel. Warum so viel Geld für einen Algorithmus zahlen, bei dem es um die schönste kostenlose Sache der Welt ging? Er suchte also nach einem Gratisportal und fand es in Gestalt von berlinerliebe.de. Robby dachte sich: Nomen est omen, und meldete sich an.

Ein halbes Jahr lang traf er sich mit diversen Frauen. Über das, was er dabei erlebte, möchte er lieber den Mantel des Schweigens breiten. Doch eines Tages fand Robby endlich ein Profil, dessen Fotos und Inhalte ihn ansprachen. Er kontaktierte die Dame, eine fünfunddreißigjährige Polin namens **Iwona**, und es kam zu einer regen Korrespondenz. Endlich, an Robbys vierzigstem Geburtstag, fand das erste Date statt. Er war sehr aufgeregt und erschien viel zu früh im vereinbarten Café. Als Iwona zur Tür hereinkam, wusste er sofort, dass dies die richtige Frau für ihn war. Sie unterhielten sich volle vier Stunden lang, und zwar, wie Robby heute noch weiß, über Umweltthemen, Landwirtschaft, Politik und Globalisierung. Die Zeit verging wie im Flug. Für Robby war dieses Treffen das beste Geburtstagsgeschenk seines Lebens. Von nun an trafen sie sich allwöchentlich zu gemeinsamen Museums- oder Ausstellungsbesuchen. Endlich hatte Robby jemanden gefunden, mit dem er seine Interessen teilen konnte. Nach vier Wochen fragte er Iwona, ob sie ihn heiraten wolle. Sie sagte sofort zu. Ein Jahr später wurde zweimal geheiratet, zuerst in Berlin und dann noch einmal in Polen. Anschließend folgte Robby seiner Frau nach Polen und lebt dort heute sehr glücklich.

Kneipenzufall

Das Gegenteil von Internetbekanntschaften sind Zufallsbegegnungen in der U-Bahn, am Flughafen oder in der Schnellreinigung. Da gibt es keine Taktik mehr, und man kann sich auch nicht hinter einem falschen Foto verstecken. Innerhalb von Sekunden entscheidet sich, ob der Funke überspringt oder nicht. Und gleich danach hängt viel von Mut und Beharrlichkeit ab.

Sylwia lernte ihren **Manuel** in einer Kneipe kennen. Zwei Jahre vorher war sie nach Deutschland gezogen, in eine Kleinstadt am Main, wo sie als Kellnerin arbeitete. Eines Tages war in der Kneipe eine lärmige Geburtstagsgesellschaft versammelt, lauter Typen, die Sylwia nicht gefielen. Doch einer war darunter, der sich von ihnen unterschied. Sie erinnert sich gut daran, wie fein er sie anlächelte, vielleicht sogar etwas verlegen. Außerdem war er auch noch groß, gut aussehend und sieben Jahre jünger als sie. Irgendwann im Laufe des Abends fragte er Sylwia, ob sie ihm ihre Telefonnummer geben könne. Sie tat es ausnahmsweise, und als er dann am nächsten Tag tatsächlich anrief, begannen sie sich zu treffen. »Ich war wie verrückt in ihn verliebt, obwohl ich heute weiß, dass ich ihn überschätzt habe. Das hing wohl auch damit zusammen, dass ich im Deutschen damals noch sehr schwach war. Ich verstand vieles nicht, was er sagte, reimte es mir irgendwie zusammen, und dann ist es ja so, dass jemand, der eine Sprache besser beherrscht, dem anderen immer intelligenter erscheint, als er in Wirklichkeit ist.«

Sylwia und Manuel zogen zusammen, doch bald bemerkte sie, dass sie sich mit ihm langweilte. Er saß oft apathisch herum, war immer wieder arbeitslos, nahm Drogen und bat Sylwia, dass sie ihm helfen solle, sein Leben in den Griff zu kriegen. Drei Jahre lang spielte sie seine Therapeutin, aber irgendwann gab es nur noch Streit, und wenn morgens der eine das Badezimmer verließ, ging der andere wortlos hinein. Sie trennten sich. Sylwia hat seither keinen deutschen Partner mehr gehabt. Sie ist äußerst skeptisch geworden. »Die Deutschen sind so wie ihre Küche, fade, uninteressant, charakterlos und alle einander ähnlich.« Aber Manuel scheint doch eine positive Ausnahme gewesen zu sein, denn sie ist ihm nicht böse. Im Gegenteil, er tut ihr sogar leid. »Ein feiner Kerl, aber mit schlechten Angewohnheiten.«

Straßenbahnzufall

Auch die nächste Geschichte beginnt hochromantisch und endet schlecht, vielleicht gerade, weil beide Seiten durch den schönen ersten Moment verhext wurden. **Roger** aus Kassel lernte **Marysia** während eines Auslandsstipendiums in Krakau kennen, und zwar in der Straßenbahn. Sie stand im dichten Menschenpulk neben ihm, ihre Blicke trafen sich. Roger fragte Marysia spontan, ob diese Straßenbahn an der nächsten Kreuzung abbiegen oder geradeaus fahren würde. Sie machte sich später oft über diese Frage lustig und stellte Roger als professionellen Anmacher dar, doch das war ungerecht, weil es das erste und einzige Mal war, dass er eine Frau in einer Straßenbahn ansprach. Marysia hatte ihm einfach sehr gut gefallen! Außerdem war es, wie er steif und fest behauptet, eine wirklich sonderbare Straßenbahnlinie, in der sie sich damals begegneten: mit nur einem einzigen Waggon statt, wie sonst immer üblich, zwei. In seinem ganzen Krakauer Jahr sah er diese seltsame Linie niemals wieder.

Marysia antwortete kurz: Nein, die Straßenbahn biege jetzt nicht ab.

»Aha«, sagte Roger dämlich. Eine weitere Frage fiel ihm nicht ein.

Zum Glück setzte Marysia das Gespräch fort: »Sind Sie Amerikaner?«

»Ja«, antwortete er.

Er meinte es als Scherz und wollte es später korrigieren, aber in diesem Moment kam die nächste Haltestelle, die Tür der Straßenbahn öffnete sich, Marysia stieg aus – und Roger war darüber so verdutzt, dass er ihr nicht hinterhersprang. Er hatte angenommen, dass sie noch ein gutes Stück zusammen weiterfahren würden. In den folgenden Tagen geisterte ihm das Bild der schönen Unbekannten durch den Kopf, und er bereute es, dass er sie nicht sofort nach ihrer Telefonnummer gefragt hatte. Drei Wochen später geschah das Unwahrscheinliche: Mitten im mehr als achthunderttausend Einwohner zählenden Krakau sah Roger seine Marysia wieder. Es war in einer Buchhandlung, in der sie gerade Kalender anschaute. Roger war wie vom Donner gerührt, denn er hatte auf dem Weg tatsächlich an die Frau aus der Straßenbahn gedacht. Würde er sie vielleicht dort, in der größten Buchhandlung der Stadt, wiedersehen? Wenn überhaupt, dann dort, denn die Unbekannte hatte nach einer Buchfreundin ausgesehen. Ja, und da stand sie nun wirklich, kaum zu glauben. Auch Marysia wurde rot, als sie Roger erkannte. Er sagte: »Ich bin übrigens Deutscher, nicht Amerikaner.« Sie gingen gemeinsam einen Tee trinken, anschließend noch in ein weiteres Café, und Roger musste an diesem Nachmittag vor lauter Nervosität immer wieder zur Toilette. Marysia gestand ihm, dass sie ihn aufgrund seines Akzents sofort für einen Deutschen gehalten, aber nicht den Mut aufgebracht hatte, ihn das direkt zu fragen, denn wenn er keiner gewesen wäre, hätte er es ihr wohl übel genommen. Welcher Engländer, Italiener oder Schwede wolle denn schon für einen Deutschen gehalten werden? Als sie abends auseinandergingen, besaß Roger zwar immer noch nicht Marysias Telefonnummer, doch hatte er ihr immerhin seine Visitenkarte gegeben. Nach vier langen Tagen meldete sie sich endlich per SMS bei ihm. Einen Monat später waren sie ein glückliches Paar, blieben es drei Jahre lang, wohnten zusammen in Polen, Kanada und Deutschland. Doch dann verließ Marysia ihren Roger, und er konnte sich des Gedankens nicht erwehren, dass sie sich schon früher von ihm getrennt hätte, wenn es nicht diesen großen Anfang gegeben hätte. Sie brauchte sehr lange, um sich von der romantischen Vorstellung zu verabschieden, dass sie vom Schicksal selbst (in Gestalt einer Krakauer Straßenbahn) für alle Zeiten zusammengefügt worden seien.

5 KOSENAMEN

Indiz für Intimität?

»Trüffelchen, ich komm heute später nach Hause.«

»Kein Problem, Stinki, komm, wann du willst!«

Was denkt der Beobachter, wenn ein Pärchen sich so anredet? Sind Kosenamen ein Indiz für Intimität, für wahre Liebe? Oder sind sie furchtbar banal, weil sie ein kumpelhaftes, ausgeleiertes Verhältnis anzeigen, das durch einen Kosenamen künstlich zusammengeleimt werden soll? Knistert wahre Erotik nur dort, wo man sich noch distanziert mit dem Klarnamen anspricht? »Joachim, ich verspäte mich!« – »Jawohl, Anneliese, tu das.«

Wie auch immer, viele Paare titulieren sich mit Kosenamen, in Deutschland und Polen gleichermaßen. Und wer bislang für seinen Partner noch keinen benutzt hat, sollte ruhig mal darüber nachdenken, ob er/sie vielleicht seit Jahren an den geheimen Wünschen der anderen Seite vorbeiredet. Daher lohnt es sich, die Unterschiede zwischen deutschen und polnischen Kosenamen zu kennen.

Was die pure Zahl potenzieller Kosenamen betrifft, sind die Polen ganz klar im Vorteil. In ihrer Sprache gibt es nicht nur sehr viele Kosenamen, nein, man *braucht* nicht mal einen, um sich besonders liebevoll anzureden. Bereits der Vorname des Partners fungiert ja als eine Art Kosename, weil er sich (meist mehrfach) verkleinern lässt. Doch Achtung, hier lauern Missverständnisse. Nicht nur Liebespartner, sondern auch harmlose Freunde verwenden diese intime Form der Anrede. Die Grenzen der Intimität sind mitunter schwer auszumachen, und manch Außenstehender hat sich da schon täuschen lassen. Wenn Arbeitskollege Piotr und Arbeitskollegin Agnieszka sich mit »Piotruś« und »Agunia« anreden, nimmt ein Ausländer anfangs oft an, dass die beiden auch nach Feierabend fleißig weiterturteln. Falsch! Sehr wahrscheinlich handelt es sich um ganz harmlose Kollegialität, eventuell ist es sogar so, dass sie sich in Wahrheit überhaupt nicht ausstehen können und mit perfider Falschheit die zärtlichsten Verkleinerungsformen zelebrieren. Alles selbst erlebt. »Steffciu!« So flötete eine gewisse Person im polnischen Fernsehen, die mir das Leben zur Hölle machte.

Umgekehrt wundert sich ein polnischer Beobachter, wenn er in Deutschland mitbekommt, dass ein Pärchen, das gerade noch an der Bushaltestelle innigst miteinander geschmust hat, sich plötzlich mit seinen offiziellen Namen anredet: »Sabine, der Bus kommt.« – »Noch ein letzter Kuss, Oliver.«

Oh nein, denkt sich dann der Pole, was für kalte Fische! Aber so sind sie eben, die Deutschen … Falsch! Sie haben nur weniger Verkleinerungsformen.

Polnische Namensverkleinerungen

Spätestens nach dem ersten Kuss sucht eine Polin für ihren deutschen Freund nach einer Verkleinerungsform seines Vornamens. Im Laufe der nächsten Wochen wird diese Form dann noch einmal und immer weiter bis ins Atomare hinein zerkleinert. Es muss doch schließlich einen sprachlichen Beweis dafür geben, dass sich der Beziehungsstatus geändert hat! Aus Markus wird ein »Markusik« und zwei Tage später ein »Mareczek«. Aus Christoph wird »Krzysiek« und bald darauf »Krzysio«. Mancher deutsche Mann erblasst dann vor Schreck. Wenn seine Freundin ihn plötzlich nicht mehr Karl-Heinz, sondern »Karl-Heinzek« nennt, fühlt er sich schon fast verlobt – Angst steigt auf am Horizont …

Für viele altgermanische Kampfnamen gibt es leider keine polnischen Entsprechungen, etwa für Harald, Thoralf oder Siegbert, aber keine Sorge – die polnische Sprache umschifft solche Hindernisse ganz lässig. Erstaunlicherweise besteht die Lösung nicht etwa darin, dass die Spitznamen genommen werden, die auch im Deutschen gebräuchlich sind, etwa »Chris« für Christoph, »Harry« für Harald oder »Siggi« für Siegbert. Das wäre zu simpel, Polen müssen immer ihren eigenen Weg gehen! Stattdessen wird (bei Männern) die Endsilbe »ik« oder »ek« an den Namen gehängt. Aus Harald wird ein »Haraldzik«, aus Uwe ein »Uwek«, aus Siegbert ein »Siegbercik«.

Umgekehrt ist auch den deutschen Partnern sehr anzuraten, ihre neue Freundin von nun an mit einer Verkleinerungsform anzureden. Sie zeigen damit erstens, dass sie sie lieben, und zweitens, dass sie sich für die polnische Sprache interessieren. Bei Frauennamen gilt, dass man (in der Regel) einfach die Endung »ka« an den Namen hängt. Aus Anna wird »Anka«, aus Karolina »Karolinka«. Doch seltsam! Viele deutsche Männer bringen nicht einmal so viel Empathie auf. Obwohl ich seit vielen Jahren in jeder Show und in jedem Buch dafür werbe, bemerke ich bei den anschließenden Signierstunden immer noch, dass manch arme polnische Gattin von ihrem Mann beharrlich mit dem offiziellen Vornamen angeredet wird.

Nehmen wir das Beispiel »Agnieszka« (leider eine Ausnahme von der -ka-Regel). Während sie von ihren Eltern und Geschwistern selbstverständlich mit »Aga« oder »Agunia« angeredet wird, sagt ihr deutscher Mann immer noch stumpf »Agnieszka«, so als hätte er sie gerade vor zehn Minuten kennengelernt. Er staunt dann nicht schlecht, wenn ich ihr ins Buch schreibe: »Für Agunia«. Noch mehr staunt er aber, wenn er sieht, dass seine Frau beim Anblick der Widmung feuchte Augen bekommt. »Guck mal, Helmucik, er hat ›Agunia‹ geschrieben. Ein Deutscher hat mich ›Agunia‹ genannt. Dass ich das noch erleben durfte!«

Freilich gibt es Ausnahmen. Manch trotziger Polin gefällt es sehr gut, wenn sie in Deutschland mit ihrem offiziellen Namen angeredet wird. Vielleicht ist sie sogar nach Deutschland emigriert, weil sie die ewige Verkleinerung ihres Namens in Polen nicht mehr länger ausstehen konnte! Oder sie hat beobachtet, dass die deutschen Frauen stets mit ihrem kompletten Namen angeredet werden. Warum sollte die Kollegin »Susanne« heißen dürfen, sie selbst aber ist nur kurz und knapp die »Zuzia«? Nein, das verbietet ihr der Stolz!

Polnische Kosenamen

Nehmen wir einmal an, nach einiger Zeit kommt es zu einer weiteren Intensivierung der Beziehung, nämlich zur Hochzeit. Nun reichen Verkleinerungsformen des Vornamens nicht mehr aus, es darf die nächste Liebesstufe gezündet werden. Zum Glück sind die polnischen den deutschen Kosenamen erstaunlich ähnlich, zumindest was die Vorliebe für gewisse Tiere angeht. Auf Platz eins liegt in Polen »kochanie« (Liebling), gefolgt von »misiu« (Bärchen). Auf Platz drei kommt »skarbie« (Schatz).[4]

Während **kochanie** eher zwischen Liebespartnern oder sehr eng befreundeten Menschen benutzt wird, ist »**kochany**« etwas harmloser, etwa im Sinne von »mein Lieber«. Eine Lehrerin kann zu ihrem Schüler sagen: »Tomek, kochany, kannst du mal für mich den Laptop holen?« (Spricht die Lehrerin ein Mädchen an, wird aus »kochany« die weibliche Form, also: »Anka, kochana, holst du mir mal bitte den Laptop?«)

Frank: »Meine Frau hört sehr gerne auf ›kochanie‹. Nur, wenn ich ihr etwas Ernstes sagen will, benutze ich ihren Vor-

4 Kosenamen werden stets im siebten Fall (Vokativ) verwendet. Im Wörterbuch findet man diese Wörter nur in der Grundform, also »miś« oder »skarb«. Im Polnischen werden Hauptwörter übrigens immer kleingeschrieben, so wie im Englischen oder Italienischen.

namen, zum Beispiel: »Beeil dich, wir kommen sonst wieder zu spät, Anna!«

Oliwia schreibt, dass sie »kochanie« in leicht abgewandelter Form verwendet. Dazu kam es während eines Bergausflugs. Sie und ihr Mann wollten mit der Seilbahn auf eine Höhe von 3000 Metern schweben. Da Oliwias Ehemann aber Höhenangst hat, trank er sich vorher etwas Mut an. In der Gondel gingen ihm plötzlich die Wörter durcheinander. Statt »kochanie« sagte er zu seiner Frau »kochähnchen«. Das fanden beide aber so lustig, dass sie sich seit diesem Ausflug nur noch so anreden.

Holger teilt eine interessante Beobachtung mit, die vermutlich von vielen deutschen Ehemännern unterschrieben werden kann. Nach einer stillen Übereinkunft reden er und seine Frau **Iwona** sich nur mit *polnischen* Kosenamen an, weil ihnen die deutschen peinlich sind. Holger sagt zu Iwona »śliczna« (Hübsche) oder »malutka« (Kleine). Iwona wiederum sagte anfangs »misiu« (Bärchen) zu Holger, doch eines Tages fand er heraus, dass so auch viele andere Männer von ihren polnischen Frauen angeredet wurden. Er bat Iwona um einen kreativeren Kosenamen, und seitdem nennt sie ihn »żaba« (Frosch). Ob sie weiß, dass dieses Tierchen im Deutschen nicht so furchtbar niedlich klingt?

Weiter unten finden sich Beispiele für andere, noch kreativere Kosenamen.

30 polnische Mädchennamen und ihre Verkleinerungen

	Offizielle Form	1. Verkleinerung	2. Verkleinerung (noch zärtlicher)
1	Agata	Agatka	
2	Agnieszka	Aga, Agniecha	Agusia, Agunia
3	Aleksandra	Ola, Olka	Oleńka, Olusia, Olunia
4	Amelia	Amelka	Amelcia
5	Anna	Anka	Ania, Aneczka, Anusia
6	Antonina	Tośka	Tosia, Tonia
7	Barbara	Baśka, Bacha	Basia, Basieńka, Basiunia, Bacha (rustikal)
8	Dominika	Niczka, Nika	Domi
9	Hanna	Hanka	Haneczka, Hanusia
10	Helena	Helenka, Hela	Helcia
11	Joanna	Aśka	Asia, Asieńka
12	Julia	Julka	Julcia, Juleczka
13	Karolina	Karolinka,	Karolcia, Karola, Karo, Kara, Karolka
14	Katarzyna	Kaśka	Kasia, Kasieńka, Kasiunia
15	Krystyna	Krysia	Krysienka
16	Lena	Lenka	Lenia, Leńcia

	Offizielle Form	1. Verkleinerung	2. Verkleinerung (noch zärtlicher)
17	Magdalena	Magda	Magdusia, Magdunia, Madzia
18	Maja	Majka	Majeczka
19	Małgorzata	[Mał]Gośka, Gocha	[Mał]Gosia, [Mał]Gonia
20	Maria	Maryśka, Marycha	Marysia, Marysieńka
21	Marta		Marteczka, Martusia, Martunia, Marcia
22	Michalina	Michaśka	Michasia
23	Milena	Milenka	Leka, Lenka, Mila
24	Nina	Ninka	Nineczka, Ninusia
25	Oliwia	Oliwka	Oliweczka
26	Paulina	Paulinka	Paula
27	Weronika	Weronka	Wera, Nika
28	Wiktoria	Wikta	Wikcia, Wiki
29	Zofia	Zośka	Zosia, Zosieńka
30	Zuzanna	Zuzka	Zuza, Zuzia, Zuzeczka, Zuzunia

30 polnische Jungennamen und ihre Verkleinerungen

	Offizielle Form	1. Verkleinerung	2. Verkleinerung
1	Aleksander	Olek	Olo, Oluś
2	Andrzej	Andrzejek	Jędruś, Jędrek
3	Antoni	Antek, Tosiek	Antoś
4	Arkadiusz	Arek	Areczek
5	Bartosz	Bartek	Barteczek, Bartuś
6	Filip	Filipek	Filipcio, Filipuś
7	Franciszek	Franek	Franio, Franuś
8	Jacek		Jacuś
9	Jakub	Kuba	Kubuś
10	Jan	Janek	Jaś, Jasio, Jasiek
11	Julian	Julek	Juleczek, Julcio, Juluś
12	Kacper	Kacperek	
13	Kamil	Kamilek	
14	Karol	Karolek	Lolek, Loluś
15	Krzysztof	Krzysiek	Krzysio
16	Łukasz	Łukaszek	
17	Maciej	Maciek	Maciuś
18	Maksymilian	Maks	Maksio
19	Marcin	Marcinek	
20	Mateusz	Mateuszek	

	Offizielle Form	1. Verkleinerung	2. Verkleinerung
21	Michał	Michałek	Michaś
22	Mikołaj	Mikołajek	
23	Patryk	Patryczek	Patryś
24	Paweł	Pawełek	Pawcio
25	Piotr	Piotrek	Piotruś
26	Sebastian	Sebek	Sebuś, Sebcio
27	Stanisław	Stasiek, Stach	Staś, Stasio
28	Szymon	Szymek	Szymuś, Szymeczek
29	Tomasz	Tomek	Tomuś, Tomeczek, Tomcio
30	Zbigniew	Zbyszek, Zbych	Zbyś, Zbysio, Zbynio

Die zehn häufigsten deutschen Kosenamen

Schatz	skarbie
Schatzi	skarbuniu
Hasi	zajączku
Häschen	zajączku
Liebling	kochanie
Schnuckelchen	owieczko
Süßer	słodziutki
Mausi	myszko

Bärchen	misiu
Spatz	wróblu

Die zehn häufigsten polnischen Kosenamen (alle im 7. Fall)

Kochanie	Liebling
Misiu	Bärchen
Skarbie	Schatz
Misiu Pysiu	Leckerbärchen
Misiaczku	kleines Winzbärchen
Kotku	Kätzchen
Słonko	Sönnchen
Myszko	Mäuschen
Serduszko	Herzchen
Króliczku	Häschen

Private, sehr individuelle Kosenamen deutsch-polnischer Paare

Stary	Alter
Mein Beutedeutscher	mój łupny Niemcu
Herr und Meister	pan i mistrz
German (nicht Englisch, sondern Deutsch ausgesprochen)	
Schatzóch albo Schatzunio	Schatzilein mit polnischer Verkleinerung
Szacik, szaciku	Schätzchen
Centuś	Geizkragen
SB (służba bezpieczeństwa)	Sicherheitsdienst
Aniaczek (männliche Form als Gag)	kleine Anja
Puppi	laleczka
Zwierzątko	Tierchen
Osiołek	Eselchen
Okupant	Besatzer

6 WARUM POLNISCHE FRAUEN UND DEUTSCHE MÄNNER?

Eine große Theorie muss her

Bei den bisherigen Paargeschichten handelte es sich fast immer um polnische Frauen und deutsche Männer. Ich darf deswegen hier schon mal beruhigend ankündigen, dass später noch etwas untypischere Paarkonstellationen auftauchen werden.

Warum bestehen deutsch-polnische Partnerschaften eigentlich zu mehr als zwei Dritteln aus der Kombination Polin und Deutscher? Welch krasse Schieflage! Da genügt es nicht, die Schultern zu zucken und »Zufall« zu murmeln. Hier muss eine große Theorie her!

Ich habe mich mit dieser Frage an viele Leute aus beiden Ländern gewendet, Verheiratete, Geschiedene und Außenstehende. Dabei machte ich eine merkwürdige Erfahrung: Ich war so ziemlich der Einzige, der hier überhaupt ein Rätsel sah. Alle meine Gesprächspartner kannten bereits die Antwort, meist kam sie sogar wie aus der Pistole geschossen.

Während sich die Mitwelt sonst nur selten zutraut, die genauen Gründe für das Zusammenkommen zweier Menschen zu erraten, scheint die Sache also bei deutsch-polnischen Paaren ziemlich einfach zu sein. So kinderleicht, dass sich manchen Experten sogar verächtlich die Lippen kräuselten.

Doch bei näherem Hinsehen machte ich eine frustrierende Entdeckung. Die Antworten unterschieden sich nicht nur stark voneinander, nein, sie widersprachen sich häufig sogar diametral! Muss man sich also, wie meist im Leben, von der einen großen Theorie verabschieden und mit einem Mischmasch aus vielen kleineren Theorien vorliebnehmen?

Und jetzt bitte anschnallen, denn es wird hart und schonungslos, von beiden Seiten!

1. Theorie: Wirtschaftliche Absicherung

Paweł sagt: »Die Polinnen nehmen sich westliche Männer, weil sie nach materieller Absicherung suchen. Und die deutschen Männer wählen polnische Frauen, weil ihre eigenen Frauen so hässlich sind.«

Paweł ist ein Pole, der eine polnische Frau hat und mit ihr in Deutschland lebt. Bei seiner Analyse kommen drei der vier beteiligten Parteien gut weg. Die polnischen Frauen sind Wirtschaftsmigranten, die sich notgedrungen nach einem finanzkräftigen Sponsor umsehen müssen. Und die deutschen Männer stehen als ganz normale Männer da, die einfach nur eine hübsche Frau haben wollen. Ist ihnen das übel zu nehmen? Nein, denn so sind die Männer halt! Indirekt kommen auch die polnischen Männer (zum Beispiel Paweł) gut weg. Sie haben keine deutschen Frauen, weil sie natürlich ebenfalls keine hässlichen Frauen haben wollen. Und auch die Tatsache, dass ihre Frauen nach Westen desertieren, muss sie nicht in einen Minderwertigkeitskomplex stürzen. Wäre Polen ein reicheres Land, würden die Polinnen ja zu Hause bleiben! Was können die polnischen Männer aber dafür, dass ihr Land erst von den Deutschen und danach von den Kommunisten zugrunde gerichtet wurde?

Schauen wir uns Pawełs Theorie einmal näher an. Zunächst das Wirtschaftsargument. Heiraten die polnischen Frauen wirklich nur deshalb deutsche Männer, weil sie sich davon wirtschaftliche Absicherung versprechen?

Sicherlich, das Motiv war vor allem in den harten Zeiten des Kommunismus und den ersten Jahren nach dessen Ende 1989 sehr stark. Auch heute noch gibt es in Polen echte Armut, besonders auf dem Land, aber auch in den Kleinstädten, wo die

Verdienstmöglichkeiten geringer sind. Die mittellose Witwe oder alleinerziehende Mutter von drei Kindern, die sich vom erstbesten Deutschen heiraten ließ, nur weil er ein Reihenhäuschen und ein paar D-Mark im Sparstrumpf hatte – ja, das gab und gibt es sicherlich. Günter schildert, wie das vor allem in den Achtziger- und Neunzigerjahren konkret aussah. Die deutschen Männer waren häufig Spätaussiedler, die erst vor Kurzem nach Deutschland gekommen waren und dort als gut bezahlte Industriearbeiter Arbeit gefunden hatten. Günter charakterisiert sie als »sehr konsumorientiert und etwas simpel gestrickt«. Irgendwann fuhren sie dann mit einem schicken neuen Auto nach Polen zurück, um sich dort eine Frau zu suchen. Mit ein paar großzügigen Geschenken, vor allem an die Schwiegermutter, kamen sie schnell ans Ziel, irgendeine junge Frau fiel schon drauf rein. Nach der Hochzeit entpuppte der Mann sich leider häufig als Macho, der seiner Frau keine eigenen Aktivitäten und Bekanntschaften zugestehen wollte. Irgendwann ergriff sie die Flucht.

Auch die statistischen Zahlen sprechen auf den ersten Blick für materielle Motive. Die Zahl der deutsch-polnischen Ehen lag vor dem Beitritt Polens zur EU 2004 höher als heute. Zwischen 1997 und 2007 kam es jährlich zu mehr als 5000 Eheschließungen zwischen Deutschen und Polen. In den darauffolgenden zehn Jahren verdoppelte sich das Pro-Kopf-Einkommen der polnischen Bevölkerung – und die Zahl deutsch-polnischer Eheschließungen ging um fast die Hälfte zurück.

Doch wirklich nur wegen des höheren Lebensstandards? Daneben gab es mindestens noch drei andere Motive: Erstens kam es sowohl in Polen als auch in Deutschland zu einem Rückgang der Eheschließungen, weil die geburtenschwachen Jahrgänge ins ehefähige Alter eintraten. In Deutschland ging die Zahl der Eheschließungen seit dem Rekordjahr 1961 mit mehr als 500 000 Eheschließungen kontinuierlich bis auf etwa 375 000 im Jahr 2017 zurück. Auch in Polen nahm die Zahl seit 1989 um etwa ein Drittel ab. Gleichzeitig werden fast doppelt so viele Ehen wie früher geschieden.

Zweitens sank die Zahl der Eheschließungen auch deswegen, weil Heiraten nicht mehr den obligatorischen Stellenwert genießt, den es früher einmal hatte. Immer mehr Paare leben in wilden Ehen, auch deutsch-polnische Paare. Sie werden nirgendwo registriert.

Drittens setzte mit dem EU-Beitritt Polens eine große Emigrationswelle nach Großbritannien und Irland ein, die dazu führte, dass die Zahl der Eheschließungen zwischen Polinnen und Briten die der deutsch-polnischen Ehen vom ersten Platz verdrängte. Der Soziologieprofessor **Piotr Szukalski** von der Universität Łódź prognostizierte 2018, dass die Zahl polnisch-ausländischer Ehen ständig ansteigen wird. »Die Tendenz, internationale Ehen zu schließen, spiegelt den Mentalitätswechsel der jungen Leute wider, die immer häufiger an ein Auslandsstudium oder an einen zwei- bis dreijährigen Auslandsaufenthalt denken.«[5]

All das deutet darauf hin, dass zwar der Lebensstandard und das Durchschnittseinkommen in Polen stark gestiegen sind, gleichzeitig aber das Interesse der Polinnen an ausländischen Lebenspartnern keineswegs gesunken ist. Es muss dafür ein Motiv geben, das nicht ausschließlich mit finanzieller Absicherung zu tun hat.

Zu Pawełs zweiter Behauptung, der von den hässlichen deutschen Frauen, komme ich gleich. Keine Sorge.

5 https://kobieta.wp.pl/polka-co-niemca-zechciala-dziewczynom-znad-wisly-nie-uklada-sie-w-milosci-za-odra-6297425541593217a

2. Theorie: Polnische Männer genügen den Ansprüchen der Polinnen nicht

Günter hat eine eigene Theorie. Er und seine Frau stehen im persönlichen Kontakt mit dreißig bis vierzig weiteren deutsch-polnischen Ehepaaren. Die meisten dieser Ehen seien glücklich, die Scheidungsrate gering. Und nur in einem einzigen Fall sei der Mann Pole und die Frau Deutsche. Auch Günter meint: »Die Scheidungsrate wäre höher, wenn die Ehen auf rein ökonomischen Gründen basieren würden.« Er glaubt stattdessen: »Mädchen waren in Polen schon immer sehr ambitioniert, und viele haben studiert. Die Jungs dagegen waren eher uninteressiert an der Schule, haben sich mehr für Autos interessiert und wollten möglichst schnell Geld verdienen und nicht die Zeit mit Bildung verplempern. So kam es, dass die studierten jungen Damen wenig Auswahl an potenziellen polnischen Ehemännern hatten. In diese Bresche sind dann die deutschen Männer gesprungen.«

Nun wird es unangenehm für Paweł! Günters Theorie wird nämlich von **Dr. Malgorzata Stefanowicz** unterstützt, Expertin des Analysezentrums des Jagiellonen-Klubs, einer konservativen Denkfabrik aus Krakau: Die polnischen Männer kämen den Ansprüchen ihrer immer gebildeteren Frauen nicht hinterher. Deswegen wanderten die Polinnen zunächst in Großstädte ab und schauten sich später sogar nach ausländischen Männern um. »99 Prozent aller Frauen wollen keinen Partner mit einem niedrigeren gesellschaftlichen Status, deswegen fällt es den ehrgeizigen Polinnen immer schwerer, Kandidaten zu finden.«[6] Krakau sei heute, nach Posen, die zweitgrößte Ansammlung von Single-Frauen in Polen. Ein Drittel der Krakauerinnen über zwanzig sei ledig. Gleichzeitig seien in den Dörfern der östli-

6 https://klubjagiellonski.pl/2018/07/13/stefanowicz-kobiety-nie-chca-partnerow-o-nizszym-statusie-spolecznym/

chen Region Kleinpolens zwei Drittel aller Männer ledig und suchten erfolglos nach einer Frau.

3. Theorie: Polnische Frauen und deutsche Männer sind hübscher

Günters Theorie wird Paweł nicht gefallen haben, weil sie die polnischen Männer in keinem guten Licht erscheinen lässt. Doch nun zu Pawełs Vermutung, dass die deutschen Männer sich polnische Frauen suchen, weil ihre eigenen Frauen so unattraktiv sind. **Janina**, die mit einem Deutschen verheiratet ist, scheint Paweł zunächst recht zu geben: »Wir Polinnen sehen einfach besser als deutsche Frauen aus. Wir pflegen uns mehr, ziehen uns besser an.« Doch dann fährt sie fort: »Und die deutschen Männer sehen besser aus als unsere polnischen Männer und sind größer.« **Arne**, mit einer Polin zusammen, formuliert es genauso rücksichtslos: »Wir deutschen Männer tun einfach mehr für unser Aussehen als unsere polnischen Konkurrenten. Und die Polinnen sehen zweifelsfrei besser aus als unsere Landsmänninnen, auf die das Wort ›Männin‹ ja oft wunderbar passt.«

Bei Janina und Arne sind also wieder die deutschen Frauen die Gelackmeierten, doch auch die polnischen Männer kommen diesmal miserabel weg. Paweł wäre gewiss erneut nicht amüsiert. Um ihn wieder etwas aufzubauen, kann man immerhin zwei verschiedene Erklärungen für die angeblich größere Schönheit der deutsch-polnischen Paare auseinanderhalten. Janina glaubt offensichtlich, dass die größere Attraktivität der Polinnen kulturelle Gründe hat (bessere Körperpflege und mehr Sinn für Mode), doch die Männer misst sie gnadenlos mit genetischen Parametern und kommt zum Ergebnis: Deutsche sind größer! Und da ist dann auch nichts mehr zu machen. Arne hingegen argumentiert genau umgekehrt. Während er den polnischen Männern das Hintertürchen offen lässt, dass sie sich lediglich besser pflegen müssten, um mehr Erfolg zu haben, nimmt er den deutschen Frauen jegliche Hoffnung: Sie sehen einfach schlechter aus als die Polinnen! Damit meint er natürlich ebenfalls genetische Kriterien, an denen sich leider nichts mehr ändern lässt, auch wenn man sich viel Mühe gäbe.

Tja, wie ist das? Wer hat recht? Was die Körpergröße angeht, würde ich Janina teilweise zustimmen und teilweise widersprechen. Tatsächlich haben mir schon so viele Polinnen von den groß gewachsenen Deutschen vorgeschwärmt, dass sie sich nicht alle irren können. Doch halte ich das nicht für »germanische Rassenmerkmale«, sondern lediglich für eine Folge besserer Ernährung. Und Polen holt auf. Bei einem Besuch kürzlich an der Warschauer Universität fiel mir auf, dass ich mich auf dem Korridor meines alten Instituts kleiner als früher fühlte. Von allen Seiten kamen Einmeterneunzig-Männer daher, übrigens auch einige groß gewachsene Frauen, die mich deutlich überragten. Eine neue Generation war emporgeschossen, so empfand ich es. Noch einige Quinoa-Joghurts mehr, und auch Polen wird ein Land von Riesen!

Nun zum viel heikleren Thema der Frauenschönheit.

Soll ich es mir leicht machen und in den riesengroßen Schweigechor der begeisterten deutschen, niederländischen, englischen oder Ich-weiß-nicht-woher-Männer einstimmen, die nach der Ankunft in Polen drei Tage lang kein Wort mehr herausbringen können, weil sie so geblendet sind vom Glanz der anmutigen Weichselaphroditen?

Nein, das möchte ich nicht, das kann ich nicht!

Vielmehr raffe ich mich an dieser Stelle zu einer harten Provokation auf und stelle fest: Die deutschen Männer haben eigentlich keinen Grund, wegen hässlicher Frauen aus ihrem Land zu fliehen. Die Zahl schöner Frauen ist bei ihnen nämlich genauso groß wie in Polen, jedenfalls meiner Meinung nach (die ich schon in vielen harten Gesprächen mit Warschauer Taxifahrern verteidigt habe). Und auch die Sache mit der angeblich mangelnden Pflege ist ein gigantisches Missverständnis. Ich würde nämlich jede Wette eingehen, dass deutsche Frauen morgens genauso viel Zeit wie Polinnen vor dem Spiegel verbringen – wenn nicht sogar noch mehr! Zunächst tragen sie nämlich ebenfalls Kajal und Lippenstift auf, danach aber schauen sie noch einmal misstrauisch hin, ob sie ihren Mitfrauen am Arbeitsplatz nicht allzu weiblich erscheinen ... Seufz! Also doch lieber wieder den Kajal wegkratzen, den Rock ausziehen und in die ausgebeulte Jeans schlüpfen. Um Himmels willen bloß nicht so aussehen, als ob »frau« schön sein wolle ... aber ein kleiner Ring darf doch ins Ohr ... oder nicht? Ach nee, besser nicht ...

Keine Frage, es gibt in Polen und Deutschland unterschiedliche Schönheitskanons, sowohl für Frauen als auch für Männer – vermutlich sind sie sogar in *jeder* Kultur leicht verschieden. Der deutsche Schönheitskanon ist sicherlich stärker von der Emanzipation geprägt, die dazu geführt hat, dass die weibliche Seite stark um Gleichberechtigung kämpft. Dieser Kampf läuft natürlich auch in Polen, ist aber in Deutschland schon weiter fortgeschritten. Heißt das, dass die deutschen Männer den Kampf verloren haben und sich nun insgeheim nach Frauen aus anderen Kulturen sehnen? Viele Ausländer unterstellen das, unterliegen hier aber dem gleichen Irrtum, dem ich unterlag, als ich die Atmosphäre in Warschauer Straßenbahnen als erotisch aufgeladen empfand. Man unterstellt den Menschen einer fremden Kultur die eigenen Empfindungen, ohne sich wirklich hineinzuversetzen. Die deutschen Männer sehen ihre Frauen (überwiegend) nämlich gar nicht so kritisch, wachsen sie doch mit dem gleichen Schönheitskanon wie sie auf, empfinden daher die Annäherung der Geschlechter als positiv und nicht als Horror. Nicht nur die deutschen Frauen, sondern auch viele deutsche Männer betrachten eine traditionell weiblich gekleidete Frau mit Misstrauen, und wehe, der Kajalstrich rings um die Augen ist zu stark! So manche Polin verfiel schon dem Irrglauben, dass sie die deutschen Frauen leicht ausstechen könne, indem sie sich einfach nur einen Rock anzog, doch was war zu ihrem Entsetzen die Folge? Sie wurde von den Arbeitskollegen als »Flittchen« bezeichnet.

Wie jetzt? Gibt es wirklich keine objektive Schönheit? Glaube ich das allen Ernstes? Oder rede ich hier nur modische Phrasen der Political Correctness nach?

Ja, ich glaube das allen Ernstes – und sage es auch tapfer allen Warschauer Taxifahrern! Nach meiner Erfahrung ist es vor allem die *Andersheit* ihrer Schönheit, die Eindruck macht. Und »Andersheit« ist nur eine Umschreibung für Exotik. Ja, Erotik hat etwas mit Exotik zu tun. Auch ich war bei meiner Ankunft in Polen davon überzeugt, dass die Bewohnerinnen dieses gesegneten Landes viel attraktiver seien als all die Sabines und Susannes, mit denen ich aufgewachsen war. Doch nach etwa zehn Jahren in Polen änderte sich das – ich gewöhnte mich an das veränderte weibliche Erscheinungsbild. Wenn im Bus eine Frau neben mir stand, vor der ich noch einige Jahre zuvor begeistert niedergekniet wäre, las ich jetzt gleichgültig meine Zeitung weiter. Und wenn ich alle paar Monate nach Berlin fuhr, erlebte ich genau das Umgekehrte. Plötzlich schien mir, dass in Wahrheit die deutschen Frauen viel schöner seien! Ich hatte vergessen, wie exotisch sie waren …

Nein, von einer größeren Schönheit polnischer Frauen in einem genetischen, angeborenen Sinn kann *meiner* Meinung nach nicht die Rede sein. Da widerspreche ich sogar Heinrich Heine, dem Erfinder des mehrfach erwähnten werbewirksamen Slogans von den Weichselaphroditen. Auch er tappte in die Exotikfalle, denn er war im Jahr 1822 lediglich ein paar Wochen im Land. Umgekehrt habe ich noch nie von einem Russen oder Tschechen Lobeshymnen auf die polnischen Frauen gehört. Und warum nicht? Vermutlich deswegen, weil in ihren Ländern eine ähnliche Art von Frauenschönheit vorherrscht.

Heute stehe ich auf dem salomonischen Standpunkt: In der Schönheitsfrage existieren überhaupt keine objektiven Kriterien. Alles hängt von Gewohnheit und Überraschung ab. Ich weiß, das klingt fürchterlich politisch-korrekt, aber ich glaube es tatsächlich.

Es gibt übrigens noch ein anderes, hochsachliches Argument, das Pawełs provokative Aburteilung der deutschen Frauenschönheit infrage stellt.

Professor Szukalski von der Universität Łódź ermittelte, wie schon gesagt, dass die Zahl der gemischten Ehen in Polen immer weiter ansteigen wird. Während aber die polnischen Frauen meistens *westliche* Männer wählen, entscheiden sich diejenigen polnischen Männer, die eine ausländische Frau heiraten, meistens für *östliche* Frauen. Ja, hier liegt eine merkwürdige Parallele zu Deutschland vor. Die Zahl der polnisch-ukrainischen Ehen ist seit 2014 um das Zweieinhalbfache angestiegen! Und bei mehr als achtzig Prozent dieser Ehen sieht es so aus, dass ein polnischer Mann eine ukrainische Frau heiratet.

Viele Deutsche haben es noch gar nicht mitgekriegt: Seit 2014, dem Beginn des ukrainischen Bürgerkrieges, sind mehr als eine Million Bürgerinnen und Bürger dieses Landes nach Polen eingewandert. Wer in eine beliebige polnische Stadt kommt, wird in jeder Kneipe, in jedem Hotel auf ukrainische Angestellte stoßen. Sie integrieren sich noch geräuschloser als die Polen in Deutschland, können aber mit viel weniger Unterstützung seitens der Behörden rechnen, da ihr Land nicht zur EU gehört. Polen ist seit der ukrainischen Einwanderungswelle das EU-Land mit der höchsten Einwanderungsquote geworden, weit vor Deutschland – wer hätte das gedacht?

Überraschend sind nun aber die Schlussfolgerungen, die sich daraus für unsere Frage ergeben. Wer Pawełs Schönheitsargument vertritt, müsste jetzt konsequenterweise folgern, dass die ukrainischen Frauen noch hübscher als die polnischen Frauen seien – und die polnischen Männer hübscher als die ukrainischen. Denn würden sich die polnischen Männer sonst so zahlreich für Ukrainerinnen entscheiden – und die Ukrainerinnen für polnische Männer?

Ich denke, dieser Schlussfolgerung würden nur sehr wenige Polinnen zustimmen. Sie würden stattdessen sagen, dass die ukrainischen Frauen sich lediglich stärker aufdonnern, aggressiver schminken und kürzere Röckchen anziehen. Und sie würden sagen, dass diejenigen polnischen Männer, die eine ukrainische Frau heiraten, ihnen, den Polinnen, nicht mehr gewachsen sind. »Die wollen doch einfach nur eine unterlegene Frau haben!«

Genauso denkt interessanterweise auch manche deutsche Frau, die sich über die schönen Polinnen ärgert. Etwa **Johanna**, um die es jetzt in der vierten Theorie geht.

4. Theorie: Deutsche Frauen sind den polnischen Männern zu emanzipiert

Johanna kam als Spätaussiedlerkind nach Deutschland, heiratete einen deutschen Mann, kann kaum noch Polnisch, absolviert aber seit Kurzem einen Polnischkurs, um wieder die Sprache zu erlernen, die sie als Kind noch fließend beherrschte. Sie bezeichnet sich als großen Polen-Fan und ist mit zwei Polinnen befreundet, die in ihrer süddeutschen Region leben. Beide haben polnische Ehemänner, und beide Ehen, sagt Johanna, sind nicht allzu glücklich. Sie glaubt den Grund zu kennen, weshalb sich viele Polinnen und andere Osteuropäerinnen deutsche Männer nehmen. »Die polnischen Männer sind Machos, die ihre Machtposition behalten wollen, haben häufig ein Alkoholproblem und achten weniger auf ihr Aussehen.« Für Johanna ist deshalb auch logisch, dass deutsche Frauen sich im Allgemeinen nicht für polnische Männer interessieren. »Diese Männer sind uns nicht gewachsen.«

Auf meinen Einwand, dass in etwa zwanzig Prozent der Fälle dennoch eine deutsche Frau und ein polnischer Mann zusammenkommen, antwortet Johanna seufzend: »Klar, es gibt immer Ausnahmen. Das sind dann Frauen, denen gleiche Augenhöhe nicht so wichtig ist, oder sie haben eben einen Mann erwischt, der kein Macho ist.« Sie fügt aber sofort hinzu: »Auch die deutschen Männer sind noch längst nicht alle auf der Höhe. Der Ehemann der Kanzlerin, Professor Joachim Sauer, kam einmal nicht zur Vereidigung seiner Frau Angela Merkel in den Bundestag, weil er an diesem Tag angeblich einen wichtigen Termin hatte. Das war natürlich nur Quatsch, er konnte es in Wahrheit einfach nicht ertragen, dass seine Frau höher stand als er.« Sie resümiert: »Die meisten Männer, egal wo, müssen einen höheren Status als ihre Frau haben. Und viele dieser Typen, egal ob Deutsche oder Polen, suchen sich dann eben eine Osteuropäerin oder Asiatin.«

Aus Johannas Sicht sind an der Schieflage also in beiden Fällen die Männer schuld. Die meisten polnischen Männer sind Steinzeitmachos, doch auch viele deutsche Männer haben den Sprung ins 21. Jahrhundert noch nicht geschafft und verhalten sich wie Muskelprotze, die ein zartes Bikinipüppchen suchen, sogar Angela Merkels Ehemann. So eine Comic-Beziehung wird von Fachleuten als »Tarzan-und-Jane-Prinzip« bezeichnet.

Doch was würde Johanna dazu sagen, dass die beliebtesten ausländischen Ehepartner der deutschen Frauen türkische Männer sind? Passt das in ihre Theorie?

Ein deutscher Freund erklärte mir ruckzuck auch diese Tatsache: »Natürlich sind nicht nur die Türken Machos, sondern auch viele polnische Männer. Aber wenn eine deutsche Frau nun einmal partout einen Macho haben will, nimmt sie sich lieber gleich das Original, also einen Italiener oder Türken!«

Meine Erklärung kommt etwas zahmer daher: Seit sechzig Jahren gibt es Türken in Deutschland, sie leben hier in der zweiten und dritten Generation, sind inzwischen gut assimiliert, und so gibt es heute logischerweise eine hohe Zahl von jungen Männern, die am Arbeitsplatz oder sonstwo eine Deutsche kennenlernen. Sie sind in Deutschland in die Schule gegangen, sprechen die Sprache akzentfrei und können einer deutschen Frau durchaus auf Augenhöhe begegnen. Vermutlich wird auch die Zahl zweisprachiger Männer mit polnischem Hintergrund eines Tages viel höher sein als heute. Und dann steht zu vermuten, dass auch die Zahl der Partnerschaften polnischstämmiger Männer mit deutschen Frauen stark zunehmen wird. Ob sich das statistisch noch nachprüfen lässt, ist eine andere Frage, da diese Männer häufig keinen polnischen Pass mehr haben werden.

5. Theorie: Frauen suchen sich Männer mit Prestige

Die fünfte Theorie erscheint mir selbst am plausibelsten, weil sie alle bisherigen Theorien in sich einschließt. Sie geht von der Beobachtung aus, die von Samy Molcho erwähnt wird: Grundsätzlich entscheidet die Frau darüber, ob aus einem Date ein Fiasko, ein One-Night-Stand oder gleich eine ganze Ehe wird. Die Frau ist sowohl die Initiatorin eines Flirts als auch die Schlussentscheiderin. Der Mann muss geduldig vor ihr knien, bis sie irgendwann gnädig sagt: »Erhebe dich, Ritter … oder geh zurück in dein Zelt.« Doch ab wann interessieren sich Frauen eigentlich für Männer? Gibt es dafür unzählige Motive oder vielleicht doch ein großes Hauptmotiv?

Ja, vermutlich gibt es eines. Es hat zunächst einmal nichts mit Reichtum, Schönheit oder akzentfreiem Deutsch zu tun, sondern lautet: Status oder auch Prestige. Männer gehen nach Aussehen, Frauen nach Status. Das muss nicht automatisch der Vorstandsvorsitzende mit Anzug und Krawatte sein, sondern kann genauso ein Tierpfleger oder ein verstrubbelter Hausbesetzer aus Berlin-Friedrichshain sein. Hauptsache, er genießt Respekt in der Gruppe, zu der die Frau gehören möchte. Und jede Gruppe hat natürlich andere Prestigekriterien. Generell kommt es nur ganz selten vor, dass eine Ärztin einen Krankenpfleger heiratet oder eine Architektin einen Bauarbeiter. In umgekehrter, männlich-weiblicher Perspektive ist all dies an der Tagesordnung: Der Chefarzt heiratet die Sekretärin, der Architekt die Bauzeichnerin – weil er sie schön findet.

Das alles ist inzwischen auch wissenschaftlich untermauert worden. Psychologen der Universität Glasgow legten 2019 eine Studie vor, in der Daten von mehreren Tausend Teilnehmern aus 36 Ländern verglichen wurden, darunter aus Deutschland, Schweden, den USA, Indonesien, Iran und den Philippinen. Es stellte sich heraus, dass die Idealvorstellungen von Männern und Frauen bezüglich ihres Partners identisch waren – unabhängig davon, ob sie aus einem stärker oder weniger stark emanzipierten Land kamen. Überall sehnten sich mehr Männer als Frauen nach Schönheit, während mehr Frauen als Männer nach Partnern mit hohem Status suchten.

Die Forscher betonen allerdings auch, dass es unzählige Ausnahmen von der Regel gibt. Sehr viele Frauen pfeifen auf Männer mit Prestige; und sehr viele Männer verlieben sich in eine Frau aufgrund anderer Eigenschaften als ihrer Schönheit.

Die Statustheorie bestätigt sich, wenn man die deutsche Heiratsstatistik 2017 betrachtet. Unter den zehn beliebtesten Herkunftsländern ausländischer Ehemänner deutscher Frauen befinden sich sechs westliche Länder (Italien, USA, Österreich, Großbritannien, Frankreich, Spanien), aber unter den beliebtesten Herkunftsländern der ausländischen Ehefrauen deutscher Männer ist nur ein einziges westliches (Österreich). Nicht nur Polinnen, sondern auch deutsche Frauen finden offenbar den westlichen Teil der Welt interessanter. Es geht ihnen sehr wahrscheinlich um das Prestige: »Westen ist besser als Osten.« Ja, so einfach ist unsere Welt gestrickt. Als Beweis dafür schlage ich ein Experiment vor: Wenn eine deutsche Frau, so wie Johanna, über die polnischen oder russischen Männer lästert, weil sie ungepflegter seien, schlage ich vor, ihr einen Schmuddeltypen vom Bahnhof als angeblichen Rockgitarristen aus North Carolina vorzustellen, der morgen in einem angesagten Berliner Indie-Club auftreten und übermorgen einen MTV-Award entgegennehmen wird. Das Kriterium »ungepflegt« dürfte innerhalb von Sekunden an Wichtigkeit verlieren!

Doch warum emigrieren deutsche Frauen dann nicht so massenhaft in den Westen wie osteuropäische Frauen nach Westeuropa? Vermutlich deswegen, weil auf der unsichtbaren deutschen Prestigeskala der Unterschied zwischen einem deutschen und einem amerikanischen Mann nicht so groß ist wie auf der polnischen oder litauischen Skala der Unterschied zwischen einem einheimischen und einem westlichen Mann.

Aber noch einmal: Hoher Gruppenstatus ist nur ein ganz grobes, allererstes Kriterium. Gleich danach folgen unzählige andere Kriterien, die die Partnerwahl dann doch wieder sehr einengen und kompliziert machen, darunter Schönheit, Reichtum oder Bildung. Bliebe es nur beim Status, würde Berlin nicht von Single-Polinnen wimmeln (so wie Warschau vermutlich von Single-Ukrainerinnen wimmelt). Sie kamen vielleicht einmal ins Land, weil sie sich von Deutschland und seinen männlichen Bewohnern auf sehr unklare Weise sehr viel erhofften. Bald aber genügt ihnen die Tatsache, dass ein Mann Deutscher war, nicht mehr, und dann suchten sie doch wieder nach den gleichen Werten, die sie schon in der Heimat wichtig fanden. Ihrer besten Freundin klagen sie: »Ich würde gerne einen netten, normalen Typen finden, der ein bisschen Humor hat, ein bisschen Geld verdient und Nichtraucher ist; ob er außerdem Deutscher oder Pole ist – who cares!«

Die Status-und-Schönheit-Theorie ist äußerst heikel. Beide, Frauen wie Männer, streiten sie oft vehement ab, weil sie keine Lust haben, auf der Anklagebank zu sitzen. Ich selbst finde sie gut und habe sie schon oft angewendet, um mich gegen deutsche Frauen zu wehren, die mir unterstellten, nur wegen der schönen Frauen nach Polen emigriert zu sein. Das lief dann häufig darauf hinaus, dass die deutschen Frauen die edleren Menschen seien, weil sie ihre Partner nur nach Humor und Ausstrahlung wählen. Mithilfe der Theorie drehe ich den moralischen Spieß um und kritisiere die arroganten deutschen Frauen dafür, »östlichen« Männern keine Chance zu geben, weil der »Osten« nun mal schlechter sei als der »Westen«.

Eines Tages sprach mich im Zug nach Berlin ein junger Pole an und erzählte, dass er seit einem Jahr in der Stadt lebe, Arbeit und Wohnung habe und einen Sprachkurs besuche. Nur mit den deutschen Frauen, da laufe rein gar nichts, er fühle sich hilflos, ratlos, habe keine Chance bei ihnen, spüre eine hohe Mauer, die er nicht übersteigen könne. Ich hörte mir das an und wurde tatsächlich so wütend auf meine Landsmänninnen, dass ich sie nach der Ankunft in Berlin keines Blickes mehr würdigte, obwohl ich sie an diesem Tag insgeheim mal wieder sehr exotisch-erotisch fand.

Abschließend möchte ich zur Gelassenheit mahnen. Die ganze Diskussion ist von starken Übertreibungen geprägt. Wer da behauptet, »die Polinnen wollen keine polnischen Männer mehr« oder »die deutschen Männer wollen keine deutschen Frauen mehr«, der vergisst, dass die allermeisten Deutschen, Polen und Polinnen, in beiden Ländern weit mehr als achtzig Prozent, einen inländischen Partner haben und auch mehr als sechzig Prozent von ihnen sich *nicht* scheiden lassen. Man könnte fast auf die Idee kommen, dass sie glücklich sind!

7 HOCHZEIT

Der magische Sog in Richtung Traualtar

Frank war früher bereits einmal verheiratet und hatte sich eigentlich vorgenommen, diesen Schritt nie wieder zu tun. Dann aber lernte er eine nette Frau aus Polen kennen und musste mit der Zeit einsehen, dass er ihr ihren größten Wunsch nicht abschlagen konnte: eine große Hochzeit. Schon beim allerersten Date wurde von diesem Ereignis gesprochen, denn es musste wirklich eine ganz große Märchenhochzeit werden, mit allem Drum und Dran. Frank betont, dass die polnischen Frauen ansonsten modern und selbstbewusst seien. Nur in diesem einen Punkt unterschieden sie sich sehr von deutschen Frauen. »Von diesem Virus ist wirklich jede Polin infiziert, absolut jede, ganz gleich, welcher politischen Überzeugung und welcher Einkommensschicht sie angehört. Selbst Umweltaktivistinnen, die sich gewöhnlich nicht um Äußerlichkeiten, um Etikette oder Konventionen scheren – beim Thema Heirat spüren sie ihre polnischen Wurzeln. Ihre Augen beginnen zu leuchten, und sie können stundenlang in Katalogen mit Brautkleidern schwelgen und mit ihrer besten Freundin das Fest der Feste vorträumen.« Von nun an wurden sämtliche Reisen nach Polen dazu genutzt, gemeinsam irgendwelche Schlösser oder andere Hochzeitslocations zu besichtigen. Auch musste Frank Woche für Woche schwarze Anzüge anprobieren oder mit seiner Freundin die Gästeliste durchgehen. Er seufzt: »Endlich hatte ich meinen Sinn des Lebens gefunden!«

Der Antrag

Doch nicht alle Männer sind so nachgiebig wie Frank. **Justyna** findet, dass das Nichtheiratenwollen die schlimmste Unart deutscher Männer sei. Ein Deutscher, sagt sie, sei in der Lage, zwanzig Jahre lang mit einer Frau zusammenzuleben, drei Kinder zu zeugen und einen gemeinsamen Wohnungskredit aufzunehmen, doch das Thema Hochzeit versetze ihn auch weiterhin in Schockstarre. Er fühle sich dann sofort »eingeschränkt« und »versklavt«, was nach Justynas Meinung eine Absurdität ist. Was sollen denn dann die Kinder? Eine stärkere Bindung als Kinder kann sie sich nicht vorstellen. Einen Deutschen könne man nur mit den Vorteilen einer günstigeren Steuerklasse vor den Altar locken. Ah, diese deutsche Romantik! Zum Glück hat sie selbst es besser getroffen, denn ihr Freund hat ihr nach einigen Jahren wilder Ehe doch noch einen Antrag gemacht.

Klaudia war einige Zeit lang mit einem deutschen Studenten zusammen. Nach dem ersten Kuss zog er sich erschrocken zurück, da er sich seiner Gefühle »nicht zu hundert Prozent sicher« war. Klaudia musste warten, bis er diesen Prozess erfolgreich absolviert hatte. Dann erst konnte sich das frischgebackene Paar »auf ein höheres Bekanntschaftsniveau emporschwingen«, wie Klaudia es nennt. Bald allerdings kam es zum nächsten Eklat: Immer wenn Klaudia die Worte »Verlobung« oder »Ring« in den Mund nahm, tat ihr Freund so, als würde er nicht zuhören, oder wechselte abrupt das Thema. Eines Abends in einem Café sagte er einige Dinge, die ihr wehtaten, woraufhin sie empört aus dem Lokal stürmte. Doch was tat der Mann, den sie für einen potenziellen Ehekandidaten gehalten hatte? Er rannte ihr nicht einmal nach. Ein heiratstauglicher Mann, so Klaudia, wäre ihr hinterhergelaufen und hätte sie um Entschuldigung gebeten. Die Beziehung ging dann auch bald auseinander.

Die Heiratsunlust betrifft aber auch die deutschen Frauen. Wenn überhaupt heiraten, dann erst lange nach dem dreißigsten Geburtstag. Das bemerkte **Kasia**, als sie in Frankfurt an einem Fortbildungsseminar teilnahm. Während der Vorstellungsrunde sagte sie, dass sie Polin sei, sechsundzwanzig Jahre alt und seit zwei Monaten verheiratet. Alle Anwesenden wunderten sich – was, so früh schon verheiratet? Von nun an war sie nicht mehr »Kasia« oder »die Polin«, sondern »die, die schon verheiratet ist«. Man staunte darüber, dass sie überhaupt noch Spaß am Leben hatte.

Doch zum Glück gibt es auch Deutsche, die sich überwinden und ihrer Erwählten einen Heiratsantrag machen!

Dieter wählte dafür einen klassischen Ort: Paris. Die Ringe hatte er vorsorglich aus Deutschland mitgebracht, aber in Paris war er sich unsicher, wo er sie überreichen sollte. Vorsichtshalber nahm er sie auf jede Sightseeingtour mit. Dabei bedachte er nicht, dass es in Frankreich bei allen Sehenswürdigkeiten Metalldetektoren gibt, die immerzu lospiepsten, wenn Dieter mit seinen Ringen durch die Schleuse wollte. Er ging deswegen vorher zu den wachhabenden Securityleuten und erklärte ihnen leise den Sachverhalt: »Hier, Ringe … Antrag … noch nicht klar.« Sie grinsten verständnisvoll und verzichteten darauf, das Corpus Delicti ans Tageslicht zu holen. Dieters Freundin dachte jedes Mal, dass es wegen seines Smartphones piepte. Am Ende machte er ihr den Antrag oben auf dem Eiffelturm. Sie nahm ihn an.

Auch Günter hatte für seine Jadwiga und sich eine Tour nach Paris gebucht. Sein Plan war, auf der langen Treppe zur Kirche Sacré-Cœur bei einer Blumenfrau einen kleinen Strauß zu kaufen und vor Jadwiga auf die Knie zu fallen. Leider waren aber auf der Treppe so viele Menschen unterwegs, dass es nicht infrage kam, auf die Knie zu fallen. Man hätte für den Touristen aus Deutschland sofort einen Krankenwagen gerufen. Auch eine Blumenfrau war weit und breit nicht zu sehen. Was nun?

Da Günter sein Vorhaben unbedingt durchziehen wollte, fragte er Jadwiga einfach beim Hinaufhasten: »Vielleicht sollten wir heiraten ...?« Worauf von ihr die Antwort kam: »Na ja, warum nicht ...«

Iwona und Holger waren insgesamt zwei Mal in Lissabon. Das erste Mal gleich zu Beginn ihrer Beziehung, sehr romantisch, sie kannten sich noch kaum und spazierten verliebt durch die Stadt. Als sie zwei Jahre später wieder hinfuhren, hoffte Iwona im Stillen, dass Holger das Momentum mitnehmen und ihr in irgendeiner stimmungsvollen Kneipe einen Antrag machen würde, mit zarter Madredeus-Musik im Hintergrund. Doch nichts geschah. Sie kehrten nach Deutschland zurück, und erst eine Woche später, als Iwona gerade im Schlabberlook und mit der Fernbedienung in der Hand auf dem Sofa lag, kniete Holger plötzlich vor ihr nieder und zog etwas hervor, was nach einem Verlobungsring aussah. Erst beim zweiten Blick bemerkte Iwona, dass es eine Kette war. Einige Zeit später fand die Hochzeit statt, aber Iwona träumt bis heute davon, auf »ihre alten Tage« noch mal einen anständigen Ring zu bekommen.

Doch was ist »ein anständiger Ring«? Die meisten Deutschen, weiß **Żaneta**, sind ja schon froh, wenn sie was Hübsches für maximal zweihundert Euro finden. Doch da besteht, so Żaneta, das Risiko, dass die Partnerin (oder auch ihre Familie) den Ring für zu bescheiden erachtet. Polnische Männer geben tendenziell ein Vermögen für den Trauring aus, einige nehmen sogar einen Kredit auf. Sechshundert Euro sind das Mindeste!

Standesamtliche Trauung

Einmal vorausgesetzt, der Mann hat endlich den Antrag gemacht, und die Frau hat Ja gesagt – dann beginnen die Formalitäten. Die standesamtliche Trauung mit einem Ausländer oder einer Ausländerin ist eine echte bürokratische Herausforderung, für die vor allem eins erforderlich ist: Engelsgeduld. Sowohl in Deutschland als auch in Polen gibt es einige Hürden.

Zuerst einmal muss überlegt werden, in welchem Land die Zeremonie stattfinden soll. **Karolina** empfiehlt Polen und hat sehr gute Gründe dafür. Zunächst einmal sei es dort kein Problem, eine standesamtliche Trauung auch am Samstag abzuhalten, sodass die Gäste sich nicht extra freinehmen müssen. In Deutschland werden von den Standesämtern meist Termine unter der Woche angeboten; wer einen Samstagstermin haben will, muss dafür extra zahlen. Zum anderen gibt es in polnischen Standesämtern meist noch einen Extraraum, wo man im Anschluss an die Zeremonie einen Stehempfang veranstalten kann. Die städtischen Angestellten bereiten dort alles ohne zusätzliche Gebühr vor, man muss nur den Sekt selbst stellen. In Berlin hingegen, so Karolina, muss ein frisch getrautes Paar sofort das Gebäude verlassen, draußen auf dem Vorplatz gibt es dann Sekt in Plastikbechern, und das alles muss von den Gästen oder Trauzeugen selbst organisiert werden, nicht zu vergessen der Besen, um den Gehsteig sofort wieder sauber zu fegen.

Als Nächstes geht es um die Beschaffung der nötigen Papiere.

Günter hält das für spielend leicht: Für die standesamtliche Trauung in Polen musste er lediglich eine »Ehefähigkeitsbescheinigung« aus Deutschland beibringen, mit amtlicher polnischer Übersetzung. Darin ging es um den Nachweis, dass man nicht schon verheiratet war. Für die kirchliche Trauung musste er sich in seiner Geburtsstadt eine Taufbescheinigung besorgen, diese ins Polnische übersetzen lassen und außerdem noch ein Formular unterschreiben, dass er seine Kinder katholisch taufen lassen und seiner Frau immer erlauben wird, sonntags zur Messe zu gehen. Am Ende musste der Bischof seine Erlaubnis geben, aber das war nur Formsache.

Karolina und **Christian** berichten von größeren Schikanen. Sie wollten ihre standesamtliche Trauung in Polen abhalten. Die polnische Behörde verlangte für Christian, so wie bei Günter, ein deutsches Ehefähigkeitszeugnis. Im Berliner Standesamt wollte man Christian dieses Zeugnis aber nicht ausstellen. Man sagte ihm, dass zuerst mal die Braut ein Ehefähigkeitszeugnis aus Polen vorzeigen müsse. Also fuhr Karolina nach Polen zurück und tat so, als ob sie eine Trauung in Deutschland planen würde. Sie musste dazu eine deutsche Steuerkarte oder eine ausführliche Meldebestätigung aus Deutschland vorlegen, selbstverständlich durch einen vereidigten Übersetzer ins Polnische übersetzt. Nun bekam sie ein Dokument mit dem umständlichen Namen »Zaświadczenie stwierdzające, że zgodnie z prawem polskim można zawrzeć małżeństwo« (Bescheinigung, mit der festgestellt wird, dass die Ehe nach polnischem Recht geschlossen werden darf).

Dieses Dokument zeigte sie in Deutschland vor, zusammen mit Geburtsurkunde, Pass oder Personalausweis und einer aktuellen Meldebescheinigung, samt Zivilstand, Religion und Zahl der Kinder (0). Daraufhin erhielt sie das deutsche Ehefähigkeitszeugnis – und nun erst bekam auch Christian in Berlin sein Ehefähigkeitszeugnis. Anschließend fuhren die beiden nach Polen zurück, Christian zeigte im dortigen Standesamt sein deutsches Zeugnis vor, und Karolina erklärte, ihre Meinung geändert zu haben und jetzt doch in Polen heiraten zu wollen. Aha, akzeptiert, jetzt erst waren alle Formalitäten erledigt.

Karolina klagt, dass sie sich die Hin- und Herfahrerei hätten ersparen können, wenn es zwischen Deutschland und Polen ein speziell für Hochzeiten getroffenes Abkommen gäbe, so wie es etwa zwischen Deutschland und der Türkei existiert. Dann wäre ihrem Zukünftigen in Berlin nicht gesagt worden, dass seine Braut zunächst ein Ehefähigkeitszeugnis aus Polen beibringen muss, sondern man hätte es ihr sofort vor Ort ausgestellt. Aber »offensichtlich ist Polen ein allzu exotisches Land«.

Karolina weist allerdings darauf hin, dass sie in irgendeinem Internetforum noch eine zweite Methode gefunden hat. Demnach kann man die gesamte Prozedur auch durch einen Notar erledigen lassen.

Terminsuche

Eine anständige Hochzeitsplanung beginnt mindestens ein Jahr vorher. Da sollte man bereits Termin und Lokalität festlegen und im Fall einer kirchlichen Trauung auch den entsprechenden Tag beim Pfarrer reservieren. Wer später kommt, muss in der Garage heiraten, mit einem Geistlichen, der per Skype aus Las Vegas zugeschaltet wird!

Doch bei der Terminwahl spielt auch ein anderer Faktor eine Rolle, den kaum ein Deutscher auf dem Schirm hat: der polnische Aberglaube! Während er in den meisten Bereichen des Alltags abebbt und zu verschwinden droht, steht er bei Hochzeiten noch im vollsten Saft.

Geheiratet wird am besten in Monaten, die im Polnischen den Buchstaben »r« führen, also im marzec (März), czerwiec (Juni), sierpień (August), wrzesień (September), październik (Oktober) oder grudzień (Dezember). Gute Termine sind auch Weihnachten und Ostern, schlechte Termine die Fastenzeit vor Ostern und der erste April. Am »prima aprilis« besteht nämlich die Gefahr, dass das Paar seine Ehe nicht ernsthaft führen wird.

Einladungen

Dann werden die Gäste eingeladen. Nahe polnische Verwandte erwarten eine persönliche Einladung. Doch was heißt »nah«? Hier gilt die Faustregel: alles, was weniger als fünfhundert Kilometer entfernt ist. So mancher deutsche Mann hielt diese Information für einen Witz. Was? Er soll nun ein Jahr lang durch die polnischen Lande fahren? Könnte man nicht auch einfach ein paar schön gedruckte Einladungen per Post verschicken? Aber das wäre deutsch gedacht, sprich: herzlos, unfamiliär, unromantisch. Nein, man muss sich wahrhaft auf ein paar lange Reisen begeben, auch nach Katowice, wo der Onkel Heniek wohnt, den die Braut eigentlich seit ihrer Taufe vor dreißig Jahren nicht mehr gesehen hat. Egal, er ist und bleibt der Onkel!

Vor Ort müssen Braut und Bräutigam sich auf mehrstündige Kaffeekränzchen einrichten. Der Bräutigam aus Deutschland hat es dabei noch relativ am leichtesten. Von ihm wird lediglich erwartet, an den halbwegs richtigen Stellen nett zu lächeln.

Vorehelicher Unterricht

Falls eine kirchliche Trauung in Polen geplant ist, entsteht die Frage, in welcher Kirche sie stattfinden soll. Hier sagt der Aberglaube wieder klipp und klar: Die Trauung sollte in der Kirche stattfinden, in der die Braut getauft wurde. Also muss man zum dortigen Gemeindepfarrer gehen und ihn um die Trauung bitten. Falls der Bräutigam Protestant ist und der Pfarrer eine interkonfessionelle Trauung ablehnt, muss ein anderer gesucht werden. Paradoxerweise scheint die Regel zu gelten: Deutschen Atheisten ohne jede Religionszugehörigkeit werden von polnischen Priestern keine Scherereien bereitet. Je evangelischer, desto schwieriger! Im Idealfall sollte der Geistliche natürlich auch noch Deutsch oder zumindest Englisch können, damit die deutschen Gäste zumindest den einen oder anderen Satz der Trauungszeremonie verstehen.

Günter hat das Vorgespräch mit dem Pfarrer niemals vergessen. Der war bereits ein alter Mann und empfing Günter und seine Verlobte im Büro seines Pfarrhauses. Sofort zu Beginn umarmte er Günter, küsste ihn auf beide Wangen und sagte, er habe schon immer mal einen Deutschen küssen wollen. Erst viel später realisierte Günter, dass dies eine Geste der Versöhnung gewesen war. Der Pfarrer hatte als Kind noch die Schreckensherrschaft der Nazis erlebt und wollte Günter mit der Umarmung sagen: »Du bist Deutscher, aber trotzdem willkommen.«

Hat der Pfarrer eingewilligt, beginnt der obligatorische voreheliche Unterricht. Meist gibt es einige abendliche Treffen à neunzig Minuten. Dabei sitzen bis zu zwanzig Paare im Kreis und hören dem Priester oder Katecheten zu. Es geht um biblische Themen, aber auch um »natürliche Verhütungsmethoden«. Żaneta warnt: »Für manchen deutschen Partner ist diese Nuss nicht zu knacken. Wer solche kirchlichen Folterungen auf sich nimmt, muss seine Partnerin wirklich sehr lieben.« Doch keine Angst: Die meisten deutschen Bräutigame werden sowieso vom Unterricht dispensiert, weil sie sprachlich nicht hinterherkommen.

Karolina und Christian haben sich zum vorehelichen Unterricht bei einer polnischen Gemeinde in Deutschland angemeldet und nur gute Erfahrungen gemacht. Sie hatten den Eindruck, dass der polnische Priester alles tat, um den versammelten Paaren keine unnötigen Probleme zu bereiten. Der Unterricht in den katholischen Kirchen Deutschlands, auch in den polnischen Gemeinden, findet übrigens nur auf freiwilliger Basis statt. Geht man nicht hin, wird die Trauung in der Regel trotzdem vollzogen.

Kleidung

Der große Tag rückt immer näher. Doch wie soll man sich kleiden? Die Braut hat einige Regeln zu beachten. Sie sollte am Körper etwas Neues tragen (bringt Reichtum), etwas Altes (dann fehlt es nie an Hilfe durch Verwandte und Freunde), etwas Weißes (Reinheit der Gefühle), etwas Himmelblaues (Kinder und Treue des Partners garantiert) und etwas Geliehenes (damit die Familie des Bräutigams wohlwollend ist). Der Bräutigam sollte der Braut beim Anziehen der Schuhe helfen und ihr ein Geldstück in den Schuh legen.

Auch der Bräutigam muss sich kleidungsmäßig ins Zeug legen. Günter warnt: Wer im Alltag Schlabberlook pflegt – und welcher Deutsche täte das aus polnischer Sicht *nicht* –, wird sich leicht überfordert fühlen. Bei ihm war es deshalb so: Er wurde in der Mitte der Küche postiert, direkt unter der Deckenlampe, und durfte sich einige Stunden lang nicht bewegen. Dann diskutierten Braut und Brautmutter darüber, ob ihm besser der graue Anzug und das weiße Hemd oder das blaue Hemd und der schwarze Anzug stehen würden. Anschließend wurden alle Krawatten aus dem Schrank geholt, die Günter je von seiner künftigen Schwiegermutter zum Geburtstag oder zu Weihnachten erhalten (aber nie getragen) hatte. Welche passte am besten zum grauen, welche besser zum schwarzen Anzug? Oder waren nicht Hemden mit Manschettenknöpfen angesagt? Günters eigene Meinung wurde in etwa so geduldig angehört, wie Ärzte bei der Morgenvisite im Krankenhaus eine Frage des Patienten anhören. Günter empfiehlt allen Bräutigamen für diese harten Stunden eine stille Meditation über das frohe Ereignis, das bevorsteht: »All die Tische, die sich vor leckeren Speisen biegen werden, die Wodkaflaschen an jedem dritten Platz, die hübsche Schwägerin, mit der man schon lange mal tanzen wollte – das ist doch alles gar nicht zu toppen. Dagegen sind Hochzeitsfeiern in Deutschland doch reine Trauerfeiern.«

Eine deutsche Hochzeit

Ich möchte Günters Stichwort von der deutschen Trauerfeier aufgreifen. Übertreibt er da nicht ein bisschen? Können nicht auch die Deutschen rauschende Feste ausrichten? **Marek** und **Iza**, ein polnisches Paar, das schon seit einigen Jahren in Deutschland lebt, würde diese Frage wohl verneinen. Sie haben die folgende Hochzeit miterlebt; die Braut war eine deutsche Arbeitskollegin von Iza.

Das Fest fand in Süddeutschland statt, und zwar auf einem Campingplatz, etwa einen Kilometer von dem Dorf entfernt, in dem die Braut aufgewachsen war. Nennen wir die Braut hier einmal diskret »Sabine«. Geladen waren etwa siebzig Gäste, die zumeist auf dem Campingplatz in mitgebrachten Zelten übernachten mussten. Nur die Großeltern und einige ältere Tanten schliefen in einer Pension. Marek und Iza besaßen kein Zelt, bekamen aber von Sabine einen Hinweis, wo sich ein Zeltverleih befand. Das Zelt kostete zwanzig Euro pro Nacht.

In der schriftlichen Einladung des Brautpaars waren die Gäste aufgefordert worden, nach der Trauzeremonie bitte nicht Reis oder Konfetti zu werfen, auch Luftballons und Wunderkerzen waren verboten, alles wegen Naturschutz und Nachhaltigkeit. Die Eheringe bestanden, um keine natürlichen Rohstoffe zu verschwenden, aus altem Familiengold, das die Brautleute bei einem Juwelier hatten einschmelzen und in Ringe umwandeln lassen.

Die Trauung wurde auf einem Rasenstück am Rande des Campingplatzes vollzogen. Für die Gäste standen Klappstühle bereit. Zum Einzug des Brautpaars spielte Sabines Vater, ein pensionierter Lehrer, auf der Geige. Ansonsten gab es während der Zeremonie keinerlei Musik. Die Pfarrerin, die das Paar traute, war die Schwester von Sabine. In ihrer sympathischen Ansprache ging sie auf allerlei persönliche Stationen im Leben ihrer Schwester und ihres zukünftigen Schwagers ein, darunter mehrere Urlaube in Griechenland, Schottland und Indien.

Nach der kirchlichen Zeremonie fand auf derselben Wiese unter freiem Himmel das Mittagessen statt. Rasch wurden Klapptische aufgebaut. Auf den Tischen standen sechs selbst gemachte Kuchen – die bei siebzig Gästen leider schnell aufgegessen waren. Dazu gab es Kaffee und Tee. Alles war im Nu verputzt, doch Nachschub kam nicht. Etwa vier Stunden lang bekam man nun gar nichts mehr zu essen. Auch gab es am Nachmittag keinerlei Unterhaltungsprogramm. Das Hochzeitspaar machte Fotos, die Gäste unterhielten sich oder gingen in ihre Zelte hinüber. Iza, Marek und einige Bekannte spielten Boule und Federball.

Gegen zwanzig Uhr begann das Abendessen, und zwar mit einer rein veganen Thymian-Zitronengras-Suppe, »super hip, aber leider nicht lecker«. Nach der Suppe trugen die Brauteltern das Menü auf; es bestand ausschließlich aus saisonalen und lokal produzierten Lebensmitteln: große Pfannen mit Kartoffelbrei, Gemüse, Salat und vegetarischer Lasagne. Alles schmeckte ausgezeichnet, war allerdings schon wieder blitzschnell geleert. Wer in der Schlange zu weit hinten stand, ergatterte überhaupt nichts mehr, nicht einmal Chips oder trockenes Brot.

Mit den Getränken stand es noch schlimmer. Es gab zwei Colaflaschen für siebzig Leute, und mehr Cola wurde auch nicht mehr nachgeliefert. Ausreichend vorrätig waren nur Mineralwasser ohne Kohlensäure und Weißwein. Keine Schnäpse, keine Longdrinks, keine Cocktails. Wer auf den Mitternachtssnack gehofft hatte, wurde bitter enttäuscht und musste bis zum Frühstück am nächsten Morgen warten. Abends marschierten die Gäste vom Zeltplatz aus etwa einen Kilometer weit zu einer häuslichen Feier in das Wohnhaus der Brauteltern. Dort moderierte der Brautvater eine Diashow mit mehreren Dutzend Bildern. Immer wieder begeisterte er sich für seine Tochter: »Hier, wie sie die Schippe hält – daran sah man schon damals, was das mal für eine toughe Frau wird …« So ging es eine Dreiviertelstunde lang.

Anschließend wurde im Schulhaus getanzt. Der Schwager legte die Musik auf, ein ansprechendes Potpourri aus Schlagern, Hip-Hop, Rock und Pop. Gegen drei Uhr morgens endete die

Musik abrupt, das Licht ging an. Dafür, dass es während des gesamten Abends nichts zu essen und kaum etwas zu trinken gab, hatte die Feier sowieso schon erstaunlich lange gedauert. Alle halfen beim Aufräumen, und wer müßig herumstand, bekam einen Müllsack in die Hand gedrückt. Marek war inzwischen allerdings so hungrig, dass er wütend zurück ins Zelt floh und keinen einzigen Müllsack entsorgte. Sein Fazit: »Nie wieder zu einer deutschen Hochzeit. Man wird einfach nicht satt.«

Bleibt nur zu hoffen, dass diese Geizhochzeit eine völlig untypische Ausnahme im sonst so feierbiestigen Deutschland war.

Parkplatz, Fotograf und DJ

Und damit in polnische Hochzeitsgefilde. Bevor es losgeht, möchte ich schnell noch drei praktische Tipps loswerden.

Erstens sollte man unbedingt an den psychischen Komfort der deutschen Gäste denken. Viele werden zum ersten Mal in Polen sein und sich entsprechende Sorgen um ihr Auto machen. Günter hat das erlebt. Sein Cousin war mit einem ziemlich neuen Auto angereist und schlotterte vor Angst, dass es nachts vom Hotelparkplatz geklaut werden könnte. Günter sprach deswegen mit der Rezeptionistin, und sie konnte einen Frührentner auftreiben, der für umgerechnet fünf Euro die ganze Nacht hindurch den Parkplatz bewachte. Als der Cousin misstrauisch den etwas klapprigen Frührentner musterte und ihn dann wortreich bat, bitte gut auf das wertvolle Auto aufzupassen, zog der wortlos eine Pistole aus der Tasche und schoss in die Luft. Das überzeugte den Cousin. Bis heute fragt sich Günter, ob es eine Schreckschusspistole oder eine scharfe Waffe war. Falls kein Frührentner zur Hand ist, sollte man seine Gäste auf die überall in Polen vorhandenen bewachten Parkplätze hinweisen.

Zweitens ist ein Fotograf wichtig, der die Hochzeitsbilder liefert. Man kann hier im Internet aus einem reichen Angebot auswählen, denn in Polen ist der Beruf »Fotograf« im Grunde identisch mit »Hochzeitsfotograf«. Manche Paare engagieren zusätzlich noch einen Videofilmer, der mit seiner Kamera ständig um Priester und Brautpaar kreist und dabei häufig den Gästen die Sicht versperrt.

Zu meiner großen Überraschung hat allerdings noch nie ein polnischer Gast deswegen protestiert. (Wie polnisches Publikum überhaupt meist sehr tolerant ist. Deutsche Gäste hingegen schreien, besonders bei defekten Mikrofonen, meist schon nach wenigen Sekunden »lauter!« oder »Mikrofon!« und können sich in regelrechte Hassorgien hineinsteigern – eine Beobachtung aus eigener Bühnenerfahrung.)

Dritter Tipp: Für die Hochzeitsfeier nach der kirchlichen Trauung sollte ein »wodzirej« (Festleiter) organisiert werden, eine polnische Allround-Kombination aus DJ, Alleinunterhalter und Ein-Mann-Kapelle. Ausdrücklich gewarnt wird vor Freunden und Brüdern, die sich freundlich anbieten, den Job zu machen. Erstens beherrschen sie nicht die verwickelten Details der polnischen Hochzeitsrituale, zweitens gehen ihnen spätestens um zwei Uhr morgens Geduld und Playlist aus.

Kirchliche Trauung

Karolina und Christian verbrachten viel Zeit damit, die gesamte Zeremonie festzulegen, wählten selbst die Bibellesung und einige Taizé-Lieder aus, die man gleichzeitig auf Polnisch und Deutsch singen konnte. Die Liedtexte kopierten sie und machten handliche Hefte, die an jedem Platz in der Kirche ausgelegt wurden. Auch baten sie fünf Gäste, statt des Pfarrers die Fürbitten vorzulesen, drei auf Deutsch und zwei auf Polnisch. Der Gottesdienst wurde in einer katholischen Kirche, aber auf ökumenische Weise abgehalten, also gemeinsam durch einen katholischen Priester und einen evangelischen Pastor.

Eine halbe Stunde vor Beginn der kirchlichen Trauung versammeln sich die Gäste, Verwandte und Freunde vor der Kirche. Sie stehen in steifen Halbkreisen herum, stellen sich einander vor und tun so, als würden sie manchen alten Feindvetter drüben im anderen Halbkreis nicht bemerken.

Endlich kommt das Brautpaar ankutschiert, gerne in einem seltenen Oldtimer mit Schleife über der Motorhaube. Nun gehen die Gäste in die Kirche und setzen sich in die Bankreihen. Der Organist beginnt zu spielen, die Gäste erheben sich, und die Braut wird von ihrem Vater in die Kirche geführt. Moment – oder habe ich das jetzt mit dem Einzug von Lady Diana in die Westminster Abbey verwechselt? Tatsächlich, ja! In Polen ist es nämlich fast immer so, dass Braut und Bräutigam gemeinsam in die Kirche einziehen. In der Regel trägt die Braut Weiß, der Bräutigam Schwarz. **Susanne** ist stolz darauf, dass es bei ihr umgekehrt war: Sie trug ein schwarzes Kleid, ihr Mann **Krzysiek** einen cremefarbenen Anzug.

Abergläubische Regeln für das Brautpaar: Die Kirchenschwelle sollte mit dem rechten Fuß überschritten werden; ein Straucheln bringt Unglück. Wenn sich die Braut umdreht, um zu sehen, ob ihr Schleier gut liegt, ist dies ein schlechtes Omen. Während das Paar zum Altar schreitet, darf es nicht nach rechts und links zu den Gästen gucken – bringt Unglück!

Dann beginnt die Zeremonie. Der Pfarrer hält eine Predigt, in der er den vom Brautpaar vorher gewählten Trauspruch auslegt.

Susanne erinnert sich noch genau an den Leitsatz ihrer Traupredigt, »die Ehe ist ein Abenteuer«, und an die verschiedenen Arten von Tagen, die ihnen der Pastor wünschte und nicht wünschte. Ach ja, und sie erinnert sich auch daran, dass der Sohn ihres Mannes aus erster Ehe, der noch nie in einer protestantischen Kirche gewesen war, sich während des gesamten Gottesdienstes verstohlen umsah und zu seiner großen Verwunderung keine Beichtstühle erblicken konnte.

Nun kniet das Brautpaar nieder. Die Trauworte des Pfarrers enden immer noch mit der Formel: »… bis dass der Tod euch scheidet.« Braut und Bräutigam stecken sich gegenseitig die Ringe an den Finger. Wenn ihnen dabei ein Ring herunterfällt, dürfen sie ihn um Himmels willen nicht selbst aufheben, sondern müssen ihn vom Priester oder einem Ministranten aufheben lassen – das brächte sonst Unglück. Anschließend geben sich Braut und Bräutigam einen Kuss. So manche Braut soll aus Verwirrung und Lampenfieber schon den Fotografen geküsst haben, der mit seiner Kamera gerade vor ihrem Gesicht herumfuchtelte.

Sobald sich das Brautpaar wieder erhebt, sollte es vor dem Altar eine kleine Drehung machen. Der polnische Teil der Gäste schaut dabei genau hin, denn jetzt zählt jede Geste. Derjenige, der den anderen dreht, wird in der Familie die Entscheidungen treffen!

Zu Orgelklängen zieht das Brautpaar wieder aus. Die Gemeinde erhebt sich dazu und folgt dann gemessenen Schrittes. Vor dem Kirchenportal werfen einige Deutsche Reiskörner über das Paar. Die Polen dagegen werfen kleine Geldstückchen, die dann vom Brautpaar akribisch aufgesammelt werden müssen. Derjenige Partner, der mehr Münzen einsammelt, wird in der Familie die Kasse verwalten.

Bei Karolina und Christian gab es im Gemeindesaal neben der Kirche einen kleinen Empfang mit Kaffee und Kuchen, ehe dann am späteren Nachmittag die eigentliche Hochzeitsfeier begann. Meist aber bildet sich vor der Kirche eine lange Gratulationsschlange, bei der Braut und Bräutigam unzählige Küsse und Blumen bekommen. Ideal ist es, wenn der Braut zuerst von einem Mann oder einem Fremden gratuliert wird – das garantiert Glück. Günter war sehr überrascht davon, dass er auch von vielen polnischen Männern geküsst wurde. »Danach fühlte ich mich sowas von abgeknutscht und hatte einen guten Überblick über die zurzeit populären Aftershave-Düfte.«

Perfekte Paare haben jetzt ihre Mütter an der Seite, die ihnen die vielen Blumensträuße dezent abnehmen und den Vätern weiterreichen, die sie direkt an einem offenen Feuer verbrennen. Nein, Letzteres war nur ein Witz, denn Verbrennen wäre leichtsinnig. Manche Gäste haben nämlich in ihrem Blumenstrauß einen Briefumschlag mit Geld versteckt. Die meisten Gäste überreichen ihr Geschenk aber erst später. Im Hochzeitssaal sollte es dafür einen eigenen Tisch geben. Es ist unüblich, dass das Brautpaar seine Geschenke gleich am Hochzeitsabend auspackt.

Im Restaurant

Nun fährt der Hochzeitskonvoi von der Kirche zum Restaurant, manchmal mit Gehupe, aber meistens ohne. Noch nie habe ich in Polen gesehen, dass jemand dem Auto des Brautpaars ein paar Blechbüchsen an den Auspuff gebunden hätte – das muss, ähnlich wie der Reis vor der Kirche, als deutscher Aberglaube verbucht werden.

Viele Brautpaare verschwinden derweil mit dem Fotografen in einen Park oder zu einem romantischen Denkmal, um dort Hochzeitsfotos machen zu lassen, ehe das Brautkleid wieder im Verleih zurückgegeben wird.

Am Restaurant oder Hotel angekommen, hebt der Bräutigam seine frischgebackene Gemahlin über die Türschwelle, hinter der die Schwiegereltern strahlend mit Brot und Salz warten, die sie dem jungen Paar überreichen. Manchmal wird diese Zeremonie auch erst beim Betreten der Privatwohnung nachgeholt.

Die Gäste sitzen bereits an den Tischen und haben die ersten Schnellhäppchen verdrückt. Bevor aber das eigentliche Essen beginnen kann, werden noch Ansprachen gehalten. Hier gibt es starke Unterschiede in den Erwartungshaltungen. Den deutschen Gästen, besonders aus der älteren Generation, sind Ansprachen sehr wichtig, während die polnischen Gäste gar nicht daran gewöhnt sind. In Polen genügt es meist, wenn der Bräutigam kurz das Mikrofon ergreift und die Gäste willkommen heißt: Büfett eröffnet! Manchmal drängt sich aber auch noch ein neunzigjähriger Großvater zum Mikrofon und hält eine spontane Rede auf seine geliebte Enkelin, bei der er heftig mit dem Fuß aufstampft. Dann muss auch die gerührte Enkelin das Mikro ergreifen und sich beim Opa bedanken.

Wenn das Brautpaar eine gemeinsame Ansprache halten möchte, natürlich auf Deutsch und Polnisch, empfehle ich, einen der Trauzeugen mit einer Stoppuhr auszurüsten. Beide Gästegruppen, Deutsche und Polen, achten nämlich genau darauf, welche der beiden Sprachen dominiert. Hier ist äußerstes Fingerspitzengefühl angesagt.

Am Ende der Reden erheben sich alle Gäste von ihren Plätzen, denn nun wird mit Champagner oder Wodka auf das Wohl des Paares angestoßen »na zdrowie« und »zum Wohl!« Das Paar muss seine ausgetrunkenen Gläser hinter sich werfen, sodass sie zerbrechen.

Hierbei sind es zur Abwechslung wieder die deutschen Gäste, die mit einem Aberglauben ankommen: »Wer sich beim Zuprosten nicht in die Augen schaut, hat sieben Jahre lang schlechten Sex.« Diese Weisheit ist in Polen komplett unbekannt, und manche Polin empfand es schon als unangenehme Anmache, wenn ein deutscher Onkel ihr den Aberglauben anschließend umständlich erklärte.

Die polnischen Gäste rufen derweil dem Brautpaar zu: »Gorzko, gorzko!« Das bedeutet »bitter, bitter!« und soll Braut und Bräutigam dazu animieren, sich jetzt bitte schön einen süßen Kuss zu geben, um den bitteren Wodkageschmack von den Lippen zu bekommen. Na gut, sie tun es – und alle schauen genau hin, ob der Kuss leidenschaftlich oder lau war. Der »Gorzko!«-Ruf wird übrigens den ganzen Abend hindurch immer wieder erschallen. Das Brautpaar ist den Gästen diesbezüglich sklavisch ausgeliefert. Sobald es einem Witzbold einfällt, »gorzko« zu rufen, müssen die Eheleute aus den entferntesten Ecken des Saales zueinandereilen und sich vor versammeltem Publikum küssen.

Als Nächstes wird häufig das traditionelle Festlied angestimmt: »Sto lat, sto lat!« Das bedeutet »Hundert Jahre, hundert Jahre« und wird nicht nur bei Hochzeiten, sondern von der Betriebsfeier bis zum Namenstag eigentlich das ganze Leben hindurch gesungen.

Hochzeitsmenü

Nun beginnt das Hochzeitsmenü, das manchmal von Kellnern serviert, häufiger aber in Form eines Büfetts dargeboten wird, bei dem die Gäste sich selbst bedienen können. Als ersten Gang gibt es obligatorisch »Flaki«, also Pansensuppe. Sie heißt so, weil ihr Hauptbestandteil der klein geschnittene, lederartige Pansensack (ein Teil des größten Vormagens) der Kuh ist. Er muss stundenlang in einer Hühnerbrühe gekocht werden, und danach sehen die kleinen Magenstücke aus wie harte Nudeln. Bei Günters Hochzeit waren etwa zwanzig Gäste aus Deutschland anwesend, und Günter stand vor dem Dilemma, ob er ihnen verraten sollte, was für eine Suppe sie da eigentlich vorgesetzt bekamen. Er entschied sich dafür, die Klappe zu halten, und so löffelten sie alle brav ihre Suppe aus und hielten es für eine harmlose Hühnerbrühe mit herrlich al dente gekochten Nudeln.

Was die weiteren Speisen des Abends angeht, gibt es kein Pflichtprogramm mehr. Wichtig ist nur die Speisenmenge: Es muss von allem reichlich da sein, und im Idealfall gibt es für diejenigen Gäste, die auch zwischen den Gängen Hunger verspüren, ein zusätzliches kaltes Büfett, das in einer anderen Ecke des Saals aufgebaut ist. Dort kann man sich während des gesamten Abends, zehn Stunden lang, mit Mayonnaise-Eiern, sauren Gurken, marinierten Pilzen, gekochtem Schinken, Kartoffelsalat und Pastete versorgen.

Tanzen

Irgendwann beginnt der vergnügliche Teil des Abends. Der Alleinunterhalter stellt sich dem Publikum vor, sagt über Mikrofon ein paar aufmunternde Worte und schiebt den ersten Song rein. Ab jetzt ist das Tanzparkett freigegeben.

Selbstverständlich muss das Hochzeitspaar den ersten Tanz absolvieren. Manche Paare nehmen dafür extra noch einmal Tanzunterricht und bieten eine perfekte dreiminütige Performance. Andere tanzen einfach los, sehen die Sache sportlich, lachen viel und machen unmögliche Bewegungen. Die Gäste klatschen auf jeden Fall.

Gegen Ende des Brauttanzes fordert der Brautvater die Mutter des Bräutigams und der Vater des Bräutigams die Brautmutter auf. Die beiden Paare gesellen sich tanzend dem Brautpaar hinzu. Nach und nach mischen sich auch andere Paare dazu. Keiner der Tänzer scheint ernsthafte Sorgen zu haben, sich vor den Zuschauern zu blamieren. Dazu besteht auch kein Anlass. Hochzeiten sind kein Tanzturnier, es geht um eine lockere Form gesellschaftlicher Kommunikation, das muss man den Deutschen vorher einbläuen, sonst nehmen sie das Spektakel zu ernst. Nicht alle Polen haben großes Tanztalent, aber alle beherrschen zumindest ein paar Grundschritte, mit denen sie einige Minuten auf dem Parkett überleben können. Diese Schritte lernt man in keiner Tanzschule, sondern ausschließlich auf einer polnischen Hochzeit. Es sind stets Paartänze, also kein Einzelgehopse. Auch wer sich als totalen Tanzmuffel empfindet, braucht keine Angst zu haben – man schaut sich die Grundschritte in fünf Minuten ab: Einmal links, einmal rechts, danach wird die

Dame unter dem emporgestreckten Arm des Herrn hindurchgedreht, zum Abschluss machen beide noch ein Schrittlein rechts, ein Schrittlein links – und zurück geht's ans Büfett.

Natürlich gibt es stets auch einige Tanznarren, die das Parkett quasi überhaupt nicht mehr verlassen. Überraschenderweise sind es meist ältere Semester, die die Blicke auf sich ziehen und dem Abend spätherbstliche Erotik verleihen, etwa der dicke Onkel und die stark geschminkte Tante. Erstaunt raunt man seiner Nachbarin zu: »Das hätte ich denen nicht zugetraut!«

Deutsche Gäste erkennt man daran, dass sie am Rand der Tanzfläche stehen, die Arme übereinandergeschlagen, und ein wenig furchtsam zuschauen. Das Schlimmste, was ihnen passieren kann, ist, dass sie von einer Polin oder einem Polen zum Tanz aufgefordert werden. Manche fliehen deswegen lieber gleich zur Toilette und schließen sich dort für mehrere Stunden ein. Es soll sogar schon Gäste gegeben haben, die unter den Tisch gekrochen sind, um nicht aufgefordert zu werden.

Ja, es ist für die deutschen Gäste nicht unbedingt ein einfacher Abend. Man merkt ihnen auf Schritt und Tritt an, dass sie nicht jedes Jahr fünf Hochzeiten besuchen. Um ihnen das Leben zu erleichtern, sollte der DJ ab und zu auch mal einen deutschen Hit spielen, und sei es nur »Marmor, Stein und Eisen bricht«. Da lassen sich die polnischen Paare dann irritiert los und verschwinden auf ihre Plätze, während die Deutschen erleichtert aufs Parkett stürmen und begeistert loshüpfen. Endlich können sie den Polen auch mal zeigen, dass sie keine Tanzbanausen sind!

Bawić się

Im späteren Verlauf des Abends finden häufig moderierte Spiele statt, zum Beispiel gemeinsame Tänze. Die Gäste bilden eine lange Schlange, die hintereinander durch den Saal schunkelt, oder einen großen Kreis, in dem nach rechts und links getänzelt wird. Einzelne Verwegene springen dann in die Mitte des Kreises, wirbeln zunächst allein herum und greifen sich irgendwann aus der Menge kühn einen Partner, mit dem sie ausgelassen herumhopsen.

Die laute Musik, das lebhafte Tanzen, die permanente Esserei, die »Gorzko«-Rufe: All das ist für manchen deutschen Gast ziemlich ungewohnt. Er sitzt etwas ratlos und ängstlich an seinem Tisch und schaut mit großen Augen umher. Manchmal kommt dann ein polnischer Cousin und klopft seinem neuen deutschen Verwandten freundlich auf den Rücken: »Jak się bawisz?« Das bedeutet »Wie amüsierst du dich?« Die obligatorische Antwort muss lauten: »Dobrze!« Also: gut.

Das Wort »bawić się« ist vielleicht der Schlüssel zur polnischen Hochzeitsphilosophie. Es bedeutet nicht nur »sich amüsieren«, sondern auch »spielen«. Man soll sich amüsieren wie ein Kind, das beim Spielen alles um sich herum vergisst. Hör auf, dich beim Tanzen beobachtet zu fühlen, hör auf, an die anderen Gäste zu denken, tu einfach nur, was dir Spaß macht! Wenn du willst, kannst du dich auch mal für eine halbe Stunde hinsetzen und gar nichts tun. Keiner wird dich deshalb schief angucken, denn alle sind mit ihrem eigenen Spaß beschäftigt. Deutsche Gäste kennen das vielleicht eher von Karnevalssitzungen als von Hochzeiten.

Wodka

Zwar stehen schon seit dem Nachmittag auf allen Tischen Wodkaflaschen herum, etwa im Abstand von anderthalb Metern, doch sollte man sie nicht selbst aufmachen; das brächte dem Brautpaar (wieder einmal) Unglück. Aber keine Sorge, irgendwann erscheint ein alter Onkel, dreht die Flaschen auf und schenkt den Gästen ein Gläschen ein. Im weiteren Verlauf des Abends, wenn der Onkel nicht mehr auffindbar ist, darf man die Initiative dann selbst übernehmen.

Wie viele Wodkaflaschen sollte das Brautpaar insgesamt einplanen? Heiratsexperte Günter nennt die Regel: »Pro Kopf veranschlage man eine 0,5-Liter-Flasche Wodka, Kinder und alte Leute eingerechnet. Was diese nicht trinken, trinken die Männer doppelt.«

Beim Wodka hat übrigens schon so mancher deutsche Gast einen schlimmen Fauxpas begangen: Er mischte den Wodka mit anderen Getränken, zum Beispiel mit Bier, Saft oder Cola. Die polnischen Gäste saßen daneben und konnten nur schwer ihren Ekel unterdrücken: Was für eine Barbarei. Wodka muss rein getrunken werden!

Für manche Deutsche wiederum ist schon die Wodka-Trinkerei selbst eine Barbarei. Warum gibt es eigentlich keinen Wein? Tja, tatsächlich, Weinflaschen sind nur selten im Angebot. **Bille** weiß zu berichten: »Lustig fand ich die ungefähr fünf Flaschen Alibi-Wein für einhundertfünfzig Leute und sonst kistenweise Wodka. Aber sehr lustig war es. Wenn du nicht mal drei Tage durchgesoffen hast, warst du nie betrunken. Polnische Hochzeiten waren für mich schon ziemlich krass, vor allem der zweite Tag.« (Was es mit diesem zweiten Tag auf sich hat, wird später verraten.)

Also – warum Wodka und nicht Wein? Ganz einfach: Weil man die unglaublichen Essensmengen, die im Laufe einer polnischen Hochzeit serviert werden, ohne Wodka gar nicht verdauen könnte!

Günter hatte seine deutschen Gäste vorher gewarnt, dass der Wodka reichlich fließen werde. Es sei auch sehr schwer, einem fröhlichen Polen auszuweichen, der einem ein volles Gläschen hinhält. Eine klassische Frage lautet, wie viele Gläser man mittrinken muss, um nicht unhöflich zu erscheinen – zwei, drei, vier? Günters Cousin aus Deutschland fand ein Mittel, um dieses Dilemma zu umschiffen. Er beherzigte die alte Kriegsweisheit, dass Angriff die beste Verteidigung sei, und nahm sich von daheim eine Flasche Ratzeputz mit. Das ist laut Günter ein starker Likör aus der Lüneburger Heide mit 58 Prozent Alkohol, der mit viel Wacholderbeeren und diversen anderen Kräutern hergestellt wird, ein Teufelszeug, das eigentlich nicht trinkbar ist. Immer wenn die polnischen Tischnachbarn mit ihrem Wodka etwas aufdringlich wurden, holte der Cousin die Flasche hervor und schenkte ihnen »zum Dank« eine Runde Ratzeputz aus. Wer das Zeug nichtsahnend runterkippte, wurde grüngelb im Gesicht und hörte während der nächsten halben Stunde garantiert mit dem Wodka-Nachschenken auf. »Wodka gegen Ratzeputz – Gleichgewicht des Schreckens«, so Günter.

Survival-Tipp

Doch was tun, wenn kein Ratzeputz zur Hand ist? Wie soll man dann die gut gemeinten Einladungen zum Wodka ausschlagen? So mancher deutsche Gast beging hier schon einen schweren Fehler. Er stellte sein Glas leer vor sich hin und winkte heftig ab, wenn nachgefüllt werden sollte. So kam es aber regelmäßig zu einem verhängnisvollen interkulturellen Missverständnis. Sobald der polnische Gastgeber nämlich das leere Glas sah – und *jeder* polnische Hochzeitsgast fühlt sich ja einem angereisten Deutschen gegenüber als Unter- und Mitgastgeber –, verspürte er die quasi kulturelle Verpflichtung, das Glas des Deutschen nachzufüllen. Wenn er das nicht postwendend täte, wäre er ein schlimmer Geizkragen. Und abwehrendes Händeschütteln wird sowieso nicht ernst genommen, denn ein gut erzogener Pole winkt bei einer Einladung *immer* ab, und zwar drei Mal – das verlangt die Höflichkeit!

Und wie lehnt man nun professionell ab – ohne den polnischen Gastgeber zu kränken?

Man lässt sich sein Glas seelenruhig füllen, hebt es aber bei »na zdrowie« nur symbolisch hoch und stellt es dann voll wieder auf den Tisch zurück. Das ist für den Gastgeber das definitive Zeichen, dass man in Ruhe gelassen werden möchte.

Spiele

Der Alleinunterhalter hat inzwischen mit der nächsten Spielerunde begonnen, etwa Orangenbalancieren zwischen zwei vorgewölbten Menschenbäuchen. Das ist lustig, aber nicht jedes Spiel ist so lustig. Schon manche Braut ist weinend von der eigenen Hochzeit geflüchtet, weil sie sechs betrunkene Männer am Bauchnabel erkennen sollte. Es kann also durchaus sinnvoll sein, mit dem Alleinunterhalter schon im Vorfeld abzuklären, welche Spiele er so plant.

Die deutschen Gäste sind übrigens meist nicht an die Alleinunterhalter gewöhnt, verstehen sie mangels Polnischkenntnissen auch gar nicht. Sie kennen es eher so, dass Braut und Bräutigam die Moderation der Hochzeit selbst übernehmen. Die Gäste steuern dann eigene Beiträge bei, meist Sketche, Spiele oder Lieder (oder Dia-Vorträge …). Bei Karolinas und Christians Hochzeit wurde von einigen deutschen Gästen ein netter Harmonietest für das Brautpaar veranstaltet. Braut und Bräutigam mussten sich Rücken an Rücken auf zwei Stühle setzen und bekamen in die eine Hand einen eigenen Schuh gedrückt, in die andere einen Schuh des Partners. Dann mussten sie verschiedene Fragen beantworten, zum Beispiel: Wer kocht besser? Die Fragen wurden in beiden Sprachen vorgelesen, damit alle Anwesenden sie verstehen konnten. Statt einer Antwort musste das Brautpaar spontan den richtigen Schuh hochhalten. Für die Gäste sehr lustig war dabei, ob die Reaktionen übereinstimmten.

Brautstraußwerfen

Gegen Mitternacht kommt es zu einem wichtigen Ritual, auf Polnisch »oczepiny«, auf Deutsch: Werfen des Brautstraußes. Zunächst setzt sich die Braut auf einen Stuhl, alle unverheirateten Frauen bilden einen Kreis um sie. Dann beginnt die Musik zu spielen, und die Frauen ziehen um die Braut herum. Irgendwann hört die Musik plötzlich auf, und die Braut wirft ihren Brautkranz über die Schulter nach hinten. Diejenige Frau, die den Kranz fängt, wird als Nächste heiraten, auf jeden Fall innerhalb eines Jahres.

Im weiteren Verlauf wird die Zeremonie mit dem Bräutigam und den unverheirateten männlichen Hochzeitsgästen wiederholt. Der Bräutigam wirft seine Fliege oder Krawatte hinter sich, und derjenige Junggeselle, der sie auffängt, wird als Nächster heiraten. Die Fängerin des Kranzes und der Fänger der Fliege müssen dann zusammen einen Tanz absolvieren – und alle schauen zu und urteilen, ob die beiden Kandidaten möglicherweise gut zusammenpassen würden.

Spätestens bei diesem Brauch ist ein erfahrener Alleinunterhalter von Vorteil, da es um punktgenaue Musikuntermalung geht.

Hochzeitstorte

Gegen ein Uhr morgens wird von den Kellnern die Hochzeitstorte hereingefahren. Braut und Bräutigam schneiden sie gemeinsam an. Die Gäste stellen sich an und erhalten jeder ein Stück. Bei dieser Gelegenheit, wenn die Musik für eine Weile aussetzt und alle Gäste im Kreis um die Torte herumstehen, wird gerne noch einmal zum Mikrofon gegriffen, es kommt zu rührenden Dankesworten des Brautpaares an Eltern oder Freunde – oder auch zu dämlichen Witzen des Bräutigams, die dazu führen können, dass die Brauteltern sich insgeheim an den Kopf fassen.

Dies ist auch ein guter Moment für das gemeinsame Hochzeitsfoto, weil die Gäste noch halbwegs nüchtern und gekämmt sind. Im Anschluss an das Foto beginnt dann die anarchische Phase der Party, und viele deutsche Gäste nutzen die Gelegenheit, um unauffällig zu verschwinden. Schon seit geraumer Zeit haben sie ja heimlich auf die Uhr geschielt. Nur der Anstand hielt sie davon ab, einen »polnischen Abgang« zu machen. Vielleicht hatten sie auch davon gehört, dass man in Polen als asozial und lustfeindlich gilt, wenn man eine Hochzeit vor zwei Uhr verlässt.

Auch Braut und Bräutigam müssen eisern durchhalten. Die Gäste erwarten von ihnen, dass sie an jeden Tisch gehen und jedem Gast für sein Kommen danken. Wenn man es sich recht überlegt, haben sie eigentlich den ganzen Abend keine Zeit füreinander. Die Flucht wird ihnen aber erst lange nach der Hochzeitstorte gestattet. Dann dürfen sie in ihr Hotelzimmer verschwinden oder den Charterflug nach Rhodos antreten. Günter zog seine Frau ins Schlafzimmer – und fand dort seinen Kumpel Markus aus Köln vor, quer übers Bett gehauen. Günter wollte ihn wecken, am Kragen packen und vor die Tür setzen, wurde aber von seiner Gattin daran gehindert. Selbst jetzt noch kam bei ihr der eiserne Grundsatz polnischer Gastfreundschaft durch: »Gast im Haus, Gott im Haus.« Günter war beeindruckt: Der Spruch galt sogar für einen haubitzenvollen Typ im eigenen Brautbett! Zum Glück kam nach einiger Zeit Markus' Freundin an und zog ihren Kerl auf den Korridor hinaus.

Die Kamera schwenkt zurück in den Tanzsaal, der noch lange nicht leer ist. Viele Paare tanzen noch, und um die allerspäteste Stunde, zwischen zwei und drei Uhr, wird noch Bigos serviert, Krautgulasch. Wer den Sinn des permanenten Wodkatrinkens an diesem Abend noch nicht kapiert hat, wird es spätestens jetzt verstehen, wenn das Sauerkraut tumultuarische Sensationen hervorruft, die eine weitere Teilnahme an der Tanzparty erheblich erschweren können. Die Party löst sich in Exzesse und Einzelkämpfe auf. Was nun zwischen drei und fünf Uhr morgens noch geschieht, soll hier mit dem Schleier der Diskretion verhüllt werden.

Verbesserungstermin

Es folgt eine kurze Nacht. Denn am nächsten Tag geht die Feier weiter! Sie trägt auf Polnisch den offiziellen Namen »poprawiny« (Verbesserungstermin). Dies ist der bereits von Bille erwähnte »zweite Tag«.

Die ersten Gäste finden sich schon ab acht Uhr zum Frühstück ein. Haben sie überhaupt geschlafen? Man weiß es nicht, sie scheinen über eine eiserne Konstitution zu verfügen. Immer neue Gäste kommen dazu, einige verkatert, andere erstaunlich frisch. Es gibt übrig gebliebenes Essen vom Vorabend: Torte, Schmalzbrote, saure Gurken, Bigos. Auch der alte Onkel ist wieder wach und geht mit der Wodkaflasche herum. Allmählich wird klar, woher die Bezeichnung »Verbesserungstermin« eigentlich kommt. Hier wird repariert, was vom Wodka noch nicht ganz ruiniert wurde. Viele Polen schwören allen Ernstes darauf, dass man Wodka nur durch Wodka bekämpfen kann. Es gibt aber an diesem Tag auch Leute, die standhaft jeglichen Alkoholkonsum verweigern. »Sorry, ich muss noch Auto fahren.« Diese Ausrede wird nun zähneknirschend akzeptiert. Am Vorabend war sie noch nicht gestattet.

Insgesamt ist festzuhalten, dass der Wodkakonsum in Polen seit dem Ende des Kommunismus stark eingebrochen ist. Wodka regiert heute, so wie der Aberglaube, nur noch auf Hochzeiten. Durch den Kapitalismus wurde Polen in ein Bierland verwandelt. Der Gesamt-Alkoholkonsum pro Einwohner liegt auch deutlich unter demjenigen in Deutschland.

Am frühen Abend fahren die Letzten nach Hause. Fertig, Schluss, koniec! Aber keine Sorge, Cousin Marcin hat flüsternd verraten, dass seine Schwester spätestens in einem Jahr ebenfalls heiraten will. Dann sehen sich alle wieder!

Die DVD

Was war nun eigentlich das Wichtigste? Das Brautkleid? Der Oldtimer? Die Predigt des Pfarrers? Die Reden? Die Geschenke? Das Essen? Der Wodka? Irrtum! Von all diesen Dingen bleibt nichts übrig, sie vergehen und verwehen. Am Ende bleibt nur – der Hochzeitsfilm, der einige Wochen nach dem Ereignis von dem nervigen Filmer angeliefert wird. Jetzt ist man ihm plötzlich dankbar und gibt ihm gern sein Geld. Ja, die DVD bleibt übrig, zumindest so lange, wie es überhaupt noch Geräte mit DVD-Laufwerk geben wird.

Als Frank mit seiner neuen polnischen Freundin erstmals zu ihren Eltern nach Polen fuhr, wurde ihm gleich ein Hochzeitsfilm vorgeführt. Der Bruder seiner zukünftigen Frau hatte unlängst geheiratet, und die ganze Familie war noch im Rausch des Festes. Es hatte unglaubliche 20 000 Euro verschlungen, und Frank grübelte insgeheim darüber nach, woher das viele Geld kam. Heute weiß er es. Für eine Hochzeit muss eine Familie bereit sein, ihr letztes Hemd zu geben. Danach kann man dann zwei Jahre lang Brote mit Senf essen, aber am Tag der Tage darf es an nichts fehlen. Und die DVD ist der Beweis dafür, dass sich der Aufwand gelohnt hat!

Frank fand sich also auf einer Couch vor dem Fernseher wieder, eingerahmt von seinen Schwiegereltern in spe, damit er gar nicht erst auf die Idee käme, sich der nun folgenden Marter zu entziehen. Während der nächsten vier Stunden wurde ihm der komplette Hochzeitsfilm vorgeführt. Die ganze Familie jauchzte vor Freude, lachte und spulte immer wieder zurück, um sich einen schönen Moment noch einmal und in Zeitlupe anzuschauen. Frank saß auf der Couch und musste sich lauter Menschen anschauen, die er nicht kannte und im Verlauf des Hochzeitsfilms auch zunehmend weniger erkannte. »Hier war – von einer *professionellen* Firma – fast jedes noch so unbedeutende Detail festgehalten worden, häufig aus zwei verschiedenen Perspektiven und mit unzähligen Zeitlupen verzögert.« Irgendwann begab Frank sich auf die Toilette und trödelte und bummelte dort vorsätzlich lange. Doch als er ins Wohnzimmer zurückkam, spulte man extra für ihn bis fast an den Anfang zurück. Frank sank ins Sofa und ergab sich. »Hochzeiten sind das Opium der Polinnen, und es gibt nur ein Leben davor und eins danach!«

8 STATISTIK DEUTSCH-POLNISCHER EHEN

Genaues Ergebnis unbekannt

Während das frischgebackene Ehepaar in den Flitterwochen weilt, setzen sich die Eltern in Deutschland und Polen an den Computer und beginnen zu googeln. Jetzt, wo sie endgültig begriffen haben, dass sie ihr Kind einer fremden Kultur ausgeliefert haben, wollen sie zumindest wissen, ob dieser Zustand normal oder schräg ist. Dafür müssen harte Fakten auf den Tisch. Verdammt, wie viele deutsch-polnische Ehepaare gibt es eigentlich?

Laut Mikrozensus[7] des Statistischen Bundesamtes gab es 2017 in Deutschland insgesamt etwa 21 Millionen verheiratete Paare. 17,5 Millionen davon (85 Prozent) bestanden aus deutsch-deutschen Partnern. Die restlichen 3,5 Millionen Paare verteilten sich so: Bei 1,8 Millionen (8 Prozent) hatten beide Partner eine ausländische Staatsangehörigkeit, 1,7 Millionen dagegen (7 Prozent) bestanden aus einem deutschen und einem ausländischen Partner. Zu dieser letzteren Gruppe, die also 3,4 Millionen Menschen umfasst, gehören auch die deutsch-polnischen Paare. Keine kleine Gesellschaft!

Wer jetzt weiter bohrt und den genauen Anteil deutsch-polnischer Paare an den insgesamt 1,7 Millionen deutsch-ausländischer Paare erfahren will, gerät in allerlei statistische Schwierigkeiten.

2017 gab es in Deutschland insgesamt 404 000 Eheschließungen. Männer mit deutscher Staatsangehörigkeit heirateten dabei

7 Hochrechnung auf Grundlage einer Befragung von 1 Prozent der Bevölkerung.

am häufigsten eine Frau aus der Türkei (14 Prozent), aus Polen (9 Prozent) oder aus Russland (8 Prozent). Frauen mit deutschem Pass heirateten am liebsten Türken (19 Prozent), Italiener (zwölf Prozent) oder Österreicher (7 Prozent).

In Zahlen heißt das: 2017 gab es 3276 Trauungen deutscher Männer mit polnischen Frauen. Diese Zahl ist übrigens seit 2011 etwa gleichbleibend, sie liegt immer bei ca. 3300 Ehen pro Jahr.

Hinzu kamen noch 1229 Eheschließungen deutscher Frauen mit polnischen Männern. Auch diese Zahl ist seit einigen Jahren fast konstant.

Insgesamt kam es 2017 also zu 4505 deutsch-polnischen Eheschließungen.

Das sind 1,11 Prozent aller in diesem Jahr in Deutschland registrierten standesamtlichen Trauungen.

Doch wie hoch ist die Zahl *aller* deutsch-polnischen Paare in Deutschland?

Seit 1960 wurden an (west-)deutschen Standesämtern insgesamt 147 848 Eheschließungen deutscher Männer mit polnischen Frauen und 40 047 Eheschließungen deutscher Frauen mit polnischen Männern registriert, das sind zusammen etwa 188 000 Eheschließungen.[8] Theoretisch leben seither also fast 380 000 Menschen in einer deutsch-polnischen Ehe. Wie viele davon wirklich noch leben und wie viele noch verheiratet sind, ist statistisch nicht nachvollziehbar.

Ebenfalls nicht zu ermitteln ist die Zahl der deutsch-polnischen Paare, die in der DDR geheiratet haben. Die gesamtdeutsche Statistik wird erst ab 1992 geführt, alle Zahlen davor sind nur auf die BRD bezogen.

8 Quelle: Statistisches Bundesamt. https://www-genesis.destatis.de/genesis/online/data;sid=A8FD11DA6D109EF1076C124173FD7EFE.GO_2_1?operation=abruftabelleBearbeiten&levelindex=1&levelid=1551512175325&auswahloperation=abruftabelleAuspraegungAuswaehlen&auswahlverzeichnis=ordnungsstruktur&auswahlziel=werteabruf&selectionname=12611-0003&auswahltext=&werteabruf=starten

Nicht ermitteln lässt sich außerdem, wie viele deutsch-polnische Ehen vor polnischen Standesämtern geschlossen wurden.

Es ist (mir) deswegen leider unmöglich, einigermaßen genau anzugeben, wie viele deutsch-polnische Ehen es gegenwärtig gibt.

Die im Dunkeln sieht man nicht

Bisher war nur die Rede von standesamtlichen Eheschließungen. Interessant wäre natürlich auch zu erfahren, wie viele deutsch-polnische Paare es *insgesamt* gibt. Dazu müsste man auch diejenigen Paare erfassen, die ohne Trauschein zusammenleben und nirgendwo registriert sind – natürlich ein Ding der Unmöglichkeit.

Hier ein Beispiel für so ein in statistischer Dunkelheit lebendes Paar. **Jörg** wohnt in Berlin, hat seit vielen Jahren eine polnische Freundin und benutzte lange Zeit viel lieber *ihr* Auto, um in die Stadt zu fahren. Der Grund bestand darin, dass der Wagen seiner Freundin in Polen zugelassen war und Knöllchen und Starenkasten-Blitzer aus Deutschland dank fehlender Abkommen zwischen den beiden Staaten nicht nach Polen weitergeleitet wurden. Zwanzig Jahre lang kamen Verkehrssünder und Falschparker ungeschoren davon. Besonders an Samstagabenden nahmen Jörg und seine Freundin ausschließlich das polnische Auto. »Wir haben selbst am Potsdamer Platz immer irgendwelche Parkplätze gefunden, die kostenlos und total verboten waren. Anschließend einfach das Knöllchen weggeworfen, und fertig.«

Dieser Zustand änderte sich leider Ende 2017, denn seither werden dank polnischer Amtshilfe alle Knöllchen an die polnische Meldeadresse weitergeleitet. »Das hat dazu geführt«, so Jörg, »dass sich alle Polen auf deutschen Straßen sittsamer verhalten.« Aber führt es auch dazu, dass Jörg sich sittsam verhält und seiner Freundin endlich den vermutlich schon lange erwarteten Heiratsantrag macht?

II. Teil

KLASSISCHE CLASHES

Die Hochzeit wäre geschafft, aber schade – nicht einmal ein Hollywoodfilm darf noch mit der Zeitlupe eines hochgeworfenen Brautstraußes enden. In unserer postromantischen Epoche hat jeder begriffen, dass hier lediglich ein paar zivilrechtliche und steuerliche Hindernisse beseitigt wurden. Die Charaktere der Partner hingegen, ihre Blutgruppen und Schwiegermütter werden auch weiterhin unterschiedlich bleiben.

Im Fall einer binationalen Ehe kommen noch die Unterschiede der beiden Kulturen hinzu, die weder die Standesbeamtin noch der Pfarrer hinwegzaubern kann; sie werden immer neu für Reibflächen sorgen, ein Leben lang. Positiv gesagt: Es wird niemals langweilig. Negativ: Es gibt eine ganze Reihe von klassischen Culture-Clashes, bei denen es richtig krachen kann.

1 KULINARISCHES

K-K-K

Garantiert *nicht* krachen wird es beim Thema Essen und Trinken. Über die Unterschiede zwischen deutscher und polnischer Küche ließe sich nämlich gerade mal ein Kurzfilm drehen. Die Grundbestandteile der traditionellen Gerichte sind identisch und beginnen sogar in beiden Sprache exakt mit dem gleichen Buchstaben: K-K-K. Das heißt nicht etwa »Kaffee, Kuchen, Klima«, sondern Kotelett (»kotlet«), Kartoffeln (»kartofle«) und Kohl (»kapusta«).

Woher kommt diese Ähnlichkeit, die zwischen deutscher und französischer oder deutscher und italienischer Küche absolut nicht existiert? Natürlich von der klimatischen Ähnlichkeit beider Länder. Diesseits und jenseits der Oder isst man gerne schwer und fettig, weil die Winter kalt und die Herzen gedrückt sind. Nur im Detail gibt es ein paar Unterschiede. **Anita** hat zum Beispiel beobachtet, dass der Ausdruck »Kroketten« in Deutschland und Polen etwas völlig anderes meint. Außerdem berichtet sie von einem ewigen Problem deutscher Ehemänner mit der fehlenden Soße. »Ständig fragen sie: ›Wo ist denn die Soße?‹ In Polen ist es aber normal, Kartoffeln oder Graupen trocken zu servieren.«

Trotzdem bleiben – neben der bereits prominent aufgetretenen Pansensuppe – noch ein paar kulinarische Schocks übrig, die Polen und Deutsche im jeweils anderen Land erleiden müssen.

Essenszeiten

Aleksander wunderte sich als Werkstudent einer deutschen Firma, dass die Mitarbeiter ihn bereits ab dem späten Vormittag mit »Mahlzeit!« grüßten. Erst allmählich begriff er: Sie freuten sich schon auf das Mittagessen, das sie zwischen zwölf und eins verzehren würden. So früh? Es musste viel Zeit vergehen, ehe er sich an diese Zeit gewöhnte. Seitdem fragt er sich: Wie können die Deutschen schon um zwölf Uhr hungrig sein? Arbeitet ihre Verdauung schneller? Wir haben doch alle erst um acht Uhr gefrühstückt! Für ihn ist es viel natürlicher, wenn man sein Mittagessen erst zwischen vierzehn und fünfzehn Uhr verzehrt, so wie in Polen üblich.

Bei **Torsten** und seiner Frau **Daniela** kam es wegen der unterschiedlichen Mittagessenszeiten sogar zu einem kleinen Familienkrach. Als die Schwiegereltern aus Polen zu Besuch anreisten, machten alle zusammen einen Ausflug nach Frankfurt. Dort wollten Torsten und seine Frau die Schwiegereltern gegen dreizehn Uhr in ein gutes Restaurant einladen. Diese lehnten aber höflich ab, weil sie um diese Zeit noch keinen Hunger verspürten. Okay, das Restaurant wurde abgesagt, doch Torsten war sehr hungrig und aß schnell an einer Imbissbude etwas Kleines; seine Frau aß solidarisch mit. Die Schwiegereltern standen dabei und dachten sich nichts Böses. Doch als die Familie gegen sechzehn Uhr wieder nach Hause kam, waren die Schwiegereltern inzwischen natürlich auch hungrig geworden; ihre normale Essenszeit lag ja zwischen vierzehn und fünfzehn Uhr. Da sie merkten, dass Torsten und Daniela keine Anstalten machten, ihnen ein Essen auf den Tisch zu stellen, überwanden sie sich und fragten kleinlaut, wann es denn Mittagessen gebe? Torsten war verwundert und antwortete, dass sie sich noch zwei Stunden gedulden müssten, dann gebe es Abendbrot.

»Ja, aber wir haben jetzt Hunger …«

»Ach so, tut mir leid«, sagte Torsten. »Ich hatte fest damit gerechnet, euch während der Stadtbesichtigung einladen zu dürfen. Wir haben nichts Warmes im Haus, nur Brote und Aufschnitt für das Abendbrot«.

Die Schwiegereltern sahen hoffnungsvoll ihre Tochter an. Sie erwarteten von ihr, dass es zumindest irgendwas Kleines, Improvisiertes gebe. Doch Daniela zuckte mit den Achseln: Sorry, sie könne tatsächlich nur Butterbrote anbieten. Nun wurde es dramatisch. Der Schwiegerpapa guckte auf eigene Faust im Kühlschrank nach, ob da wirklich gähnende Leere herrschte. Ja, so war es. Seine Frau rang die Hände, und seiner Tochter dämmerte, dass sich eine Katastrophe anbahnte. Diskret flüsterte sie Torsten etwas ins Ohr. Der griff nach dem Telefon, und dreißig Minuten später aßen die Schwiegereltern schweigend eine Pizza Napoli. In ihren Augen hatte Torsten alles falsch gemacht. Dieser verdammte deutsche Essensrhythmus – der darf doch nicht für Gäste gelten, erst recht nicht für die eigenen Schwiegereltern!

Doch auch Torsten war verärgert. Hätten die beiden sich nicht seinen Gewohnheiten anpassen können? Schließlich musste er selbst sich in Polska ja ebenfalls auf die dortigen Essenszeiten einstellen!

Polnisches Fast Food

Von einem anderen kulinarischen Pechtag berichtet Frank (der Hochzeitsfilmgeschädigte). Es war in Deutschland bei einem der ersten Treffen mit seiner späteren Frau **Anna**. Sie hatte ihn zu sich nach Hause eingeladen, um ihm ihre Kochkünste zu demonstrieren. Es sollte ein polnisches Nationalgericht geben, dessen Namen Frank nicht richtig verstanden hatte, aber nicht Krakauer Würste. Ja, gab es denn da noch was anderes? Er war gespannt. Außer einem Brötchen zum Frühstück aß er den ganzen Tag nichts. Auf dem Weg zu Anna pfiff er sich ein Liedchen. Was für ein Glückspilz war er doch! Heute würde er aufs Allerfeinste bekocht werden. Noch dazu sah seine Privatköchin fantastisch aus.

Er klingelte pünktlich. Anna öffnete ihm die Tür und lächelte freundlich. Doch dann kühlte ihre Stimmung schlagartig ab. Frank hatte den zwingend für solche Anlässe notwendigen Blumenstrauß vergessen. Er entschuldigte sich vielmals. Blumen bei einem Date? Das war doch altmodisch und überholt! Anna sah das anders.

Zum Glück schmollte sie nur kurz. Frank nahm erwartungsfroh Platz. »Wie heißt denn das Nationalgericht?«, rief er lustig in die Küche hinüber. »Pierogi«, antwortete Anna. Piroggen, ach so. Frank wusste Bescheid: sowas wie Maultaschen. Und da erschien Anna auch schon, allerdings nicht mit einer appetitlichen Porzellanschüssel, sondern mit einem dampfenden Kochtopf. Aus dem Topf fischte sie mit einer Kelle zwei glucksende Plastikbeutel heraus, schnitt sie mit einer Schere auf und legte die Teigtaschen auf Franks Teller. Der betrachtete zuerst die Piroggen und dann Anna. Kein Zweifel, es war dieselbe Frau, die ihn eben noch streng angeblitzt hatte, weil er ohne Blumen erschienen war. Und jetzt setzte sie ihm hier Fertigkost vor. Doch es sollte noch schlimmer kommen. Anna holte aus der Küche ein Stück Butter und strich sich Butter auf die Piroggen! Frank dachte: Fast-Food-Maultaschen mit Butter, das ist ja mal eine tolle Abendeinladung …

Nach zwei Pflichtpiroggen schabte Frank den Rest zusammen: »Ich kann nicht mehr, Anna. Es war großartig.« Der weitere Verlauf des Abends entzieht sich seiner Erinnerung. Nur eines weiß er noch genau, nämlich dass er spätnachts am Bahnhof noch eine Krakauer verspeiste. Sein Bedarf an »polnischen Nationalgerichten« war damit ein für alle Mal gedeckt.

Doch die Geschichte hat ein glückliches Ende. Entgegen dem platten Spruch, dass Liebe durch den Magen geht, blieb

Ich mache meiner zweiten TV-Gattin Gosia einen vorbildlichen Heiratsantrag – mit teuren Blumen!

Frank seiner Anna treu und verbrachte die Weihnachtstage bei ihren Eltern in Polen. Er nahm sich vorsichtshalber Zwieback und Knäckebrot mit. Unnötig! Seine Schwiegermutter in spe erwies sich als absolute Meisterköchin. Noch nie in seinem Leben hatte er so Unterschiedliches und Köstliches in einem so kurzen Zeitraum konsumiert wie an diesen drei Weihnachtstagen, etwa Żureksuppe, die in einem warmen Brotlaib serviert wurde. Inzwischen, einige Jahre später, kocht auch seine Anna fast so gut wie ihre Mutter. »Nur wenn ich unartig bin oder bestimmte Erwartungen nicht erfülle, droht sie mir sofort mit dem ›polnischen Nationalgericht‹.« Auch Frank selbst hat sich positiv weiterentwickelt: Er beschenkt seine Frau bei jeder Gelegenheit mit Blumen; die Verkäuferin an der Ecke grüßt ihn bereits mit Vornamen.

Nalewka und Bimber

Günter führt in ein weiteres Geheimnis der polnischen Küche ein: hausgemachte Fruchtliköre, auf Polnisch »nalewki«.

Zunächst muss man wissen, so Günter, dass die Alkoholsteuer in Polen vor einiger Zeit kräftig angehoben wurde und Wodka deshalb teurer geworden ist. Viele ältere Männer haben deshalb wieder ihre Destillationsapparate vom Dachboden heruntergeholt, mit denen sie in kommunistischer Zeit eigenen Wodka brannten. Ein solches Heimprodukt heißt »bimber«, schmeckt etwas fuselig und hat starke sechzig bis siebzig Prozent Alkoholgehalt. Man nimmt den Bimber deshalb meist nur als Grundlage für selbst gemachte Liköre. Allerdings betont Günter, dass »Likör« in Polen etwas anderes meint als in Deutschland. Während das süße Zeug hier zwischen fünfzehn und zwanzig Prozent Alkoholgehalt hat, liegt er in Polen etwa bei fünfunddreißig Prozent; man tut auch nicht so viel Zucker hinein. Das genaue Rezept geht so: Man gibt Früchte und Zucker in ein großes Glasgefäß und füllt das Ganze mit Wodka auf. Wenn man statt Laden-Wodka den selbst gebrannten Bimber nimmt, kommt man am Ende auf die besagten fünfunddreißig Prozent Alkoholgehalt. Nach einigen Wochen Reifezeit wird das Ganze durch ein Tuch gefiltert und dann in Flaschen abgefüllt. Die Einzelheiten variieren, denn jede Familie hat ihr eigenes Rezept. Olga zum Beispiel, eine angeheiratete Cousine von Günter, ist berühmt für ihre »Cytrynówka«, also ihren Zitronenlikör. An Früchten kann man alles nehmen, was im Garten wächst, Pflaumen, Morellen, Johannisbeeren, Himbeeren, Erdbeeren und so weiter. Echte Profis drucken sich sogar eigene Etiketten.

Doch Günter möchte noch eine Warnung aussprechen: Einigen seiner polnischen Verwandten ist es zu langweilig geworden, ihre Liköre immer nur mit den gleichen Früchten anzusetzen. Deswegen probieren sie alles aus, was im Garten wächst, zum Beispiel Holunderblüten, Walnussschalen, Minze, frische Tannenzweige, ja sogar Meerrettich (der hoch berühmte »Chrzanówka«-Likör von Cousine Olga). Vor einiger Zeit, als Günter mal wieder mit der Familie in Polen war, bekam er eine ganz neue Kreation zum Probieren vorgesetzt, einen Likör mit hellgelber Farbe. Mutig kippte er ein Glas hinunter und … sein Magen drehte sich um, die Fußnägel rollten sich hoch. »Do cholery, co to jest?«, fluchte er in perfektem Polnisch (zur Cholera, was ist denn das?). Die Antwort der Tante lautete kurz: »Piołun.« Oh Schreck! Das war Wermutkraut. Günter hatte selbst gebrannten Absinth getrunken. Auf Wikipedia fand er: »Wird gegen Motten- und Mäusefraß angewendet. In alkoholischer Lösung tropfenweise als Arzneimittel. In größeren Mengen besteht Lebensgefahr!« Hier irrte Wikipedia. Günter überlebte.

2 FAMILIE

Familienzusammenhalt

Ich möchte hier keine Angst vor libanesischen Großfamilien schüren. Auch in Polen heißt »Familie« meist: Vater, Mutter und zwei Kinder. Na gut, manchmal sind auch noch einige Tanten und Onkel da. Und deren Kinder. Ach so – und die babcia (Großmutter) und der dziadek (Großvater) sind ebenfalls noch da, manchmal zwar schon auf dem Friedhof, aber auch dort erwarten sie mindestens einmal im Jahr Besuch, nämlich an Allerheiligen (1. November).

Heike ist seit vielen Jahren mit einem Polen verheiratet und lebt mit ihm und den gemeinsamen Kindern in Polen. Vor einiger Zeit fuhr sie am Osterwochenende mit ihrem Mann, ihrer Schwiegermutter und ihren Söhnen durch eine östliche Region Polens. Plötzlich rief die Schwiegermutter, dass in diesem Dorf ihre Tante beerdigt sei, sie wolle bitte unbedingt das Grab besuchen! Also gut, man fuhr zum Friedhof, fand das Grab und stellte überrascht fest, dass es sehr gepflegt war. Wie konnte das sein? Lebten noch Familienangehörige im Dorf, von denen man nichts wusste? Man fragte ein bisschen herum und stand kurz darauf vor einem kleinen Einfamilienhaus. Heike war die Einzige, der es peinlich war, unangekündigt und zu fünft bei fremden Leuten zu klingeln, noch dazu am Ostersamstag. Doch sie wurden freundlich willkommen geheißen. Es stellte sich heraus, dass hier tatsächlich eine entfernte Verwandte wohnte, nämlich die Tochter aus der zweiten Ehe des Witwers der verstorbenen Tante oder so ähnlich. Auf jeden Fall war die Dame, die das Grab pflegte, mit der Verstorbenen nicht wirklich verwandt. Trotzdem bat sie alle fünf herein und servierte einen Kuchen, der eigentlich für Ostersonntag bestimmt gewesen war. Als sich dann im Gespräch herausstellte, dass der Mann der Tochter aus zweiter Ehe des Witwers der verstorbenen Tante eine gut gehende Firma leitete, sagte Heikes Schwiegermutter zufrieden: »Ihr könnt sagen, was ihr wollt, aber in unserer Familie wird aus jedem was.«

Mama statt Mutter

Nun zum Oberhaupt der Familie, der Mutter. Aber pardon – »Mutter« klingt hoffnungslos deutsch. Niemand in Polen würde seine Mutter jemals als »matka« bezeichnen, nicht einmal, wenn er mit völlig Fremden über sie redet. Die Mutter ist die »mama«, der Vater ist der »tata«. Wenn man sie direkt anredet, muss man den siebenten Fall verwenden, und da heißt es dann »mamo« und »tato« oder, noch liebevoller, »mamusiu« und »tatusiu«.

Enge Mutter-Tochter-Beziehungen gibt es natürlich nicht nur in Polen. Auch meine eigene Mutter telefonierte als junge Frau noch jeden Tag mit ihrer »Mami«. Wir Kinder mussten derweil das Wohnzimmer verlassen, denn in diesen Gesprächen breitete sie ihr ganzes Leben aus, vor allem ihre aktuellen Streitereien mit unserem Vater. Keine ihrer Freundinnen genoss eine ähnliche Beichtmutter-Funktion. Manchmal horchten wir an der Tür, aber irgendwann kannten wir die Gesprächsthemen schon auswendig und sagten, wenn unsere Oma anrief, sofort träge: »Ich hol die Mama.«

Das alles spielte sich aber vor langer Zeit ab. Ich weiß nicht genau, ob junge Frauen in Deutschland heute noch eine ähnlich starke Verbindung mit ihren Müttern haben, wage es aber fast zu bezweifeln. Meine Mutter war nämlich damals schon eine Ausnahme, eine altmodische Frau, nicht nur, was ihre Mutterbeziehung anging. Die Umwälzungen der Achtundsechziger, in die sie jahrgangsmäßig eigentlich gehörte, waren (bis auf Gitarrenlieder von Joan Baez und Jeans mit Schlag) spurlos an ihr vorübergegangen. Genau in dieser Zeit machte ja das Phänomen »Mutter und Tochter« die vielleicht stärkste Veränderung der gesamten Evolutionsgeschichte durch. Frauen emanzipierten sich nicht nur von ihren Vätern, Männern und Arbeitgebern, sondern eben auch von ihren Müttern. Eine Bilderbuch-Achtundsechzigerin, die später selbst Mutter wurde, ließ sich von ihrer Tochter mit Vornamen anreden, besorgte ihr mit fünfzehn die erste Pille, und wenn die Göre mit sechzehn ausziehen wollte, fuhr die Mutter (beziehungsweise »die Svenja«) den Umzugswagen. Der pädagogische Imperativ dieser Generation lautete: bloß nicht klammern.

Und wie ist das ein halbes Jahrhundert später? Welches Verhältnis haben junge deutsche Frauen heute zu ihren sechzig- bis siebzigjährigen Müttern? Ich würde sagen: ein freundlich-distanziertes. Es gibt da, etwa ab dreißig, keine schweren Konflikte mehr, aber wenn sie die Wahl haben, telefonieren sie abends doch lieber mit einer Freundin.

In Polen liegen die Dinge da noch ganz anders. Eine Kulturrevolution wie 1968 hat bislang nicht stattgefunden. In allen Bereichen der Gesellschaft gibt es noch starke Hierarchien, auch in der Familie. Hier sind es die Mütter, Omas und Schwiegermütter, die den Ton angeben. Angst vor der aufsässigen Jugend oder irgendeinem Klammer-Vorwurf kennen sie nicht. Wer schon mal in Polen von einer wildfremden Omi heftig am Ärmel gezupft wurde: »Liebling, wo ist die U-Bahn-Station?«, weiß, wovon ich spreche. Allerdings wäre es völlig falsch, sich die klassische polnische Übermutter als strenge Diktatorin vorzustellen. Sie ist in mancher Hinsicht sogar viel sanfter als eine deutsche Mutter. Jeden Tag sehe ich in meinem Berliner Supermarkt deutsche Mütter, die ihre Dreijährigen heftig am Handgelenk packen: »Habe ich dir nicht gesagt, dass du an der Fleischtheke auf mich warten solltest?« Eine polnische Mutter würde ebenfalls heftig schimpfen, ihren Sohnemann dabei aber fest in die Arme nehmen, eng an sich drücken und in den nächsten zehn Minuten nicht mehr loslassen.

Ja, Erziehung ist in Polen (und Italien und und ...) nicht durch klare deutsche Kante gekennzeichnet, sondern durch große Ängste und warmherzige Liebe. Logisch, dass aus Wärme häufig Gluthitze wird und aus mütterlichem Schutz häufig genug mütterliche Besitzergreifung. Diese sehr spezielle Mutterbeziehung der Polinnen hat es in Israel sogar zu einer eigenständigen Witzgattung gebracht. »Die polnische Mutter« wurde dort zu einem Markenzeichen, geprägt von den vielen osteuropäischen Einwandererinnen nach dem Krieg.

Tochter: »Mama, ich gehe jetzt in die Stadt.«

Amerikanische Mutter: »See you.«

Deutsche Mutter: »Tschüss.«

Französische Mutter: »Au revoir.«

Spanische Mutter: »Adios.«

Polnische Mutter: »Mit wem? Wer holt dich ab? Wer bringt dich heim? Um wie viel Uhr kommst du zurück? Jeden Tag bist du weg. Ist das hier ein Haus oder ein Hotel? Mein Schatz ... keine Zeit für deine Eltern. Immer nur weggehen. Wenn ich mal tot bin, wirst du ja sehen!«

Das war eine Karikatur, aber die Realität ist manchmal, wie man am Bericht von **Ania** sieht, nicht allzu weit davon entfernt. Ania, die längst eigene Kinder hat, wird auch heute noch von ihrer Mama am Telefon streng ermahnt: »Ania, der Herbst ist gekommen. Zieh einen warmen Mantel an. Pass auf den glitschigen Treppen auf. Hast du auch immer einen Schirm dabei? Geh in der Wohnung nicht ohne Hausschuhe herum, sonst erkältest du dich!« Und wehe, Ania ist genervt und wagt es, sich zwei Tage lang nicht bei der Mama zu melden. Sofort bekommt sie enttäuschte Vorwürfe zu hören: »Ich dachte schon, du lebst nicht mehr.« Ania fügt allerdings hinzu, dass nicht nur sie als

Polin viel Arbeit investieren muss, um sich ein Stück weit von ihrer Mutter zu lösen – nein, auch ihr Mann, ein Bayer, musste es. Sie sieht hier eine der vielen Parallelen zwischen Polen und Bayern.

Mit der Mama durch den Tag

Die bisherige Schilderung klingt ein bisschen nach italienischer Mama, so, als wären die armen Töchter nur die Opfer ihrer possessiven Mütter und würden sich später selbst in solche verwandeln. Doch zu jeder Beziehung, auch zu jeder schlechten, gehören zwei Seiten. Die meisten Tochter-Mutter-Beziehungen in Polen sind aber gar nicht schlecht, sondern einfach nur intensiv, Tag und Nacht. Bei manchen kann ich mich sogar des Eindrucks nicht erwehren, dass nicht die Töchter, sondern die Mütter ein hartes Leben haben. Die Mama ist es, die geduldig wie eine Klagemauer zuhören muss, wenn die Tochter mal wieder von ihrem heutigen Tag berichtet. Eine polnische Mutter ersetzt ihrer Tochter, grob geschätzt, zwei Psychologen und drei Freundinnen, manchmal sogar das Spieglein an der Wand: »Mamo, mamo, sag mir, wer ist die Schönste im ganzen Land?«

Peter 2 berichtet, dass seine Frau nach dem Aufstehen morgens als Erstes ins Bad geht und dort ihre Mama anruft. Das findet er seltsam, weil sie zuletzt am Vorabend mit ihr telefoniert hat. Schon seit Jahren möchte er gerne wissen, was da morgens im Bad besprochen wird. Welcher Gesprächsstoff kann sich über Nacht angesammelt haben? Berichtet seine Frau von ihren Träumen? Er selbst meldet sich bei seinen Eltern nur alle zehn Tage, doch seine Frau ruft ihre Mama sogar an, wenn sie putzt, angeblich, damit es nicht so langweilig wird. Auch **Matthias'** Frau ruft ihre Mutter jeden Tag an, immer nach dem Abendessen. Dabei wird dann alles, was er mit ihr gerade besprochen hat, noch einmal durchdiskutiert. Die Mutter ist die letzte Instanz, und Matthias klagt deshalb: »Es wird einem deutschen Mann nichts, aber auch rein gar nichts geglaubt, egal, was er sagt. Selbst wenn ich sagen würde ›Wasser friert bei 0° Celsius‹, wäre die Antwort noch immer: ›Warte mal, ich rufe mal schnell meine Mama an und frage, ob das auch stimmt.‹«

Deutsche Schwiegereltern

Und wie ergeht es umgekehrt polnischen Partnerinnen mit ihren deutschen Schwiegereltern? Man könnte ja meinen, dass Klischees, Sprachprobleme und kulturelle Unterschiede die traditionell nicht einfache Beziehung noch schwieriger machen.

Bei **Marzena** war es nicht so. Von Anfang an verstand sie sich mit ihren deutschen Schwiegereltern sehr gut und wurde wie eine Tochter behandelt. Allerdings schiebt sie vorsichtig hinterher, dass die Schwiegereltern genau das Klischee erfüllen, das in Polen über Deutsche herrscht: Beide arbeiten viel, das Haus ist liebevoll dekoriert, und der Garten sieht sehr gepflegt aus. »Die Liebe zum Detail macht sich in jeder Ecke bemerkbar.« Im Urlaub fahren sie am liebsten in den Harz.

Auch **Karolina 2** lobt ihre deutschen Schwiegereltern. Sie mischen sich in gar nichts ein und lieben ihre Enkel. Sie teilen vielleicht nicht alle pädagogischen Entscheidungen von Karolina und ihrem Mann, doch zeigen sie es nie. Sie sind ziemlich beschäftigt und reisen oft. Regelmäßig besteigen sie irgendwelche Tiroler Berge, und in ihrer Garage steht eine ganze Armee von Räuchermännchen aus dem Erzgebirge, wo sie jedes Jahr die Weihnachtsmärkte abklappern. Traditionelles deutsches Holzhandwerk – das wird Karolina irgendwann einmal alles erben. Ein ganz klein wenig graut ihr davor.

Patrycja bezeichnet ihre deutschen Schwiegereltern als nett und sehr sparsam, aber etwas emotionslos. Planung und Rhythmus spielen eine sehr wichtige Rolle. Die Mahlzeiten werden seit Jahrzehnten zur selben Zeit eingenommen, Nahrungsmittelvorräte immer zwei Wochen vorher gekauft und danach im Kühlschrank gehortet, eingeteilt in kleine Portionen. Wenn der Haltbarkeitstermin verstreicht, muss man sie schnell essen, denn »es wäre schade, sie wegzuschmeißen«. Bis heute versteht Patrycja diese Logik nicht. Wie wäre es, die Lebensmittel in kleineren Mengen, dafür aber spontaner zu kaufen?

Paulina mag ihre deutschen Schwiegereltern, es seien gute Menschen, aber sie fühlt sich nicht frei in ihrer Gegenwart. Es strengt sie an, dass die beiden schrecklich viel reden und gerne politisieren. Dabei sind sie aber politisch so korrekt, dass Paulina nur schwer dahinterkommt, was sie wirklich fühlen. Es wundert sie oft, dass man in Deutschland über bestimmte Dinge nicht redet. So haben die Schwiegereltern zum Beispiel große Angst davor, Wörter wie »Liebe zum Vaterland«, »Patriotismus« oder »Nation« zu benutzen. Insgesamt fasziniert Paulina, dass ihre Schwiegereltern schon überall auf der Welt waren, während ihre eigenen Eltern nur ein Mal in Russland und ein Mal in Ungarn waren.

Agnieszka (2) hat mit den Schwiegereltern meist nur per Skype Kontakt. Sie sind sehr freundlich und vermutlich die besten Schwiegereltern, die man überhaupt haben kann. Der Schwiegervater ist etwas geizig, aber es genügt ein einziger Blick der Schwiegermutter, und sofort greift er zum Portemonnaie. Die Wintermonate verbringen sie immer in Südostasien.

Anna hat von ihrer Schwiegermutter etwas geschenkt bekommen, was sie als »Quintessenz des Deutschtums« empfindet – einen Tubenausdrücker. Und der Schwiegervater bewies ihr das wohl größtmögliche Vertrauen, das in Deutschland möglich ist, indem er ihr während einer Familienfeier sein Auto anvertraute, damit sie jemanden zum Bahnhof bringen konnte.

Magdas Schwiegervater hat intensiv Polnisch gelernt und sogar Briefe an Magdas Eltern auf Polnisch verfasst. Die Schwiegermutter wiederum hat sich beigebracht, Piroggen und Bigos zu kochen, macht auch für Magda immer ihren polnischen Lieblingssalat, bei dem Magda eigentlich nur die berühmte Mayonnaise ihrer Heimatstadt Kielce fehlt. Ihr zuliebe sind die Schwiegereltern auch mal nach Swinemünde statt nach Mallorca in Urlaub gefahren. Außerdem hüteten sie die Enkel, als Magda ein Zweitstudium begann. Dafür ist sie ihnen sehr dankbar. So konnte sie den deutschen Beamtenstatus erwerben, auf den ihre Schwiegereltern sehr stolz sind. Und doch gibt es da eine Sache, die Magda stört. Wenn sie mit ihren Kindern die Großeltern besucht, darf sie nicht nach fünfzehn Uhr ankommen, da es anschließend nur noch trockene Plätzchen gibt. Wenn sie hingegen zu ihren Eltern nach Polen fährt, kann sie immer mit einem warmen Essen rechnen, sogar zu sehr später Stunde. Heute hat es sich so eingependelt, dass Magda und die Kinder bei Fahrten zu den Schwiegereltern immer schon vorher im Zug essen, während sie bei Fahrten nach Polen extra hungrig bleiben, damit im Magen genug Platz ist für Nudelsuppe und Gemüsesalat mit Mayonnaise aus Kielce.

Nicht immer geht es so harmonisch zu. **Nikolaus** erzählt, dass seine Großmutter, die aus Schlesien kam, nicht gut auf Polen zu sprechen war und über seine zukünftige Frau sagte: »Die kommt doch bloß nach Deutschland, weil sie die Papiere will.« Nikolaus brach daraufhin den Kontakt mit der Oma ab.

Stefans Vater, der aus Frankfurt/Oder stammt, sagte zu Stefans polnischer Freundin bei der ersten Begegnung völlig arglos: »Hätte nie gedacht, dass meine Schwiegertochter mal aus Polen kommt! Wir haben immer ›Polacken‹ gesagt.« Stefans Frau lachte herzlich darüber, weil sie nicht verstand, dass »Polacken« ein deutsches Schimpfwort ist, so wie die meisten Deutschen nicht wissen, dass es für sie im Polnischen das mittelstarke Schimpfwort »szwaby« (Schwaben) und das stark negative »szkopy« (Hammel) gibt.

Polnische Schwiegereltern

Auch in der Gegenrichtung scheint es meist problemlos zu laufen.

Ralf wurde von seinen Schwiegereltern sehr herzlich aufgenommen und schnell davon überzeugt, dass es auf der Welt unendlich viele Knoblauchwurst-Sorten gibt. Er bezeichnet seine Schwiegereltern als »politikinteressierte, aber grundrealistische Leute«, die immer betonen, dass die Polen einfach nur ihr Ding machen, egal unter welcher Regierung.

Auch Günter hat ein hervorragendes Verhältnis zu seinen Schwiegereltern, vermeidet aber politische Themen, da es in der Familie sowohl sehr konservative PiS-Anhänger als auch Fans der halb konservativen, halb sozialdemokratischen Bauernpartei PSL gibt. Die Diskussionen zwischen den verschiedenen politischen Lagern seien schon öfter heftig geworden, so Günter, aber er hält sich raus.

Siegbert findet seine Schwiegereltern sehr liebenswert, weil sie sich nie in die Angelegenheiten der jüngeren Generation einmischen, aber dennoch sehr viel Anteil nehmen. »Sie sind unpolitisch, lebensnah und herzlich. Und ja – ich habe tatsächlich Dutzende PiS-wählende Polen kennengelernt, die gebildet, freundlich, aufgeschlossen und, ja, patriotisch sind! Was nicht heißt, dass ich das Verhalten der Partei nicht gewöhnungsbedürftig, äh nervig fände.«

Sascha findet an seinen polnischen Schwiegereltern anstrengend, dass bei ihnen den ganzen Tag über der Fernseher läuft. Außerdem sei seine Schwiegermutter schrecklich abergläubisch. Vor der Geburt ihrer Enkelin hoffte sie inständig, dass das Kind an einem 9., 19. oder 29. geboren würde, weil sie die Zahl 9 für glücksbringend hält. Als Sascha und seine Frau kürzlich einen Spaziergang an einem kleinen See machten, sahen sie einen einsamen Schwan daherschwimmen.

»Oh der Arme!«, rief Saschas Frau.

»Wieso arm?«, fragte er.

»Na, weil er hier ganz allein herumschwimmt. Normalerweise sind Schwäne doch immer mit ihrer Familie zusammen.«

»Vielleicht freut er sich ja, dass er sich endlich aus der Familie gelöst hat«, sagte Sascha trocken. Seine Frau lachte. Sascha erleichtert: »Zum Glück hat meine Frau Humor, im Unterschied zu ihrer Mutter.«

Als **Thomas** der polnischen Familie seiner Frau vorgestellt wurde, sagte der Großvater: »Ein Deutscher? Wenigstens kein Jude.«

Agnieszkas Mutter warnte anfangs vor den kulturellen Unterschieden, vor der völlig anderen Sprache und klagte, dass der Deutsche ihre Tochter weit wegschleppen würde. Damit hatte sie nicht unrecht, denn Agnieszka wohnt heute tatsächlich in Süddeutschland, tausend Kilometer von ihrer Mutter entfernt. Aber die Mama kommt öfter zu Besuch und mag auch ihren Schwiegersohn inzwischen sehr.

Sören hat es leider nicht geschafft, das Wohlwollen seiner Schwiegermutter zu erringen. Sie gehört zum harten Fankreis von Radio Maryja, einem ultrakatholischen Radiosender, der in Polen von einem Redemptoristenpater namens Tadeusz Rydzyk geleitet wird. Radio Maryja-Stationen existieren in vielen Ländern, doch nirgendwo ist der Sender so mächtig und politisch einflussreich wie in Polen. Inzwischen betreibt Pater Rydzyk auch noch einen eigenen Fernsehsender namens »Trwam« samt eigener Journalistenakademie. Kein Politiker des konservativen Flügels kann sich erlauben, den Pater und seinen Sender zu kritisieren. Im Gegenteil: Viele Minister rechnen sich stolz zur »Gemeinde« von Radio Maryja und sehen es als hohe Ehre an, wenn sie ins Studio nach Toruń eingeladen werden. Kein Wunder, werden die Sendungen doch regelmäßig von mehr als einer Million Hörern verfolgt.

Bei Sörens Schwiegermutter läuft Radio Maryja pausenlos und bestimmt den gesamten Tagesablauf. Wenn es eine wichtige Sondersendung gibt, ist sie für niemanden zu sprechen. Früher rief sie sogar noch regelmäßig im Studio an und beteiligte sich an den Diskussionen. Immer wenn sie nach Deutschland zu ihrer Tochter und deren Familie reist, muss in ihrem Zimmer ein Radio stehen, mit dem sie ihren Lieblingssender in guter Qualität empfangen kann. Dorthin, so Sören, »zieht sie sich immer zurück, wenn sie von der Überdosis liberal erzogener Enkelkinder ausspannen muss, die alle vom Bazillus des dekadenten Europas befallen sind, sprich: eine eigene Meinung haben, das tolerante Europa schätzen und nicht zu allem Ja und Amen sagen.«

Als ihre einzige Enkelin, Sörens Tochter, sechzehn Jahre alt war, wurde sie an Heiligabend von der Oma zur Seite genommen und nach ihren Lebensplänen gefragt. Sie sagte, sie wisse es noch nicht genau. Da empfahl ihr die Oma eifrig, in ein Kloster einzutreten – das sei für ein Mädchen das Beste, denn dort sei es vor allen Versuchungen gefeit. Ein Jahr später bekam die Enkelin einen kleinen Plastikfötus geschenkt, ein Give-away der Anti-Abtreibungskampagne von Radio Maryja. Diesen Fötus, sagte die Oma, schenke sie ihr für den Fall, dass sie einmal ungewollt schwanger werden solle. Sie dürfe dann nie vergessen, dass sie ein von Gott gewolltes Leben im Bauch trage, das sie unter gar keinen Umständen abtreiben dürfe.

Als vor einiger Zeit die katholische Kirche Polens und die PiS-Regierung dazu aufriefen, die polnische Außengrenze mit Gebeten gegen das Eindringen islamischer »Terroristen« zu schützen, rief Sörens Schwiegermutter bei ihrer Tochter in Deutschland an und versuchte sie dazu zu überreden, sich der Kampagne anzuschließen. Das verärgerte ihre Tochter derart, dass sie kurz darüber nachdachte, mit einigen Bekannten aus Syrien, Ägypten und Irak eine kleine Gegendemo zu initiieren. Inzwischen wird die Schwiegermutter nicht mehr zu Weihnachten eingeladen.

Auch **Lindas** Schwiegermutter ist ein großer Fan von Radio Maryja. Sie kommt nicht darüber hinweg, dass ihr Sohn **Błażej** seine Linda aus Deutschland nur standesamtlich und nicht kirchlich geheiratet hat. Linda betont aber, dass es hierfür eigentlich keine tieferen Gründe gab, da sie selbst ebenfalls katholisch war. Eigentlich wollte sie nur, weil sie schnell schwanger wurde, die kirchliche Trauung samt anschließender Megaparty auf ruhigere Zeiten verschieben. Bislang ist dieser Zeitpunkt einfach noch nicht eingetreten. Für die Schwiegermutter ist aber eine Ehe ohne kirchliche Trauung gar nicht richtig gültig. Immer wieder bombardiert sie ihren Sohn mit der Frage: »Wann wird denn endlich kirchlich geheiratet?« Błażej wundert sich: So religiös kannte er seine Mutter bis jetzt gar nicht. Als er und seine Schwester noch klein waren, in der Zeit des Kommunismus, ging die Mutter fast nie in die Kirche. Erst als die Kinder aus dem Haus waren und die Mutter mit dem Vater allein zu Hause saß, begannen sie damit, Radio Maryja zu hören. Abgesehen von der Kirche gebe es in der Kleinstadt keinerlei Freizeitangebot für Senioren. Auch der Opa wurde vom Eifer seiner Frau angesteckt. Er sei eigentlich von Natur aus ein ruhiger Bär, sagt Linda, aber als sie einmal mit ihm Auto fuhr, zum Glück ohne die Kinder, schaltete der Opa gewohnheitsmäßig Radio Maryja an. Sie dachte, sie höre nicht recht: In der Sendung ging es darum, dass mehrere Teenager, die nicht an Gott glaubten, vom Teufel geholt wurden und eines schrecklichen Todes starben.

Eines Tages fragte die Schwiegermutter neugierig, ob sie mal Lindas deutschen Personalausweis sehen dürfe. Sie habe bei Radio Maryja erfahren, dass im deutschen Behörden-Wasserzeichen das Zeichen des Teufels versteckt sei! Linda zeigte ihn ihr, es war der alte Personalausweis, den sie inzwischen abgegeben hat. Und tatsächlich: Mit etwas Fantasie ließ sich im Wasserzeichen ein Ziegenkopf mit Hörnern entdecken. Linda fand sogar im Internet ein verzweifeltes Dementi der Bundesdruckerei: Die Ähnlichkeit mit den Teufelshörnern sei rein zufällig!

Einmal kam der Ortspriester zur üblichen Visite kurz nach Weihnachten. Während Linda daneben saß, log die Schwiegermutter ihm vor, dass Sohn und Schwiegertochter demnächst nun endlich heiraten würden. Zu diesem Zeitpunkt waren Linda und Błażej bereits seit fünf Jahren standesamtlich verheiratet und hatten zwei gemeinsame Kinder – galt das alles nichts? Linda war tief verletzt.

Ihre Kinder hat sie zwar taufen lassen, in der deutschen Schule allerdings nicht für Religion angemeldet, sondern für Ethik. Als der Schwiegervater eines Tages seinen Sohn fragte, ob es in der Schule der Enkel eigentlich Religionsunterricht gebe, antwortete Błażej vorsichtig: »Ja, gibt es.« Er fügte allerdings nicht hinzu, dass die Enkel diesen Unterricht nicht besuchen. Sowohl er als auch Linda trauen sich nicht, den Großeltern reinen Wein einzuschenken.

Linda ist vom religiösen Eifer ihrer Schwiegereltern inzwischen so abgestoßen, dass sie in Deutschland aus der Kirche ausgetreten ist. Auch das hat sie den Schwiegereltern bis heute nicht gestanden. Um endlich Ruhe zu haben, überlegt sie, nun doch noch in die kirchliche Trauung einzuwilligen. Sie hat sich erkundigt, wie das für sie als Ausgetretene aussähe. Während ihr Mann als Bräutigam einen Eid vor Gott schwören müsste, würde sie als Braut einfach nur danebenstehen und dem Priester versprechen, sich der katholischen Erziehung der Kinder nicht zu widersetzen. Die Schwiegereltern wären jedenfalls beruhigt. Sie äußerten erst kürzlich wieder, dass Linda und Błażej schnurstracks in die Hölle kämen, wenn sie sich nicht kirchlich trauen ließen.

Ansonsten, schließt Linda seufzend, gebe die Schwiegermutter sich wirklich riesige Mühe. Je größer der Ärger sei, desto mehr Piroggen und Bigos tische sie bei der Ankunft auf.

Ein polnischer Schwiegervater wiegt fünf deutsche Handwerker auf

Viel positiver sieht es bei dem Deutschpolen Maciej aus (der beim ersten Date über umgestürzte Bäume und abgerissene Fahrpläne schimpfte).

Seit ihrer Hochzeit wohnen Maciej und Justyna gemeinsam in Berlin. Nach einiger Zeit kauften sie sich eine kleine Eigentumswohnung. Zu der Wohnung gehörte auch ein Dachboden im Rohzustand. Sie beschlossen, ihn als Künstleratelier zu vermieten. Es gab zwar noch kein Wasser und keine Toilette, trotzdem meldeten sich Dutzende von Berliner Künstlern, die dringend ein Atelier suchten. Maciej und Justyna wählten einen sympathischen spanischen Bildhauer aus. Nach kurzer Zeit bat er darum, ihm eine einfache Wasserleitung in das Dachgeschoss zu legen. Maciej nahm Kontakt zu deutschen Handwerkern auf. Das Durchschnittsangebot klang so: »Mit ein paar Tausend Euro müssen Sie schon rechnen. Anfahrt, Abfahrt, mehrere Tage Arbeit von Meister, Geselle und Azubi, dazu noch das Material. Außerdem werden wir den Strang öffnen müssen, und das müssen Sie mit der Hausverwaltung klären, da das Gemeinschaftseigentum ist.« Ein besonders seriöser Handwerksmeister sagte ihm sogar, der Einbau einer Wasserleitung sei nur zusammen mit dem Einbau einer Heizung sinnvoll. Ja, und wenn dann die Heizung installiert werde, müsse man gleich auch das Dachgeschoss dämmen lassen, denn sonst entweiche die Wärme ja sofort wieder. Also bitte erst einmal alles gründlich durchdenken, denn prinzipiell arbeite er nur ungern mit Kunden, die so unvorbereitet an ein großes Projekt herangingen.

Irgendwann hatte Maciej die Nase voll und rief seinen polnischen Schwiegervater an, einen gelernten Bauingenieur, der in den letzten dreißig Jahren aber als Beamter der Stadtverwaltung gearbeitet hatte. Er kam und sah sich das Dachgeschoss an. »Bis es dämmert und wir hier kein Licht mehr haben, ist noch Zeit. Komm, wir fahren schnell zum Baumarkt.« Maciej war skeptisch. Mehr als ein Dutzend Handwerksfachbetriebe hatten ihm versichert, dass es im Grunde genommen leichter sei, das gesamte Haus abzureißen und wieder neu zu erbauen als diese Leitung zu verlegen.

»Tato, wie kriegen wir denn das Kupferrohr durch den Strang? Das ist doch unmöglich, ohne den Hauptstrang zu öffnen. Da muss ich erst mit der Hausverwaltung sprechen.«

»Dann kaufen wir eben ein flexibles Aluminiumrohr, sodass wir nichts am Strang machen müssen.«

»Aber wir müssen doch, wenn wir unser Rohr anschließen wollen, den Wasserstrang des gesamten Gebäudes abdrehen. Das gibt sicher Ärger mit den Nachbarn. Oje, oje.«

Doch der Schwiegervater wusste auch hier Rat: »Na gut, dann schließen wir das Rohr eben mit einem T-Stück an ein Wasserrohr an, das bereits in deiner Wohnung verlegt ist und somit dir gehört. Dann brauchen wir nämlich nur in deiner Wohnung das Wasser abzudrehen.«

Doch Maciej ließ nicht locker: »Aber man kann doch keine Wasserleitung in Räumen verlegen, in denen es keine Heizung gibt. Das macht man doch einfach aus Prinzip nicht.«

Der Schwiegervater schaute ihn fragend an. Er verstand nicht recht, warum man irgendetwas »aus Prinzip« nicht machen sollte, obwohl man es doch in der Praxis sehr wohl machen konnte. Höflichkeitshalber sagte er: »Ob dein Rohr einfriert, hängt nicht davon ab, ob du eine Heizung hast oder nicht, sondern davon, ob die Temperatur in dem Raum unter null fällt. Das tut sie hier aber nie. Auch im Winter kommt noch genug Wärme von eurer Wohnung darunter herauf. Aber okay, wenn es dich beruhigt: Wir isolieren das Rohr gründlich. Außerdem baue ich ein Absperrventil ein. Dann kannst du das

Wasser immer abdrehen, wenn du dir wegen der Temperatur unsicher bist.«

Sie fuhren in den Baumarkt, wo Maciej etwa zwanzig Euro für Materialien ausgab, plus fünf Euro fünfzig für zwei Currywürste mit Brötchen. Nach zweieinhalb Stunden war die Wasserleitung verlegt, das Spülbecken angebracht. Noch am selben Abend konnte der spanische Mieter mit schweren Lehmarbeiten loslegen. Maciej bilanziert: »Deutsche Handwerker sehen immer nur Probleme, polnische Schwiegerväter dagegen Lösungen.«

3 GASTFREUNDSCHAFT

Der Standardhorror

Gastfreundschaft ist der Klassiker. Wo immer auf Erden Vergleiche zwischen deutscher und polnischer Kultur angestellt werden, fällt dieser Begriff als einer der ersten. Die Lage scheint ja auch völlig klar zu sein: Die Deutschen sind die Geizhälse, die Polen die gutmütigen Gastfreundlichen. Kein deutscher Ehemann, der nicht von seiner polnischen Familie tagelang bewirtet worden wäre, keine Polin, die bei ihren deutschen Schwiegereltern nicht von einem Entsetzen ins nächste getaumelt wäre, weil ihr kein Mensch eine zweite Salamischnitte anbot. Und doch werde ich am Ende dafür plädieren, auch den Deutschen ein bisschen Gerechtigkeit widerfahren zu lassen!

Zunächst aber eine klassische Geschichte, wie Peter 1 sie erlebt hat.

Kurz nach der Hochzeit lud er einige deutsche Freunde ein, um ihnen seine neue Frau aus Polen vorzustellen. Zu Beginn des Abends erklärten die Gäste, keinen Appetit zu haben. Das war keine Lüge – sie hatten tatsächlich zu Hause schon alle vorgegessen. Peters Frau war tief enttäuscht, denn sie hatte seit Tagen den Kochlöffel geschwungen. Peter führte die Gäste kurz entschlossen in die Küche und zeigte ihnen die dampfenden Riesentöpfe: »Wenn ihr das wirklich nicht esst, geben wir es halt den Hunden!« Nein, das war dann doch nicht nötig. Die Gäste änderten ihre Meinung und schlangen das Essen dankbar herunter. Es wurde ein toller Abend. Eins der Ehepaare ließ sich sogar dazu hinreißen, eine Gegeneinladung auszusprechen. Zwei Wochen später war es so weit. Doch diesmal war es Peter, der auf Nummer sicher ging und zu Hause vorsichtshalber schon mal einen Marsriegel knabberte. Er bot auch seiner Frau einen Bissen an – »für alle Fälle, Schatz!« –, doch sie lehnte irritiert ab: Wozu naschen, wenn man eine ganze Abendeinladung vor sich hat? Peter sagte nichts weiter. Er ahnte, dass seiner Frau ein schmerzhafter, aber für ihre weitere Integration in Deutschland wichtiger Abend bevorstand. Es kam so, wie er befürchtet hatte: Jeder Gast erhielt von den Gastgebern zwei Bierflaschen neben den Teller gestellt, dazu gab es eine Rotweinflasche auf dem Wohnzimmertisch, eine einzige Flasche für acht Personen. Essen war, abgesehen von Knabbergebäck, überhaupt keins da. Als Peters Frau ahnungslos um eine Flasche halbtrockenen Weißwein bat, bekam sie zu hören, dass außer Bier und Rotwein nur Leitungswasser im Haus sei. Später wurde sie hungrig und flüsterte ihrem Mann ins Ohr, wann denn das Essen komme. Peter gab die Frage an die Hausherrin weiter, die daraufhin mürrisch in der Küche verschwand. Zehn Minuten später kam sie mit einigen Salami- und Mortadellabrötchen zurück. Das war zu viel für Peters Frau. Sie stand auf, sagte den Gastgebern ein paar passende Worte und verließ empört die Wohnung. Peter blickte auf seine Schuhe und folgte ihr. Im Auto bekam er dann die Langversion zu hören. Das Ende vom Lied war, dass Peter seinen Freundeskreis wechselte und bei Abendeinladungen in Deutschland seither immer zwei Flaschen halbtrockenen Weißwein speziell für seine Frau mitbringt. Wenn die Gastgeber darüber verwundert sind, sagt er schnell: »Ach, wisst ihr, das ist ein alter polnischer Brauch. Man bringt sich immer halbtrockenen Weißwein mit.«

Tipps für den totalen Gastgeber

Viele deutsche Schwiegereltern ahnen schon, dass sie sich für polnische Gäste ein wenig mehr als üblich ins Zeug legen müssen. Sie wollen alles richtig machen, haben aber starke Selbstzweifel. Ist es damit getan, ein schönes Menü und zwei Sorten Wein auf den Tisch zu stellen, vielleicht sogar ein *mehrgängiges* Menü und *drei* Sorten Wein *und* Cola *und* Mineralwasser?

Nein, reicht alles nicht. Die Pflichten eines Gastgebers, besonders bei familiären Einladungen, gehen sehr viel weiter. Er muss sein eigenes Ego völlig zurückstellen und dem Gast das Gefühl geben, absoluter König zu sein. Das fängt schon bei der Verabredung des Termins an. Wenn der deutsche Gastgeber umständlich im Kalender herumsucht und jammert: »Nee, am Dienstag ist Zahnarzt, am Mittwoch Männergruppe, und am Donnerstag brauche ich Ruhe« – dann vergeht dem polnischen Gast schon die Lust. Einen solchen Planungsfetischismus ist er nicht gewohnt. Wenn hier einer den Termin bestimmen darf, dann ist *er* es! Man sollte als Gastgeber auch nicht fragen, wie viele Kartoffeln der Gast zu essen pflegt. Alle Eventualitäten müssen *einkalkuliert* werden, und das heißt im Klartext: Es muss *viel zu viel* Essen da sein.

Nun ist der große Abend gekommen. Man hat mittlerweile drei andere Termine abgelehnt und eine Viruserkankung überlebt, aber tapfer durchgehalten und die Visite nicht verschoben. Verschieben darf nämlich nur der Gast! Und was geschieht? Die Polen verspäten sich. Das Essen dampft, der Wein ist entkorkt, aber die Gäste rufen nicht einmal an, um sich für ihre Verspätung zu entschuldigen. Nun wäre das Dümmste, was man machen kann, das Telefon in die Hand zu nehmen: »Hallo, wo bleibt ihr denn? Wir haben auch nicht ewig Zeit!« Sie *dürfen* sich verspäten, sie sind *die Gäste*! Wer an dieser Stelle schon einen Herzinfarkt bekommt, sollte einen buddhistischen Entselbstungskurs machen. Mit eiserner Geduld muss das Essen warm gehalten werden, und wenn die Gäste endlich eintrudeln, darf auch nicht der geringste Vorwurf laut werden. Falls sie sich mit vagen Worten entschuldigen, muss der Gastgeber entrüstet sagen: »Ach was, macht doch gar nichts, Hauptsache, ihr seid wohlbehalten angekommen!«

Nun führt man die Gäste an den Tisch, der sich von Speisen biegt. Sie werden erstaunt sein und sagen, dass sie eigentlich *rein gar nichts* essen wollen. Bei deutschen Gästen wäre das die pure Wahrheit (denn sie haben ja »vorgegessen«), doch bei den polnischen darf die Erklärung um Himmels willen nicht für bare Münze genommen werden. Sie *tun* nur so, als wären sie Wesen ohne Magen und Zunge. In Wahrheit freuen sie sich schon seit Stunden auf ein reichhaltiges Essen und haben möglicherweise sogar auf das Mittagessen verzichtet, um abends beim Gastgeber guten Appetit zu haben. Sie hungern wohlgemerkt nicht, um ein paar Euro zu sparen, sondern weil sie glauben, es würde den Gastgeber *kränken*, wenn sie seinen Speisen zu wenig zusprächen.

Wenn die Gäste sich endlich, nach hartnäckigem, *dreimaligem* Drängen des Gastgebers, *großzügigerweise* dazu bereit erklärt haben, eine *Kleinigkeit* zu sich zu nehmen, muss das Essen serviert werden. Sobald eine Schüssel leer zu werden droht, räumt man sie still ab und holt eilends Nachschub aus der Küche. Sollte es dort nichts Warmes mehr geben, müssen Knabberzeug, Oliven, Käse oder Brot aufgefahren werden. Hauptsache, der Tisch wird niemals ganz leer, weil die Gäste das als eine indirekte Andeutung empfinden würden, dass der Abend ein Fiasko ist. Im Idealfall sollte auch um zwei Uhr morgens noch ein Überraschungsdessert aus dem Kühlschrank gezaubert werden. Sollte der Gastgeber zu diesem Zeitpunkt schon todmüde sein, muss er sich halt Streichhölzer unter die Lider klemmen. Er hat jedenfalls die Aufgabe, den furchtbaren Moment des Abschieds bis ins Unendliche hinauszuzögern. Nur der Gast darf vorsichtige Andeutungen machen, dass er *so langsam mal* gehen möchte. Dann muss seitens des Gastgebers abgrundtiefes Beleidigtsein markiert werden: »Wie bitte? Ihr wollt uns schon verlassen? Unmöglich!«

»Na gut, weil es so schön ist, bleiben wir halt noch ein Weilchen.«

Ab dem Wörtchen »Weilchen« sind es mindestens noch zwei Stunden. Jetzt nicht die Nerven verlieren! Ein absolutes Tabu wäre es zum Beispiel, den Tisch abzuräumen, solange die Gäste noch da sind. Oder in der Küche schon mal mit dem Abwasch zu beginnen. Mord und Wetter, das geht *gar* nicht (ich habe es früher selbst getan und schäme mich heute noch!). Korrekt läuft es so: Das benutzte Geschirr wird diskret weggeschafft und in der Küche gestapelt. Wenn die Gäste halbwegs ihre Pflichten kennen, werden sie irgendwann, so gegen halb drei Uhr morgens, hinterherkommen und das Angebot machen, beim Abwasch zu helfen. Dieses Angebot wird selbstverständlich *drei Mal* mit äußerster Vehemenz abgelehnt – um den Gästen am Ende natürlich doch ein Geschirrtuch in die Hand zu drücken. Sollten sie nach dem Abtrocknen immer noch nicht gehen wollen, muss man ihnen eine Bettstatt anbieten. Und wenn sie dann einwilligen und noch fragen, ob sie ein Handtuch zum Duschen bekommen können – ja, Pech, dann hatte man keine Polen, sondern Russen zu Gast.

Noch prickelnder wird es, wenn die polnische Verwandtschaft für mehrere Tage anreist. Damit erweitern sich die Pflichten des Gastgebers ins Übermenschliche. Es hat so viel Essen im Kühlschrank zu sein, dass man niemals einkaufen gehen muss. Das würde nämlich sonst dem Gast den unangenehmen Eindruck vermitteln, dass er viel gefräßiger ist, als man vorher dachte.

Außerdem geht man auch nicht mehr zur Arbeit, sondern meldet sich krank oder nimmt Urlaub, um den Gast rund um die Uhr bespaßen zu können. Das Spaßprogramm beinhaltet eine Stadtführung und mehrere ganztägige Museumsbesuche. Äußert ein Gast einen Sonderwunsch, darf man ihm den nicht ausreden (»sorry, am Brandenburger Tor war ich schon hundertmal«), sondern hat ihn freudig zu erfüllen. Ein absolutes No-Go wäre auch, wenn man sich für zwei Stunden absentiert, um mal eben einen Freund zu besuchen oder zum Basketballtraining zu fahren. Das alles kann man in zehn Tagen wieder tun, wenn die Gäste *vielleicht* abgefahren sind.

Gastfreundschaft oder Sklaverei?

Und wie ist es, wenn man selbst der Gast ist? Kann man sich dann endlich alles erlauben, was als Gastgeber verboten war? Darf man dann in Egoismus schwelgen? Gott behüte! Auch Gäste haben in Polen streng festgelegte Rechte und Pflichten. Außer Geschenken oder Blumen für die Gastgeber müssen sie vor allem Zeit und Geduld mitbringen. Selbst wenn sie am liebsten nach zwei Stunden wieder verschwinden würden, müssen sie sich zusammenreißen und eifrigst den aufgetischten Speisen zusprechen.

Innerhalb der eigenen Familie kann dies ein besonderes Gefühl der Unfreiheit erzeugen, gerade weil hier der Faktor Liebe hinzukommt. Ist es nicht wunderbar, dass der Schwiegervater jeden Morgen um sechs zu einem nahe gelegenen Bauernhof läuft, um dort frische Milch zu holen, nur weil der Schwiegersohn einmal gemurmelt hat, dass er gerne Kaffee mit frischer Milch trinkt? Wer kann da herzlos sein und plötzlich damit ankommen, dass er inzwischen eine Laktoseintoleranz hat?

Ja, Gast und Gastgeber sind innerhalb der Familie durch das unzerreißbarste Band dieser Welt aneinander gefesselt, die Liebe. Nur sie hat die Macht, sogar die demokratische Grundordnung auszuhebeln – das Demonstrationsrecht ist aufgehoben, Protest sinnlos.

Hier sammelt sich reichlich Zündstoff an, denn viele Deutsche sind durch ihre Erziehung nicht auf das Gast- oder Gastgebersein vorbereitet worden. Eher scheinen sie ein starkes, mitunter fast aggressives Bedürfnis nach Alleinsein und Ruhe zu haben. Das wurde auch schon von anderen Ausländern bemerkt. Die Türkin **Serda**, die ein Stipendium in Deutschland bekam, freute sich zunächst darüber, dass sie einen Platz in einer WG fand und nicht in ein Studentenwohnheim ziehen musste. Bald aber erlebte sie, dass es da etwas gab, auf das sie nicht vorbereitet worden war. Die deutschen Mitbewohner saßen zwar gerne mit ihr zusammen in der Küche, zogen sich aber nach einer gewissen Zeit regelmäßig in ihre Zimmer zurück, sperrten sogar die Tür ab … bumm! Das gab Serda jedes Mal einen Stich. In der Türkei wäre so ein Verhalten undenkbar, sagt sie.

Ungewohnt ist für viele Partnerinnen auch, dass deutsche Männer gerne mal eine Woche Urlaub nur mit Freunden machen wollen, ob angelnd oder Motorrad fahrend. Auch so etwas ist in Polen selten. Wer hat denn schon mal irgendwo auf einem Alpenpass eine Gruppe polnischer Motorradbiker gesehen? Das können nur Franzosen oder Deutsche sein, die sich zusammengerottet haben, um eine Auszeit von der Familie zu nehmen. Polnische Väter sitzen derweil brav am Strand und klopfen Sandburgen. Urlaub wird nun einmal zusammen verbracht, zwei Wochen am Stück, vierundzwanzig Stunden am Tag, und kaum jemand in Polen scheint darunter ernsthaft zu leiden

Woher kommt dieser deutsche Hang zum Alleinsein?

Für **Gosia** daher, dass die (West-)Deutschen schon seit zwei Generationen in einem reichen Land leben und als Kinder selbstverständlich jeder ein eigenes Zimmer hatten. Viele polnische Kinder dagegen müssen ihr Zimmer bis zum heutigen Tag mit Bruder oder Schwester teilen. Auch die Studentenwohnheime in Polen haben heute meist noch Vierbett- oder zumindest Zweibettzimmer, sodass man sich an permanente Gesellschaft gewöhnen muss.

Sicherlich gibt es noch ein paar andere Gründe für den deutschen Wunsch nach Isolation, aber wichtig ist hier nur das Ergebnis: Der Wunsch nach Alleinsein scheint in der deutschen Kultur genauso verankert zu sein wie die Freude an der Gastfreundschaft in der polnischen. Wer das einmal akzeptiert hat, schüttelt nicht mehr sofort den Kopf über die asozialen, individualistischen Deutschen. Man kann es ja auch mal positiv sehen: Gibt es in der deutschen Kultur nicht viel mehr Freiheit als in anderen, traditionelleren Gesellschaften? Führt die schwache Stellung der Familie nicht auch dazu, dass die Leute mehr Zeit für Freunde oder Vereine haben? Und ist es *nur* furchtbar, dass deutsche Großeltern sich häufig wenig um ihre Enkel kümmern, sondern stattdessen lieber auf Lanzarote meditieren?

4 SPRACHE

Deutsche Ignoranz

Es war zu erwarten: Viele deutsche Ehepartner interessieren sich erschreckend wenig für die polnische Sprache.

Ewa ist sehr verärgert darüber, dass ihr Mann kein Polnisch kann, dafür aber ständig an ihrem Deutsch herummäkelt. Nach neun Jahren Ehe kann er auf Polnisch gerade einmal die folgenden Wörter sagen: proszę (bitte), dziękuję (danke), świnia (Schwein), głupi (dumm), spodnie (Hosen), dzień dobry (guten Tag), do widzenia (auf Wiedersehen), prawo (rechts), lewo (links) und głodny (hungrig).

Auch Karolina beschwert sich darüber, dass ihr Mann nur schlecht Polnisch spricht. Von ihr werde in Deutschland ein perfektes Deutsch erwartet, er hingegen komme in Polen bestens zurecht und erobere mit seinen paar Brocken sogar alle Herzen im Sturm.

Antek meint, dass die Deutschen in Fremdsprachen grundsätzlich faul seien. Er lebt in Berlin, fühlt sich wohl in der Stadt, wundert sich aber, dass in seiner IT-Firma von allen Mitarbeitern völlig selbstverständlich gutes Deutsch erwartet wird. In polnischen Firmen herrsche, gerade in dieser Branche, eine viel größere Offenheit für Fremdsprachen.

Vielleicht ist es ein kleiner Trost, dass nicht nur die Deutschen arrogant sind. Ich erinnere mich an den kleinen Stich, den es mir gab, als die kanadische Mitarbeiterin eines deutschen Verlags mir lachend eingestand, dass sie sich nicht einmal im Traum vorstellen könnte, ihre beiden Kinder in eine deutsche Schule zu schicken. Sie habe sie »natürlich« in die französische

Schule geschickt. Was sollte ihnen die deutsche Sprache denn später im Leben nützen? Gar nichts, haha!

Ausnahmedeutsche

Doch natürlich gibt es auch bei diesem Thema wieder rühmliche Ausnahmen. Als Günter seine Jadwiga heiratete und mit ihr nach Deutschland zog, war es am Anfang nicht einfach. Jadwiga fühlte sich wie eine Verschleppte. Nichts gefiel ihr, und sie fing sogar an, sich nach den Schlaglöchern in den polnischen Straßen zu sehnen. Aus Trotz guckte sie ausschließlich polnisches Fernsehen. Günter hatte deshalb ein schlechtes Gewissen und brachte sich selbst Polnisch bei. Nebenher zeugte er noch zwei Kinder. Mit ihnen sprach er in den ersten Lebensjahren fast nur Polnisch, sodass viele Bekannte nicht schlecht staunten: Er sei der einzige Deutsche weit und breit, der mit seinen Kindern zu Hause Polnisch rede! Es war allerdings, so Günter, eher ein bunter Sprachenmischmasch, den er da praktizierte. So sagte er vor dem Zubettgehen immer zu seinen Kindern: »Habt ihr schon zęby gemyćt (Zähne geputzt)?«. Die Kinder fragten ihn ihrerseits: »Papa, kannst du uns lody kupić (Eis kaufen)?«

Martyna hört von ihrem Mann immer, dass er eigentlich schon 95 Prozent dessen verstehe, was sie sage. Die restlichen fünf Prozent seien frauenspezifische Dinge, die ohnehin kein Mann je verstehen werde. Sie erinnert sich an einen lustigen Fehler, den er während der Verhandlungen über einen Wohnungskauf machte. Er sagte zum Verkäufer: »Od razu możemy podpisać umowę przestępczą …« (Wir können den Verbrechervertrag sofort unterschreiben). Gemeint war statt »przestępczą« natürlich »przedwstępną« (Vorvertrag).

Gregor und **Beata** lernten sich im Internet kennen. Gregor erzählt heute lachend, dass Beata ihm anfangs ihre Herkunft aus Polen verschwieg. »Ist doch auch wahr«, mault sie, »ich bin aus

Oberschlesien.« Doch er stichelt weiter: »Und dann hast du unter Fremdsprachen auch noch ›Französisch‹ angegeben, obwohl du es gar nicht kannst. Aber Polnisch hast du überhaupt nicht angegeben!« Beata übergeht die Bemerkung souverän, nimmt stattdessen Gregors Arm und sagt stolz: »Er lernt jetzt Polnisch für mich, das ist die höchste Stufe der Liebe!«

Ola bescheinigt ihrem Mann, dass er auf Polnisch wunderbar fluchen kann. Kein Wunder, denn er schnappt die Flüche von ihr auf, wenn sie wieder bei irgendeinem Brettspiel gegen ihn verliert. Insgesamt ist sie nicht böse auf ihn, dass er kein Polnisch lernt, denn so kann sie ungehemmt mit ihrer Mutter oder einer Freundin telefonieren. Nur manchmal argwöhnt sie, dass er doch deutlich mehr versteht, als er zugibt. Sie selbst verwendet ebenfalls gerne deutsche Flüche. Einmal hatte sie einen Kuchen im Backofen, der einfach nicht fertig werden wollte. Da schlug sie gegen die Scheibe des Ofens und schrie: »Nun back sich, du Arschloch!« Ihr Mann zitiert das noch heute.

Als **Oliwia** und ihr Mann sich kennenlernten, sprach er schon gut Polnisch. Beim ersten Date bewies er ihr, dass er sogar den bekannten Zungenbrecher »Grzegorz Brzęczyszczykiewicz« sagen konnte. Oliwia glaubt allerdings, dass er bis heute gar nicht genau weiß, wer das eigentlich war (eine fiktive Figur aus dem Kultfilm »Jak rozpętałem drugą wojnę światową« [»Wie ich den Zweiten Weltkrieg begann«]). Andere Lieblingswörter von ihm seien »szczoteczka do zębów« (Zahnbürste) und »deska wolnoopadająca« (langsam fallende Klobrille). Diese Wörter habe er in seiner Arbeit gelernt. Außerdem kenne er auch einige polnische Flüche, benutze sie aber nicht, sondern ermahne alle fluchenden Polen, dass sie sich mäßigen sollten. Mehrmals sei es passiert, dass er zu einem Polen »mówisz brzydko« (du redest schmutzig) gesagt und ihn damit in Verlegenheit gebracht habe.

Klaudia erzählt von einem peinlichen Versprecher ihres Ex-Freundes. Eines Tages waren sie bei ihrer Oma zum Kaffee eingeladen. Nachdem sie zwei Stunden geplaudert hatten, merkte Klaudia, dass seine Kräfte nachließen, und schlug vor, einen kleinen Spaziergang zu machen. Er freute sich darüber und sagte zur Oma: »Dobrze, że się teraz ruchamy!« Sie guckte betreten zu Boden. Der Freund wollte natürlich »ruszamy« (bewegen) sagen, vertauschte aber zwei Buchstaben und landete bei einem sehr ähnlich klingenden Wort. Statt »gut, dass wir uns jetzt bewegen«, sagte er also zur Oma: »Gut, dass wir jetzt vögeln.«

Aneta spielte ihrem Mann einen Streich. Als sie einmal einen Besuch bei ihrer Tante in Polen machten, wollte ihr Mann vorher wissen, wie man sich auf Polnisch höflich für nette Gastfreundschaft bedankt. Aneta brachte ihm bei, »jestem jeszcze głodny« (Ich bin noch hungrig) zu sagen. Er übte den Satz lange und rezitierte ihn beim Abschied an der Haustür akzentfrei und fehlerlos. Das Ergebnis war, dass die Tante schuldbewusst in die Küche zurückeilte und dem Paar noch einige Äpfel mit auf den Weg gab.

Polen lernen Deutsch

Und welche Probleme haben polnische Ehepartner mit der deutschen Sprache?

Dafür gibt es sehr viel mehr Beispiele als umgekehrt, weil es tausendmal mehr Polen gibt, die sich tief ins Deutsche hineingearbeitet haben. Ihre Ausgangsbasis ist allerdings häufig auch viel besser als die der deutschen Polnischlernenden – sie hatten Deutsch in der Schule. Polen ist das Land mit den meisten Deutschlernern weltweit, und zwar mit weitem Abstand vor Russland und Großbritannien. Mehr als dreißig Prozent aller Schüler lernen derzeit in der Schule Deutsch, die meisten zwei Stunden pro Woche, manche auch drei oder sogar sechs Stunden. In Deutschland lernen weniger als ein Prozent aller Schüler Polnisch (möglich ist es überhaupt nur an wenigen Schulen der drei grenznahen Bundesländer).

Bei den Abiturprüfungen 2018 in Polen war Deutsch, nach Englisch, die zweitbeliebteste Fremdsprache. Zehn Prozent aller Abiturienten, etwa 30 000 Schüler, wählten Deutsch als Prüfungsfach. Die drittbeliebteste Fremdsprache war Französisch mit nur etwa 1000 Prüflingen, danach kam Spanisch mit etwa 500 Schülern.

Doch leider ist Deutsch – wie ich aus eigener Lehrererfahrung weiß – meist kein beliebtes Fach. Zum einen hat die Sprache weltweit generell einen verdammt schlechten Ruf (unmelodisch, hart, brutal – halt so wie die Deutschen!), zum anderen gibt es kaum international bekannte deutsche Musikgruppen oder Filme, die ein paar coole Assoziationen hervorrufen würden (Rammstein und die Toten Hosen sind die kläglichen Ausnahmen).

Der Hauptgrund für die Abneigung ist aber viel simpler: Deutsch ist für die Schule eigentlich zu schwer. Deutsche Hauptwörter müssen in vier Fällen dekliniert werden, sehr im Unterschied zum Englischen oder den romanischen Sprachen, wo es überhaupt keine Fälle gibt. Bis man einen halbwegs sinnvollen deutschen Satz bilden kann, dauert es viele Wochen, im Englischen geht es eigentlich schon am ersten Tag.

Sehr viele Leute in Polen haben mir deshalb schon gestanden, dass sie trotz vier oder sogar acht Jahren Deutschunterricht eigentlich keinen vernünftigen Satz zustande bringen. Sie haben aus der Schulzeit nichts als eine unüberwindliche Abneigung gegen Deutsch mitgenommen.

Vielleicht ist es also paradoxerweise für deutsche Ehepartner doch leichter, Polnisch zu lernen, eben weil sie in der Schule nicht damit gequält wurden. Meist lernen sie Polnisch erst als Erwachsene und weil sie konkrete Motive haben – und genau solche Motive sind lernpsychologisch schon die halbe Miete. Mit guter Motivation lässt sich tatsächlich in sechs Monaten mehr lernen als in acht qualvollen Schuljahren. Also auf zum nächsten Polnischkurs an der Volkshochschule – ein einziges Halbjahressemester bringt so viel wie vier volle Schuljahre!

Wären da nicht der, die, das

Das größte Problem für alle, die Deutsch lernen, sind die Artikel der, die, das. Im Polnischen gibt es, so wie im Lateinischen, keine Artikel, sondern nur Demonstrativpronomen (ten, ta, to = dieser, diese, dieses). Das allererste Problem für Polen besteht deshalb darin, die Artikel überhaupt erst einmal zu *verwenden*, obwohl sie ihnen doch im Grunde furchtbar überflüssig erscheinen. Siegbert berichtet, dass seine Frau bis heute zu ihm sagt: »Bring mir Mantel.«

Bille verrät einen Trick ihres Mannes. Wenn er sich bezüglich eines Artikels unsicher ist, benutzt er das Wort schnell im Plural. Und da tragen ja dann seltsamerweise alle deutschen Wörter plötzlich nur noch den Artikel »die«. Aus »der Mann« werden »die Männer«, aus »die Frau« »die Frauen«, und aus »das Auto« werden »die Autos«. Hundert Prozent Trefferquote. Welcher deutsche Muttersprachler hat sich das je klargemacht? Mir selbst fiel es erst auf, als mich ein sechzehnjähriger Schüler darauf hinwies.

Deutsche Verben zerhacken und betonen

Einige deutsche Verben haben die unangenehme Eigenschaft, dass man sie manchmal trennen *muss*, manchmal aber nicht trennen *darf*. **Thilo** hat einige schöne Beispiele seiner Frau **Kasia** gesammelt:

»Kasia, kannst du mir noch ein Brot abschneiden?« – »Ja, ich abschneide dir gerne noch eine Brotscheibe.«

»Guck mal, Kasia, wie schön heute die Sonne untergeht.« – »Ja, sie untergeht wirklich sehr schön.«

»Kasia, kannst du das mal im Internet nachgucken?« – »Ich nachgucke das in zehn Minuten!«

Einige deutsche Verben können auf zwei verschiedene Weisen betont werden. Es ist ein großer Unterschied, ob man einen Text über*setzt* oder mit einer Fähre auf die andere Seite des Flusses *über*setzt. Eines Tages sagte **Guidos** Frau zu ihm, während sie neben ihm im Auto saß: »Schatz, du musst die Verkehrsinsel umfahren.« Sie betonte es auf die falsche Weise. Guido musste so lachen, dass er die Verkehrsinsel tatsächlich um ein Haar umgefahren hätte.

Korrigieren oder nicht korrigieren

Ich persönlich *liebe* es, wenn meine polnischen Sprachfehler von einem Gesprächspartner sofort korrigiert werden, und bin dann *überhaupt* nicht beleidigt. Aber manche Leute, Deutsche wie Polen, reagieren sehr allergisch, wenn man sie verbessert – meiner Meinung nach haben sie alle einen Minderwertigkeitskomplex. Kann man eigentlich an der Frage, ob ein Paar sich wechselseitig korrigiert oder nicht, etwas über den Zustand ihrer Beziehung ablesen? Ich glaube nicht. Wenn sie sich wechselseitig nicht korrigieren, kann das nämlich zwar heißen, dass sie sich kaum noch zuhören, aber vielleicht auch, dass sie ihre Fehler inzwischen liebevoll akzeptieren.

Therapeutische Vorteile der Zweisprachigkeit

Die Zweisprachigkeit eines Paares bietet nicht nur Probleme, sondern auch viele Chancen, bis dahin, dass man sich das Geld für den Paartherapeuten spart.

Martyna und ihr deutscher Mann wohnen in Polen. Martyna kann zwar recht gut Deutsch, setzt es aber nur selten ein, und zwar immer dann, wenn sie irgendwas Wichtiges von ihrem Mann haben möchte. Er findet ihr Deutsch nämlich »süß« und erklärt sich dann immer sofort zu allem bereit.

Markus berichtet, dass einmal ein kleiner Ehestreit durch einen winzigen Sprachfehler seiner Frau ein Happy End fand. Sie sagte ärgerlich zu ihm: »Ach, halt deine Klappe zu!« Da musste er so loslachen, dass er ihr nicht mehr böse sein konnte.

Agnieszka und Christian, die wir bereits kennen, sprachen anfangs Englisch miteinander. Als dann ihre Kinder auf die Welt kamen, entschieden sie sich, beide ihre Muttersprache zu benutzen. Sie verabredeten, an manchen Tagen Deutsch, an anderen Polnisch zu sprechen. Christian lernte Polnisch und spricht es heute sehr ordentlich. Agnieszka sagt, dass diese Idee ihnen auch bei Konflikten helfe. Sie nehmen gegenseitig Rücksicht auf die sprachlichen Fähigkeiten des Partners, sagen nicht mehr so schnell voreilige Sachen, wählen einfachere Wörter und einfachere grammatikalische Konstruktionen. »Es geht doch schließlich darum, einander zu verstehen, und nicht darum, zu gewinnen.«

Siegfrieds Frau ist deutlich jünger als er, doch wird der Altersunterschied dadurch wettgemacht, dass er sie vom ersten Tag an gebeten hat, nur Polnisch mit ihm zu sprechen. Dadurch ist er der Schüler und sie die Lehrerin. Siegfried fühlt sich auf diese Weise um dreißig Jahre jünger. Er hofft, dass sein Schülerdasein noch möglichst lange anhält, und die Chancen dafür stehen gut, denn er tut sich mit der polnischen Sprache äußerst schwer. Seine Frau, glaubt er, wird ihn auch noch korrigieren müssen, wenn sie ihn eines Tages im Rollstuhl durch die Gegend schiebt.

Beata bringt es auf den Punkt: »Weil ich die deutsche Sprache nicht kenne, gebe ich meinem Mann die Chance, mir die Welt zu zeigen.«

Zuzanna und **Thomas** sprachen lange Zeit nur Deutsch miteinander. Dann geriet ihre Beziehung in eine schwere Krise, Thomas hatte Zuzanna betrogen. Sie wollte nach Polen zurückgehen, er flehte sie an dazubleiben. Zunächst wollte sie nicht, doch Thomas überraschte sie damit, dass er wie ein Besessener anfing, Polnisch zu lernen. Plötzlich radebrechte er konsequent nur noch Zuzannas Sprache, stellte ihr tausend grammatikalische Fragen, ständig nahe an der Verzweiflung. Das rührte Zuzanna, sie nahm ihn plötzlich als einen anderen Menschen wahr und gab ihm noch mal eine Chance.

Lebenslange Perfektionierung

So mancher Partner, manche Partnerin hat vielleicht noch gar nicht darüber nachgedacht, dass er oder sie im Grunde mit einer perfekten Lehrerin oder einem perfekten Lehrer zusammenlebt. Natürlich bietet prinzipiell jede Beziehung mit einem anderen Menschen die Chance, eine Menge von ihm zu lernen. Doch auf den meisten Gebieten sind unsere Fähigkeiten ziemlich eingeschränkt; man spielt vielleicht Geige oder Tischtennis, kann es aber nicht so perfekt, dass man für andere eine unanfechtbare Autorität darstellen würde. Die eigene Muttersprache hingegen beherrscht jeder Mensch absolut perfekt, perfekter als jedes Hobby. Binationale Paare haben quasi hoch bezahlte Experten im Haus, für deren Kenntnisse andere Menschen viel Geld ausgeben müssen. Dieses Schnäppchen sollte man sich nicht entgehen lassen!

Und noch ein Anreiz: Das Erlernen einer Fremdsprache bietet eine besondere Art von Befriedigung. Während die meisten Fähigkeiten im Leben eher ab- als zunehmen, kann man sich in einer Sprache immer weiter entwickeln. Sportliche Hobbys müssen wegen Knie- und Rückenbeschwerden aufgegeben werden, Lesen oder Stricken wird mühselig, wenn die Augen schwächer werden. Doch eine Fremdsprache, die man täglich spricht und hört, ist ein ewig unabgeschlossener Reifungsprozess, eine nie endende Rolltreppe nach oben, auf der es immer vorangeht, auch noch nach zwanzig Jahren. Nebenbei beugt man damit sogar der Alzheimererkrankung vor. Und das alles umsonst, ohne Therapiegebühren!

5 RELIGION

Deutsche in polnischen Kirchen

Es scheint nur wenige deutsche Partner zu geben, die überhaupt noch in die Kirche gehen. **Ulrich** ist einer davon, Katholik, so wie seine Frau. Er gibt aber zu, dass er leichte Probleme mit der polnischen Variante des Katholizismus hat. Ihm gefällt die moderne Betonkirche nicht, die in der Heimatgemeinde seiner Frau steht. Seine eigene deutsche Heimatkirche findet er viel schöner, älter und ehrwürdiger. Auch der Innenraum der polnischen Kirche missfällt ihm. Die knallbunt gemalten Bilder von Papst Johannes Paul II. oder Pater Maximilian Kolbe erscheinen ihm kitschig. Auch die allermeisten polnischen Kirchenlieder sagen ihm nicht zu, er findet sie traurig und monoton. Neuerdings geht er aber doch wieder gerne mit seiner Frau in die Kirche, weil es dort seit Kurzem einen mexikanischen Priester gibt, der die Messe anfangs noch sehr schlecht auf Polnisch las, aber in nur drei Jahren exzellent die Sprache gelernt hat und heute zu Herzen gehende Predigten hält, von denen Ulrich nur noch die Hälfte versteht.

Torsten geht seiner Frau zuliebe manchmal in die Kirche mit, allerdings nur bei Polenaufenthalten. Grundsätzlich mag er die Stimmung nicht: »Da fühlst du dich mit jeder Minute kleiner und kleiner. Der Priester scheint mit einer Peitsche zu schlagen. In Polen denke ich immer: Ich bin so ein schlechter Mensch.« Auch seine kleine Tochter kommt in die Kirche mit und hört genau zu. Eines Tages habe sie ihrem Vater ins Ohr geflüstert: »Papa, warum sagt der Priester immer ›moja wina, moja wina, moja wina‹ (meine Schuld, meine Schuld, meine

Schuld) – warum müssen wir denn leiden?« Torsten staunt auch, dass sich die polnischen Frauen, die sonst doch so stark seien, in der Kirche so unterbuttern lassen.

Michael aus München ging eine Zeit lang mit seiner Frau in die dortige polnische Gemeinde. Zwei Dinge störten ihn. Der Andrang der Gläubigen sei immer so stark gewesen, dass er in der Nähe keinen freien Parkplatz mehr bekommen konnte, und der Priester habe die Messe meist sehr politisch gestaltet, hörbar von Radio Maryja beeinflusst. Michael geht deshalb nicht mehr mit und erzählt einen bösen Witz, den er von einem Polen aufgeschnappt hat: »Kennt ihr schon das dritte Geheimnis von Fatima? Wenn ihr nicht brav seid, kriegt ihr noch mal einen polnischen Papst!«

Corinna ist mit einem Polen verheiratet, selbst katholisch und hat auch ihre Kinder katholisch erzogen. Sie lebt mit ihrer Familie in Deutschland, in einem polnisch-deutschen Umfeld. Kritisch sagt sie über ihre Bekannten: »Ich bin immer wieder überrascht, wie wenig gläubig unsere polnischen Bekannten sowohl in Deutschland als auch in Polen im Alltag sind. Ich habe immer das Gefühl, dass sie zwar gelegentlich in die Kirche gehen, aber nur, wenn sie müssen oder ein gewisser Druck herrscht. Sie machen nur das Nötigste, und das war es.«

Jürgens Ex-Freundin **Teresa** berichtet, dass er anfangs gerne in ihre polnische Kirche mitkam und sich trotz seiner schwachen Polnischkenntnisse Mühe gab, den Sinn von Predigt und Liedern zu verstehen. Doch eines Tages nach der Messe stellte Teresa ihn dem Priester vor. Der wollte damit angeben, wie gut er Deutsch konnte, und begann lachend, durch die leere Kirche zu schmettern: »Deutschland, Deutschland über alles!« Jürgen war schockiert. Er konnte nicht verstehen, dass ausgerechnet ein Priester, eine geistliche Person, ihn so verletzte. Teresa versuchte ihn zu beruhigen: Es sei doch nur ein Witz gewesen, aber Jürgen verstand in diesem Punkt keinen Humor und ging von nun an nie wieder mit in die Messe. Auch wenn Teresa ihn in andere Kirchen mitnehmen wollte, etwa zu Hochzeiten ihrer Freundinnen, blieb er draußen vor der Kirche stehen oder verspätete sich absichtlich.

Religion im Alltag

Im Regelfall zeigt die deutsche Seite komplettes Desinteresse an der Religion. Wie geht die polnische Seite damit um? Kommt es zu Konflikten? Nein, mir ist kein einziger Fall bekannt geworden, bei dem eine gläubige Polin ihrem deutschen Heiden die Hölle heißmachen würde, weil er sich um eben jene so wenig schert. Das dürfte manchen deutschen Beobachter erstaunen, gehen viele doch davon aus, dass Polen ein »erzkatholisches Land« ist, in dem es von religiös umtriebigen Menschen wimmelt, die missionarisch immer schwer auf Achse sind. Die schon zitierten Geschichten von eifernden Radio Maryja-Anhängern sind eher Ausnahmen von der Regel.

Frank erzählt, dass seine Frau fromm sei und ursprünglich sogar Nonne werden wollte. Noch heute habe sie lauter Mönche als Freunde. Er selbst besuche nie den Gottesdienst, habe aber deshalb keine Probleme mit ihr.

Woher rührt diese Toleranz? Liegt es daran, dass gläubige Partnerinnen und Partner sich in der Defensive fühlen, weil sie genau wissen, dass der Zeitgeist gegen sie ist? Auch in Polen geht ja die Zahl der kirchlichen Trauungen stark zurück. Auf dem Land werden zwar noch zwei Drittel aller Ehen kirchlich geschlossen, aber in den Großstädten bereits weniger als die Hälfte.

Adam, der in Deutschland lebt, berichtet, dass sich bei ihm eine schrittweise Lösung von der Religion vollzog. Als er noch in Polen lebte, spielte die Kirche eine ziemlich große Rolle in seinem Leben. Er gab sich Mühe, das Minimum an Verpflichtungen für einen Gläubigen zu erfüllen, ging jeden Sonntag in die Kirche, zweimal im Jahr zur Beichte. **Eva-Maria**, seine deutsche Frau, kam anfangs noch mit in die Kirche. Doch die Hochzeit fand bereits nur noch standesamtlich statt, denn Eva-Maria war schwanger, und es blieb keine Zeit für die kirchlichen Formalitäten. Dann folgte der Umzug nach Deutschland, und nun geriet Adam, wie er es freundlich nennt, in ein »unkirchliches Umfeld«. Seither besucht er samt Familie fast nur noch an Ostern die Kirche, um dort das Körbchen mit den Eiern weihen zu lassen. Ab und zu begleitet er die Oma seiner Frau in die Kirche, aber nicht in die katholische Messe, sondern in den protestantischen Gottesdienst. Seine kleine Tochter ist bis heute nicht getauft worden, und er will jetzt auch vollends damit warten, bis sie alt genug ist, um selbst zu entscheiden.

Katholisch-atheistische Paare

Asia, die aus Masuren kommt, lernte ihren heutigen Mann **Heiko** kurz nach der Wende in Ostberlin kennen. Er bezeichnete sich als knallharten Atheisten. Für ihre Eltern war das nicht einfach. Schwierig genug, dass die Tochter einen Deutschen anbrachte, noch dazu einen aus der ehemaligen DDR, aber sein Atheismus gab ihnen den Rest. Einmal, als Asia mit Heiko in Deutschland telefonierte, sagte sie anschließend fröhlich zu ihrer Mutter: »Viele Grüße von Heiko!« Doch von der Mutter kam kein Dank, keine Frage, überhaupt keine Reaktion. Asia wunderte sich, und schließlich musste sie sich anhören: »Dein Deutscher ist keiner von uns.« Sie war zutiefst verletzt. Jetzt wollte sie Heiko erst recht heiraten! Wie durch ein Wunder gelang es ihr, ihn zur kirchlichen Trauung zu überreden, die in der wunderschönen Holzkirche ihres Heimatdorfes stattfand. Dabei kam es zu einer peinlichen Situation. Der Bräutigam wusste nicht, wie man richtig niederkniet. Oder machte er es absichtlich falsch? Jedenfalls ließ er sich vor dem Altar nicht auf die Knie nieder, sondern setzte sich auf seltsame Art hinten auf die

Fersen. Als Asia, die neben ihm kniete, sich zum Ringetausch zur Seite drehte, sah sie ihn im ersten Moment gar nicht – er war ja in seiner tieferen Haltung einen ganzen Kopf kleiner als sie. »Das muss für die Hochzeitsgäste sehr seltsam ausgesehen haben«, erzählt Asia lachend. Nach der Hochzeit wohnten sie noch kurz in Berlin, zogen dann aber nach Süddeutschland um. Ihren Eltern erzählte sie erst nach vielen Monaten davon. Auch in den kommenden Jahren wurde wenig telefoniert. Doch Asia beendet ihren Bericht mit einem ironischen Grinsen: »Meine polnischen Cousinen, die alle gute Katholiken geheiratet haben, sind inzwischen alle wieder geschieden. Nur ich mit meinem deutschen Atheisten – wir sind immer noch zusammen. Da denke ich: Seht mal, die Religion hat euch nicht geholfen.«

Bei **Stasiek**, der ebenfalls mit einer Deutschen verheiratet ist, einer Ostberlinerin, lief die Trauung noch etwas härter ab: »Meine Frau ist überhaupt nicht niedergekniet, sondern stehen geblieben.«

Für die katholisch-atheistischen Paare war es kein Problem, für die Trauung einen Priester zu finden. Hier galt die bereits erwähnte Regel: besser atheistisch als evangelisch. Angehörige protestantischer Kirchen haben es in Polen wesentlich schwerer, einen katholischen Priester für die Trauung zu gewinnen. **Frank** war schließlich in Deutschland erfolgreich: »Die nötigen Papiere habe ich bekommen, weil ein polnischer Pater in Ulm zu mir gesagt hat: komm vorbei. Dem ging es aber um das Geld, das man ihm bei der Gelegenheit in die Hand drücken muss.«

Ludwig erzählt, dass seine Frau und er ihr Kind in Bielsko-Biała taufen ließen, obwohl sie nicht kirchlich, sondern nur standesamtlich getraut sind. Vorher mussten sie dem Priester versprechen, dass sie irgendwann in Zukunft auch kirchlich heiraten würden. Er zeigte ihnen ein Buch mit den Adressen Dutzender Leute, die ihm das ebenfalls schon versprochen hätten, um für ihre Kinder die Taufe zu bekommen. Er habe sie allesamt nie wiedergesehen. Trotzdem, so meinte er, lasse er sich davon nicht entmutigen und taufe weiter.

Die atheistische Bille hat nicht mit ihrem polnischen Mann, sondern nur mit dessen Verwandtschaft Probleme bekommen. Entfernte Cousins fragten sie einmal, ob ihre Kinder eigentlich die Erstkommunion gefeiert hätten. Als Bille antwortete, dass sie und ihre Kinder nicht einmal getauft seien, sprachen diese Verwandten von nun an nicht mehr mit ihr. Bille betont aber, dass diese traurige Erfahrung ein absoluter Einzelfall gewesen sei.

Religionsvergleich

Charlotte ist die Tochter einer polnischen Mutter und eines deutschen Vaters. Ihre Mutter bezeichnet sie als sehr katholisch, ihren Vater dagegen als »Gelegenheitschristen«. Er behaupte zwar, gläubig zu sein, doch könne sie das nicht ernst nehmen, weil er seinen Glauben in ihren Augen nicht überzeugend praktiziert. Daher reagiert sie gereizt, sobald er wieder eine abfällige Bemerkung über die Kirche macht.

Charlotte und ihre Eltern gehören zu einer mittelgroßen katholischen Kirchengemeinde in Deutschland. Als Kind war Charlotte dort Messdienerin. Es gab über achtzig Messdiener und einen eigenen Pfarrer, der sich stark engagierte. Heute gibt es nur noch etwa zwanzig Messdiener und auch keinen festen Pfarrer mehr. Der zuständige Geistliche muss dreizehn Gemeinden betreuen. Bei Besuchen in der polnischen Kleinstadt, aus der ihre Mutter kommt, durfte Charlotte ebenfalls Messdienerin sein. Das ist jetzt zehn Jahre her, doch damals war es in Polen noch unüblich, dass Mädchen als Messdienerinnen fungierten. »Die männlichen Messdiener haben sich aber gefreut über den weiblichen Zuwachs, und insgeheim habe ich es ein wenig genossen, so viel Aufmerksamkeit zu bekommen. Nur die ältere Generation wunderte sich: Was macht denn der Junge mit den langen Haaren da am Altar?« Heute sei es auch in dieser Gemeinde normal, dass Mädchen Messdienerinnen sind.

Charlotte resümiert: Sie fühle sich mit Gott verbunden, empfinde eine starke Spiritualität, aber nur, solange sie in Polen sei. Wenn sie dort eine Kirche betrete, fühle sie sich sofort wohl. Dann kommen Kindheitserinnerungen hoch, denn als Kind sei sie sehr gerne in die Kirche gegangen. Noch heute habe sie, besonders in schönen alten Kirchen, das Gefühl, dass sofort aller Ballast von ihr abfalle. In Polen hat sie beobachtet, dass der Glaube die Bevölkerung verbindet, besonders die älteren Leute, die schlimme Zeiten erlebt haben. Der Glaube war für diese Menschen Anker und Heilmittel. In Deutschland fehlt Charlotte diese Religiosität sehr.

6 AUSNAHMEPAARE

Mehr als gefühlt

Corinna, die im vorigen Kapitel zu Wort kam, sowie Aleksander, von dem ebenfalls schon die Rede war, repräsentieren eine Minderheit: Paare, bei denen die Frau aus Deutschland und der Mann aus Polen kommt. Allerdings ist diese Minderheit nicht ganz so exotisch, wie es manchem vielleicht vorkommt; sie umfasst etwa ein Viertel aller deutsch-polnischen Paare. 2017 gab es in dieser Gruppe 1229 Eheschließungen, während die »normale« Konstellation mit polnischer Frau und deutschem Mann es auf 3276 Eheschließungen brachte. Interessanterweise ist die Zahl der Ausnahme-Eheschließungen seit fast zwanzig Jahren konstant. Lediglich Anfang der Neunzigerjahre gab es einen starken Anstieg; das Rekordjahr war 1990, mit fast 2000 Eheschließungen. Seit Beginn der statistischen Erfassung, 1960, kam es bis 2017 in (West-)Deutschland insgesamt zu 40 047 Eheschließungen zwischen deutschen Frauen und polnischen Männern, während die »normale« Konstellation es in diesem Zeitraum auf 147 848 Eheschließungen brachte.[9] Allerdings sei erneut daran erinnert, dass niemand sagen kann, wie hoch außerdem die Zahl der nicht registrierten Paare ist.

9 Quelle: https://www-genesis.destatis.de/

Wahl des Nachnamens

Welche Alltagsprobleme haben die »Ausnahmepaare«?

Eins davon ist die ganz praktische Frage, welchen Familiennamen sie nach der Hochzeit wählen sollen. Wenn sich die deutsche Frau ganz traditionell dafür entscheidet, den Nachnamen ihres Mannes anzunehmen, bekommt sie all die Probleme, mit denen sich Polinnen in Deutschland jeden Tag herumschlagen müssen. Ein Beispiel dafür ist **Gesine**, die einen Polen namens **Szymon** geheiratet hat. Sie entschied sich dafür, den Nachnamen ihres Mannes anzunehmen, weil sie ihn schön fand – Zabłocki. Gemäß polnischem Namensrecht führt sie als Frau ein »a« am Ende, heißt also Frau Zabłocka. Das wird ungefähr »Zabuotzka« ausgesprochen. Die Deutschen sprechen allerdings das »ck« wie »kk« aus, und der polnische Sonderbuchstabe »ł« existiert auf Deutsch überhaupt nicht. So wird Gesine heute meist als »Frau Zablokka« angesprochen. Ihr selbst macht das nichts aus, aber ihr Mann tut sich deutlich schwerer mit der Verunstaltung seines Namens. Kein Formular, in dem er nicht versucht, das polnische »ł« einzutragen. Manchmal wird es akzeptiert, manchmal nicht. Sobald ein deutscher Beamter sich mal die Mühe macht, den Namen korrekt auszusprechen, ist Szymon sofort im siebten Himmel.

Gesine und Szymon haben zwei kleine Kinder, Anna und Mirosław. Anna heißt mit Nachnamen natürlich ebenfalls Zabłocka, Mirosław hingegen trägt die männliche Form Zabłocki.

Das deutsche Jugendamt nahm deswegen zunächst an, dass es sich bei den Geschwistern, obwohl sie unter derselben Adresse und mit denselben Eltern registriert sind, um Kinder aus zwei verschiedenen Familien handele. Gesine musste das Missverständnis mühsam aufklären.

Auch im Kindergarten, den Anna und Mirosław besuchten, gab es Probleme. Eine Erzieherin sprach Gesine immer nur als

»Frau Zablocki« an. Das fand Gesine verwunderlich, weil diese Erzieherin sich im Fall anderer Eltern, die nicht miteinander verheiratet waren, problemlos zwei komplett verschiedene Nachnamen merken konnte. Als sie die Erzieherin darauf ansprach, dass sie korrekterweise »Zabłocka« mit »a« am Ende heiße, antwortete diese ihr: »Das muss ich mir nicht merken. Sowas gibt es hier in Deutschland nicht.«

Corinna wiederum war überrascht davon, dass ihr frischgebackener Mann nach der Trauung bereit war, ihren Nachnamen noch zusätzlich anzunehmen. Er trägt also heute einen Doppelnamen, wird aber meistens einfach als »der Herr G.« (Corinnas Nachname) angesprochen, weil sein Doppelname den meisten Leuten zu lang ist. Das war für ihn eine unangenehme Überraschung. Er hatte nicht damit gerechnet, dass sein polnischer Nachname nun quasi nicht mehr existierte.

Akzeptanz bei Eltern und Schwiegereltern

Ein anderes Problem, das bei den »normalen« Paaren nicht so stark existiert, ist die Akzeptanz der Verbindung durch Eltern und Schwiegereltern.

Sabine sagt, dass sie von ihren polnischen Schwiegereltern gut aufgenommen wurde. Erst im Laufe der Jahre merkte sie, dass sie eindeutig nicht die Erwartungen erfüllte, die besonders ihre Schwiegermutter an sie hatte. Diese hätte der Schwiegertochter gerne gezeigt, wie man kochen, waschen, putzen oder einwecken muss. Sabine war aber bei der Trauung schon deutlich über dreißig, lebte auch seit ihrem zwanzigsten Lebensjahr nicht mehr bei ihrer Mutter und war deshalb schon früh sehr selbstständig geworden. Inzwischen ist Sabine fast fünfzig, wird aber von ihrer Schwiegermutter immer noch als junge Frau angesehen, der man helfen muss, den Haushalt zu führen.

Hinzu kommt, dass die polnische Schwiegermutter der Meinung ist, ein deutsches Haus müsse immer picobello sein – was »es aber leider nicht immer ist«.

Corinnas Familie war anfangs nicht so begeistert von dem polnischen Schwiegersohn. Sie war damals siebzehn, ihr **Mirek** dreiundzwanzig. Corinnas Oma war noch geprägt von Vorurteilen gegenüber Polen aus der Kriegszeit, auch die Eltern waren sehr konservativ. Doch heute sagt Corinna, dass ihr Mann sich gut in Deutschland eingelebt habe. Er spiele in seiner Freizeit viel Fußball und habe durch diesen Sport schnell viele Freunde gewonnen. Corinna wiederum wurde sehr gut in Polen aufgenommen, ihre Schwiegereltern waren immer sehr nett zu ihr. Leider können sie sich nicht gut unterhalten, denn Corinna hat bis heute kaum Polnisch gelernt, und ihrem Mann ist das permanente Übersetzen zu mühselig.

Karlas polnische Schwiegermutter war unglaublich stolz, dass ihr Sohn eine ausländische Freundin hatte.

Susanne wollte eigentlich nie heiraten. Als sie dann in Polen ihren heutigen Mann kennenlernte und daheim im westfälischen Hagen anrief, um ihre baldige Hochzeit mitzuteilen, herrschte erst einmal Sprachlosigkeit. In diesen Sekunden konnte sie durchs Telefon hindurch hören, wie aufkommende Zweifel heruntergeschluckt wurden. Ging es darum, dass ihr Zukünftiger Pole war? Oder dass er einige Jährchen älter war als sie? Oder dass er aus seiner vorigen Beziehung schon Kinder hatte? Als er schließlich persönlich nach Hagen kam, waren alle Bedenken sofort wie weggefegt. Krzysiek imponierte Susannes Familie, weil er ein so schönes und fließendes Deutsch sprach. Vor der Hochzeit gelang es Susanne sogar noch, ihre Großeltern zu einer polenfreundlichen Haltung zu bekehren. Sie selbst wurde von ihrer polnischen Schwiegermutter (die in Frankreich wohnte) sehr herzlich aufgenommen. Eine kleine, zarte Frau machte ihr die Tür auf und sagte erstaunt: »Ale gidea!« (Was für eine Riesin). Der neue polnische Partner der Schwiegermutter war noch begeisterter. Er betrachtete Susanne als optimale Ratgeberin bei allen Investitionen, Geschäftsideen und Autokäufen.

Unterschiede zu den »normalen« Paaren

Eigentlich alle deutschen Frauen klagen über mangelndes Engagement ihrer polnischen Männer im Haushalt. Hingegen habe ich von keiner einzigen Polin Beschwerden darüber gehört, dass ihr deutscher Mann zu wenig mithilft. Woran liegt das? Arbeiten die deutschen Männer etwa alle brav mit? Oder erwarten die polnischen Frauen gar nicht, dass ihr Mann mithilft?

Karla: »Ich denke, dass polnische Männer oft traditioneller sind. Wir teilen uns die Hausarbeit inzwischen ziemlich gleichberechtigt auf, aber es war nicht immer ein einfacher Weg dahin.«

Corinna ist beeindruckt von der Großzügigkeit ihres Mannes. Wenn jemand Hilfe brauche, sei er immer sofort da. Und auf eine Einladung erfolge von ihm immer eine Gegeneinladung, denn er habe gerne Gäste. Corinna findet das schön, doch das Mithelfen musste er erst lernen. »Die polnischen Männer feiern gerne, aber die Arbeit bleibt an den Frauen hängen, das lasse ich aber nicht mehr durchgehen.« Das Schema Frauen – Haushalt/Männer – Reparaturen sei bei vielen Polen noch sehr ausgeprägt.

Claudia war fast zehn Jahre lang mit einem Polen zusammen, ohne Trauschein, dafür aber mit gemeinsamem Kind. Sie haben in Polen gelebt. Claudias Resümee ist kurz und knapp: Nie wieder! Polnische Männer seien Machos. Wenn ihr Mann nach dem Einkaufen die Taschen nach oben in die Wohnung geschleppt hatte, habe er sich anschließend aufs Sofa geworfen und gefragt: »Was gibt's zum Essen?«

Claudia hatte noch ein anderes Problem, das bei den »normalen« Paaren keine Rolle zu spielen scheint: Politik. Claudias ehemaliger Partner war ein glühender Anhänger der PiS-Partei von Jarosław Kaczyński. Claudia findet diese Partei furchtbar, wollte aber nicht streiten und bat ihn deshalb, das Thema einfach auszuklammern. Doch dazu war er nicht in der Lage. Wenn sie abends im Fernsehen gemeinsam deutsche Nachrichten schauten, gab er ständig seinen Kommentar ab und schimpfte auf Angela Merkel, die die Araber nach Europa eingeladen habe. Claudia hielt sich irgendwann die Ohren zu und sagte ihm, dass er still sein solle, doch nach fünf Minuten ging es wieder los. Als sie sich schließlich auseinandergelebt hatten (aber noch zusammen wohnten), kam ihr Ex eines Tages mit einer neunzehnjährigen Freundin an, einer Ukrainerin. »Er selbst war Mitte vierzig und fand das kein bisschen peinlich.« Inzwischen sei er schon mehrmals mit der kleinen Tochter und seiner neuen Freundin zusammen im Urlaub gewesen. Claudia betont aber, sie sei deswegen nicht eifersüchtig gewesen, denn ihr war zu diesem Zeitpunkt schon alles egal, was mit ihm zu tun hatte. Sie fand es lediglich lustig für einen strammen Ausländerhasser, dass er ausgerechnet mit einer Ukrainerin zusammenkam.

Nach all den Jahren in Polen möchte Claudia zurück nach Deutschland, unter anderem, um noch einmal einen Mann kennenzulernen. Sie habe das Alleinsein satt und wisse genau, dass sie in Polen keinen adäquaten Mann mehr finden könne.

Ganz umgekehrt sieht es bei Susanne aus. Sie ist immer noch begeistert von ihrem Krzysiek und hat eine Liste aller Dinge angelegt, mit denen er ihr imponiert. Darin findet sich zum Beispiel, dass er der erste Mann war, den ihr kleiner Mischlingshund (mit Männerphobie) nicht mehr angebellt, sondern sofort geliebt hat. Oder dass Krzysiek so gut kochen und backen kann. »Sein Käsekuchen ist legendär.« Oder dass er so belesen ist und sich so gut in geschichtlichen Fragen auskennt. Oder dass er die Ruhe in Person ist. Oder dass sie mit ihm durch dick und dünn gehen kann und er in der augenblicklichen schwierigen Phase der deutsch-polnischen Beziehungen dieselbe politische Weltanschauung wie sie hat. »Außerdem gäbe es noch viel zu nennen, aber das behalte ich lieber für mich.«

Aleksander sagt, dass seine deutsche Frau viel stärker als er vorausplane, auch viel besser sei bei Behördengängen. Vor jedem Besuch auf einem Amt lege sie sich vorher genau alle Papiere zurecht, bedenke jede Eventualität, um später vor Ort bloß niemanden um Hilfe bitten zu müssen. In dieser Hinsicht, so Aleksander, seien die Polen einfach »kindlicher«. »Wir erwarten, dass uns schon irgendjemand helfen wird. Es kann ja schließlich immer vorkommen, dass man irgendwas vergisst oder etwas nicht weiß. Unserer Meinung nach muss es dann immer eine Übergangsfrist geben.«

Doch die perfekte Planung seiner Frau gilt leider, so Aleksander bedauernd, nicht für Haushaltsangelegenheiten. Was es zum Essen gibt, wann geputzt oder gewaschen werden muss – das sei für sie weniger wichtig, jedenfalls weniger wichtig als für eine durchschnittliche polnische Ehefrau. In diesen Dingen sei *er* es, der den Takt vorgeben müsse. Für seine Frau wäre es kein Problem, sogar an Weihnachten eine Pizza zu bestellen oder einen Kartoffelsalat mit vegetarischen Würstchen zu machen.

Haushaltskasse

Wie sieht das heikle Thema der Finanzen aus? Corinna und ihr Mann haben getrennte Konten, nicht zuletzt deshalb, weil er immer mehr Geld ausgibt, als er eigentlich hat. Sein Konto sei ständig überzogen. »Das hat mich immer gewundert, das haben viele Polen gemacht: mehr ausgeben, als man einnimmt.«

In Barbaras Ehe ist Geld kein großes Problem. Sie ärgert sich nur über die Familie ihres polnischen Mannes. »Wenn es um Erbschaften geht, werden in Polen ganz andere Ansprüche gestellt als in Deutschland. Da wird offen kritisiert, dass mein deutscher Vater eine zweite Frau hat, die er versorgt haben will, denn dieses Geld wird ja dann nicht seinen Kindern aus erster Ehe zur Verfügung stehen – so eine Kritik ist mir in Deutschland noch nie begegnet!«

Weihnachten

Weihnachten feiert Corinna nach ihrer deutschen Familientradition. Es gibt Pastete, Hühnerfrikassee, Salat und Nachtisch. Den Kindern und ihrem Mann schmeckt es, und sie wollen die Speisen auch so beibehalten. Einmal war Corinnas Schwiegermutter zu Weihnachten da. Extra für sie wurde ein Karpfen besorgt, aber sie aß kaum etwas vom Fisch, weil sie Corinnas Pasteten so lecker fand. So ging es die ganzen nächsten Tage: Die Schwiegermama wollte eigentlich immer etwas Polnisches zu essen haben und aß dann doch das mit, was sich alle anderen einverleibten. Auch Ostern läuft bei Corinna immer noch sehr deutsch ab. Ihr Mann habe keine andere Wahl, da er nicht kochen könne. Manchmal macht Corinna ihm zuliebe aber auch polnische Gerichte, wobei sie insgesamt findet, dass diese Gerichte zum Quälen der Hausfrau erdacht wurden: Sie sind lecker, aber sehr arbeitsintensiv.

Insgesamt scheint es bei den »Ausnahmepaaren« mehr Konflikte zu geben; vielleicht werden sie auch nur direkter ausgetragen als unter den »Normalpaaren«. Grund dafür sind sicherlich die offensiveren deutschen Partnerinnen. Oder soll man sie »undiplomatischer« nennen?

7 POLITIK

Kurswechsel der polnischen Politik

Seit dem Regierungswechsel in Polen 2015 hat sich das politische Klima zwischen Berlin und Warschau stark verschlechtert. Die neue Regierung, die von der Partei PiS (Prawo i Sprawiedliwość, Recht und Gerechtigkeit) unter Vorsitz von Jarosław Kaczyński gebildet wird, hat den seit 1989 betriebenen Annäherungskurs zwischen Deutschen und Polen in vielen Punkten eingeschränkt und neue Saiten aufgezogen. Heftigster Streitpunkt bislang waren die Folgen des dramatischen Herbstes 2015, als Hunderttausende syrischer und anderer Flüchtlinge nach Deutschland hineingelassen wurden. Die PiS-Administration verweigerte kategorisch das deutsche Hilfeersuchen, einige Tausend Menschen aufzunehmen.

Doch es gibt noch eine ganze Reihe anderer Streitpunkte. So macht sich die neue Regierung dafür stark, dass polnische Einwanderer in Deutschland einen ähnlichen Minderheitsstatus wie Deutsche in Oberschlesien erhalten sollen. Außerdem hat sie eine Parlamentskommission zur Neuberechnung der Reparationszahlungen für die von Deutschen angerichteten Zerstörungen im Zweiten Weltkrieg einberufen. Die bereits in den 1950er-Jahren geleisteten Reparationen der BRD hält sie für unzureichend.

Während die beiden letzteren Themen praktisch nur von PiS-Anhängern unterstützt werden, kann die Regierung bei der Ablehnung islamischer Flüchtlinge auf eine breite Unterstützung der Bevölkerung zählen. Buhmann, genauer: Buhfrau vieler Polen ist Angela Merkel, die persönlich dafür haftbar gemacht wird, dass so viele arabische Flüchtlinge nach Deutschland kommen durften.

Seit 2016 kam es in Polen wiederholt zu kleineren antideutschen Vorfällen. In öffentlichen Verkehrsmitteln in Krakau und Warschau wurden deutsche Touristen bespuckt oder angerempelt.

Ist die große Weltpolitik in der Lage, auch die Stimmung innerhalb eines deutsch-polnischen Haushalts nachhaltig zu beeinflussen?

Ja, bei Claudia war es so, wie bereits geschildert. Ihr Partner kam immer wieder mit dem Thema Politik an, obwohl Claudia das nicht wünschte.

Auch Aleksander sieht vieles in der Politik anders als seine deutsche Frau. Er sagt, je länger sie zusammen seien, desto seltener unterhielten sie sich über politische Themen. »Wir haben in diesen Fragen einfach diametral unterschiedliche Meinungen.«

Doch insgesamt sind mir nur diese zwei Fälle bekannt geworden. Interessanterweise handelt es sich beide Male um »Ausnahmepaare«. Liegt es daran, dass Politik zumeist stärker von Männern in eine Ehe hineingetragen wird? Oder halten sich polnische Frauen eher bedeckt, wenn sie merken, dass ihr Mann in politischen Dingen eine andere Meinung vertritt? Jedenfalls spielt Politik in den meisten Beziehungen eine genauso geringe Rolle wie Religion.

Auch Sören und seine polnische Frau haben keine grundsätzlichen Meinungsverschiedenheiten. Seine Frau ist eine genauso vehemente PiS-Gegnerin wie er selbst. Er wirft ihr lediglich vor, dass sie und viele ihrer Freunde bei der Wahl 2015 nicht an die Urnen gingen. Bei der nächsten Wahl, das hat sie Sören hoch und heilig geschworen, will sie auf jeden Fall ihre Stimme abgeben.

Sven möchte mit seiner Familie aus Polen weg. Die politische Entwicklung unter der PiS-Administration macht ihm

Angst. Schade sei es nur um seine Polnischkenntnisse. Er spreche heute deutlich besser als noch vor zehn Jahren.

Chinesische Kampffilme

Interessanterweise wird das Thema Politik meistens durch die polnischen Schwiegereltern in die Familien hineingetragen. Linda etwa fühlt sich oft von ihrer Radio-Maryja-Schwiegermutter so behandelt, als wäre sie die inoffizielle Botschafterin Deutschlands in Polen. Ständig soll sie die Aufnahme der Flüchtlinge oder den Bau einer russisch-deutschen Gaspipeline (unter Umgehung Polens) rechtfertigen. »Oh, das ist anstrengend«, seufzt sie.

Anstrengend wurde es auch für Maciej, als sein polnischer Schwiegervater von Wut über die Weltpolitik erfasst wurde. Dabei hatten sie doch seit der Geschichte mit dem Wasserrohr eigentlich einen so guten Kontakt! Doch der Schwiegervater wurde zum heißblütigen Gegner der deutschen Flüchtlingspolitik und sagte Maciej, dass neunundneunzig Prozent aller Flüchtlinge getarnte Islamisten seien, die nur nach Europa kämen, um sich selbst und andere in die Luft zu sprengen. Und das geheime Hauptziel der Invasion? Natürlich Polen. Das Ganze sei übrigens von ganz oben geplant und gesteuert.

Maciej, der die Dinge nicht so dramatisch sah, fragte vorsichtig: »Von wem wird die Invasion denn geplant?« Der Schwiegervater zog bedeutsam die Augenbrauen hoch. Das könne er nicht sagen, aber sicherlich von sehr mächtigen Playern hinter den Kulissen! Maciej bemühte sich von nun an, jede politische Anspielung zu unterlassen.

Kurze Zeit später kam es zu einer weiteren Heirat in der Familie. Maciejs Schwägerin, die nach Großbritannien ausgewandert war, heiratete einen Briten. Weil er arbeitslos war und die Schwester eine gute Arbeit in Polen fand, zog das Paar dorthin um. Während des gesamten ersten Jahres wohnte es bei den Schwiegereltern in Warschau. Der neue Schwiegersohn, **Zahid**, sprach kein Wort Polnisch und war praktizierender Muslim mit pakistanischem Hintergrund. Nun geschah etwas Seltsames. Der Schwiegervater hatte nicht das Geringste gegen Zahid einzuwenden, auch nicht dagegen, dass dieser die Gebetszeiten streng einhielt. Bald wusste jedes Familienmitglied genau, in welcher Himmelsrichtung Mekka liegt. Für Zahid wurde sogar auf Schweinefleisch verzichtet.

Maciej, der die Dinge von Berlin aus beobachtete, konnte es kaum fassen, dass sein Schwiegervater jetzt, wo es ernst wurde, keinerlei Bedrohung mehr für das Abendland sah. Stattdessen winkte er ab: Es handle sich hier schließlich um »unseren Jungen«, »unseren Muselmanen«, und überhaupt: »Er ist halt anders, na und?« Der Schwiegervater und Zahid werkelten gemeinsam am ewig unfertigen Haus herum, bauten zusammen eine Solaranlage, aßen im nahe gelegenen Restaurant und guckten sich gemeinsam chinesische Kampffilme an. Sie scherzten, dass dies am gerechtesten sei, da sie beide kein Chinesisch verstünden. Es kam so weit, dass Zahids Frau ihrem Mann mit dem Zeigefinger drohte: Er verbringe mehr Zeit mit ihrem Vater als mit ihr. Maciej ist inzwischen voller Bewunderung für seinen Schwiegervater und glaubt: Selbst wenn eine zwanzigköpfige Flüchtlingsfamilie vor dem Haus des Schwiegervaters aufmarschieren würde, gäbe es für ihn kein Zögern. Er würde sie alle aufnehmen, ihnen sogar sein Schlafzimmer überlassen und selbst in die Garage ziehen.

Einfluss der Medien

Insgesamt scheint die Politik also derzeit nicht in der Lage zu sein, deutsch-polnische Ehen zu sprengen. Ich wage zu bezweifeln, dass sich auch nur ein einziges Paar wegen der Politik von

Angela Merkel oder Jarosław Kaczyński getrennt hat. Allerdings habe ich auch fast ausschließlich mit Paaren gesprochen, die sich schon kannten und liebten, *bevor* die Konflikte auf politischer Ebene richtig ausbrachen. Doch wie sieht es mit jungen Leuten aus, die noch keinen einzigen konkreten Menschen aus dem jeweils anderen Land kennen, etwa all den Studenten, die jedes Jahr über ein Auslandssemester nachdenken? Werden sie sich für ein Land entscheiden, das in den heimischen Medien häufig negativ dargestellt wird? Es steht zu befürchten, dass sie sich für andere, »harmlosere« Länder entscheiden. Deswegen muss man wohl davon ausgehen, dass die Zahl *neuer* Paare seither leicht abgenommen hat.

Politik hat also sehr wohl großen Einfluss auf das Privatleben vieler Menschen – zurzeit überwiegend negativen. Umso nachdrücklicher sage ich jedem Bekannten aus Deutschland, der mich fragt, ob er in ein Land reisen solle, dessen Regierung kein gutes Haar an Deutschland lässt: Ja, natürlich soll man hinfahren. Erstens gibt es Millionen von Gegnern der gegenwärtigen Regierung; man trifft überall genug Menschen, die vom offiziellen Kurs abweichen. Zweitens gibt es gerade in stürmischen Zeiten eigentlich nur *ein* Heilmittel, wie normale Bürger einen Beitrag zur Verbesserung der politischen Situation leisten können: persönliche Begegnungen. Je rauer der politische Wind weht, desto wichtiger sind Tourismus, Städtepartnerschaften, Schulaustausch oder Studentenstipendien. Und das alles wird noch getoppt von binationalen Ehen, der erfolgreichsten Graswurzelrevolution aller Zeiten! Wer einen Partner aus einem anderen Land hat, tut damit mehr und Nachhaltigeres für die Beziehung der zwei Länder als alle Politiker zusammen. Wenn gar noch ein deutsch-polnisches Kind in die Welt gesetzt wird, ist die Wirkung davon auch noch in fünfzig oder sogar hundert Jahren zu spüren, während Politik sich zum Glück nur in Vierjahreszyklen abspielt.

8 GESUNDHEIT

Andere Gesundheitssysteme

Barbara, die mit ihrer Familie in Polen lebt, lobt die polnischen Ärzte. Sie seien genauso kompetent wie die deutschen. Probleme hatte Barbara anfangs nur mit den unterschiedlichen Gesundheitssystemen. Eines Tages ging sie mit ihrem kranken Kind wegen Verdachts auf Windpocken zum Arzt und bekam massiv Ärger. Die Sprechstundenhilfe machte ihr Vorhaltungen: Wie könne sie es wagen, mit einem Kind, das möglicherweise eine ansteckende Krankheit habe, zum Arzt zu gehen und andere Kinder zu gefährden? Barbara verstand erst später, dass dies nicht der ganze Grund gewesen war. Es handelte sich um eine private Poliklinik, bei der man Mitglied sein musste, um behandelt zu werden, und auch das erst nach Terminvereinbarung. Solche rein kommerziellen Praxen waren ihr unbekannt, so wie auch das gesamte Versicherungssystem. Zwar gehört jeder Bürger automatisch zum Nationalen Gesundheitsfonds, doch genießt dieser wegen langer Wartezeiten und diverser anderer Mängel einen schlechten Ruf. Die meisten Leute suchen lieber Privatpraxen auf, bei denen man entweder eine monatliche Mitgliedschaft erwirbt oder direkt an der Rezeption in bar bezahlen muss. Trotzdem fand Barbara das Verhalten der Sprechstundenhilfe unmöglich. In Deutschland, da ist sie sich sicher, wäre sie nicht einfach rausgeschmissen worden, auch wenn sie keinen Termin gehabt hätte.

Seit sie in Polen lebt, hat sie das deutsche Gesundheitssystem schätzen gelernt. Trotz allem Gejammer funktioniere es doch recht gut. Zumindest müsse man die Ärzte nicht bestechen. In

Polen sei das absolut üblich. Bei kleinen Wehwehchen bringt Barbara dem polnischen Arzt eine Packung Pralinen mit, ist es was Größeres, muss es schon ein Fläschchen Kognak sein. Bei schweren Erkrankungen schiebt sie auch mal dezent einen Umschlag mit einer »Spende« über den Tisch, um zügiger operiert zu werden. Jede neue Regierung verspreche, dass sie das Gesundheitssystem ändern wolle, aber jede scheitere daran.

Kein Vertrauen zu niemandem

Bei ihrem polnischen Mann und seiner Mutter hat Barbara beobachtet, dass sie auf ärztliche Diagnosen äußerst misstrauisch reagieren. In den ersten drei Lebensjahren ihres Sohnes lebte sie mit ihm allein in Deutschland, während ihr Mann in Polen arbeitete. Immer wenn der Sohn erkrankte und Barbara mit ihm zum Arzt musste, schimpften ihr Mann und seine Mutter hinterher telefonisch auf die deutschen Ärzte und beruhigten sich erst, wenn ein polnischer Arzt Diagnose und Behandlung bestätigt hatte. Als Barbara dann komplett nach Polen umzog, geschah genau das Gegenteil: Nun musste im Anschluss an den polnischen immer ein deutscher Arzt konsultiert werden. Als eins der Kinder einen Schlüsselbeinbruch erlitten hatte, musste Barbara die Röntgenbilder zu einem Arzt nach Deutschland mailen. In den Sommerferien, wenn sie sich mit den Kindern in Deutschland aufhielt, musste sie im Auftrag ihres Mannes mit den Kindern zu einem Zahnarzt gehen, damit dieser bestätigte, dass der polnische Kollege vorher alles richtig gemacht hatte. Insgesamt hat Barbara den Eindruck, dass sie als Deutsche wesentlich mehr Vertrauen zu Ärzten hat als die meisten Polen.

Horror vor Kälte

Viele deutsche Kommentare drehen sich um das Thema »polnische Ängstlichkeit bezüglich Kälte«. Sabines Sohn durfte eines Tages im polnischen Kindergarten nicht mit den anderen Kindern an die frische Luft gehen, weil er als Einziger keine Mütze dabei hatte. Seine Mutter hatte am Morgen zwar kurz überlegt, ihm wegen der fallenden Temperaturen eine mitzugeben, hatte es dann aber doch nicht getan; *so* kalt war es nun auch wieder nicht, schien ihr, sie wollte nicht übertreiben. Für die Kindergärtnerinnen war sie von nun an eine Rabenmutter.

Auf dem Spielplatz ihres Sohnes waren im Winter bei Minustemperaturen nur noch zwei Familien anzutreffen: ihre eigene sowie eine polnische, die gerade von einem mehrjährigen Aufenthalt in Schottland zurückgekehrt war, wo sie sich offensichtlich einem Abhärtungstraining unterzogen hatte.

Eine Bekannte von Sabine wurde mal in einem polnischen Supermarkt von einer älteren Frau ermahnt, mit ihrem Kleinkind nicht allzu nah an die Joghurttheke heranzugehen, da es sich sonst erkälten werde.

Auch Barbara bekam schon übertriebene Besorgnis zu spüren. An einem außergewöhnlich warmen Frühlingstag trug sie nur eine dünne Bluse und musste sich von mehreren Arbeitskolleginnen anhören, dass man sich im April nicht so dünn kleiden dürfe, da es schlagartig wieder kalt werden könne. Barbara antwortete ihnen, dass sie sich dann schlagartig etwas anderes anziehen werde, aber der Gag half ihr nicht, sie galt von nun an als leichtsinnig. Sie sagt, sie könnte noch haufenweise Anekdoten über polnische Bekannte erzählen, die sich, sobald die Temperatur auf tiefer als fünfzehn Grad (plus) falle, nur noch mit Schal und Mütze auf die Straße trauen.

Halbgötter in Krawatte

Olaf teilt Barbaras gute Meinung über die polnischen Ärzte nicht. Er findet das Verhalten vieler Ärzte arrogant. »Da weißt du als Patient im Krankenhaus morgens oft nicht: War das jetzt die Morgenvisite der Ärzte oder die Putzkolonne? Und wo ist der Unterschied?«

Axel (2) erklärt diese Arroganz aus der Kollegenperspektive. Er arbeitet in Deutschland selbst als Notarzt, ist als Ehemann einer Polin aber sehr häufig in deren Heimat. Seine Frau und er haben sich in der Nähe der ukrainischen Grenze ein Dorf-Grundstück samt Häuschen gekauft, wo sie viel Zeit verbringen. Polnisch beherrscht Axel mittlerweile so gut, dass ihn die Dorfnachbarn einmal fragten, wie lange er eigentlich schon in Deutschland lebe. Er hat in dieser medizinisch unterversorgten Gegend viele Beobachtungen gesammelt. Das Bild des Arztes, vor allem auf dem Land, unterscheide sich noch erheblich von dem in Deutschland. Ein ordentlicher Arzt müsse in Anzug und Schlips herumlaufen und genieße in der dörflichen Community hohes Ansehen. Wenn er dieser Erwartung nicht entspreche, keine Krawatte trage und nicht arrogant sei, kämen die Patienten erst gar nicht zu ihm. Privathäuser von Ärzten seien häufig palastartige Anwesen mit einigen Luxusautos in der Garage. Der durchschnittliche Arzt arbeite zunächst von sieben bis 15.30 Uhr in einem öffentlichen Krankenhaus (wo keinerlei Überstunden abgeleistet werden müssen) und verdiene danach in einer privaten Praxis gutes Geld.

Axel ist ein Fan legerer Freizeitkleidung. Er läuft häufig in Bundeswehr-Tarnhose herum, etwa wenn er Pilze sucht, angeln geht oder mit der Motorsense das Grundstück seiner Schwiegermutter mäht. In der Verwandtschaft und im Dorf wurde er deshalb anfangs überhaupt nicht als Arzt akzeptiert. Die Großmutter sagte ihm eines Tages, sie habe noch nie einen Arzt gesehen, der Kirschen pflückend im Baum gesessen habe.

Eines Tages bemerkte Axel bei den Nachbarn seiner Schwiegermutter einen Küchenbrand. Da die Wohnungseigentümer gerade in der Kirche weilten, alarmierte er die Feuerwehr. Nachdem das verbrannte Huhn nebst Kochtopf aus der verrauchten Wohnung entsorgt worden war, plauderte Axel mit den Feuerwehrleuten und ließ sich das nagelneue Einsatzfahrzeug zeigen. Prompt erzählten später mehrere alte Damen aus der Nachbarschaft, die alles beobachtet hatten, dass der deutsche Schwiegersohn gar kein Doktor sei, sondern in Wahrheit bloß Feuerwehrmann. Welcher Arzt würde denn schon am Sonntagmorgen in Jeans und T-Shirt herumlaufen und sich außerdem noch dazu herablassen, mit Feuerwehrleuten zu reden?

Nach zehn Jahren Überzeugungsarbeit ist es Axel mittlerweile endlich gelungen, im Ort als Arzt wahrgenommen zu werden. Nun wird er nicht mehr mit seinem Namen angeredet, sondern nur noch als »pan doktor«. Sogar der Pfarrer hat ihn schon zu einem Besuch im Pfarrhaus eingeladen.

Nahrungsergänzungsmittel

Angesichts des schlechten Rufs des Nationalen Gesundheitsfonds und der teuren privaten Arztvisiten ist es kein Wunder, dass es in Polen von selbst ernannten Ärzten wimmelt. Eigentlich jeder doktert und quacksalbert auf eigene Faust herum. Barbara berichtet: »Ich sehe in den Apotheken und Supermärkten sehr viele Nahrungsergänzungsmittel, die in Deutschland gar nicht auf dem Markt sind (berufsbedingt habe ich das im Blick). Die Statistiken kenne ich nicht, aber aus dem Gefühl heraus würde ich sagen: Die Polen schlucken alles, nur um keine Antibiotika nehmen zu müssen.« Klar, denn ein Antibiotikum setzt ja voraus, dass man vorher zum Arzt geht – und den meidet man teils aus Angst, teils aus Geldnot.

Es würde hier zu weit führen, alle Hausmittelchen und Vitaminbomben aufzuzählen, die mir während eines Vierteljahrhunderts in Polen schon empfohlen wurden. Einmal lernte ich bei einer Firmengala einen katholischen Priester kennen, der mir von linksdrehenden Vitamin-C-Präparaten vorschwärmte, die angeblich sogar in der Lage seien, Alzheimer zu kurieren. Dreimal täglich eine Ein-Gramm-Spritze! Ein Zugpassagier, der Hobbyimker war, empfahl mir Propolis, also bakterientötenden Honigseim. Der helfe gegen alles, auch gegen Magengeschwüre. Einfach nur hundert Gramm Propolis mit einem halben Liter Spiritus verrühren, zwei Wochen lang stehen lassen, immer wieder umrühren und dann jeden Morgen nüchtern fünf Tropfen trinken! Das habe ich zwar nicht getan, aber dank dieses Hinweises begann ich mich für Propolis zu interessieren und lutsche tatsächlich nach jedem Auftritt Propolis-Pastillen.

Falls man in Polen krank wird und niemanden hat, der ein unfehlbares Hausmittel kennt, kann man sich an jedem Zeitungskiosk mit zehn verschiedenen Schmerztabletten eindecken. Unerschöpflich ist auch die Inspiration aus dem Fernsehen. Erstens gibt es im polnischen Fernsehen mindestens fünfmal so viel Reklame wie im deutschen, zweitens geht es in den meisten Werbeunterbrechungen um Nahrungsergänzungsmittel. In fünf Minuten kann man manchmal fünf verschiedene Pillen kennenlernen, auch gegen Blähungen oder schlechte Laune. Einmal war ich sogar selbst Held eines solchen TV-Spots, es ging um ein neues Abführmittel, das gegen Sodbrennen und Darmjucken helfen sollte. Noch Jahre später wurde ich bei einer Party von dem Schauspieler Boris Szyc darauf angesprochen: »Bist du nicht der Typ, der sich damals als Einziger dazu bereit erklärt hat, für dieses Abführmittel Reklame zu machen?« Zum Glück bekam ich die starke Beschämung, die mich in diesem Moment befiel, mit einer Propolis-Pastille schnell in den Griff!

9 FUSSBALL

Ein deutsch-polnisches Match

In Polen genießt Fußball ebenfalls religiösen Status, aber nur alle paar Jahre, nämlich immer dann, wenn es gegen Deutschland geht. In diesen neunzig Minuten entgleitet sogar dem Kardinalprimas, der seinen Amtssitz in Gniezno (Gnesen) hat, das Regiment über Millionen katholischer Seelen. Die Nation huldigt dann heidnisch dem Bildschirm und schreit sich die Kehlen heiser. Für eine deutsch-polnische Familie kann ein solches Match zur Bewährungsprobe werden.

Holger und Iwona leben in Deutschland und haben zwei Töchter im Alter von zehn und fünf Jahren. Eines Tages besorgte Holger Eintrittskarten für das Länderspiel Deutschland-Polen. Zum ersten Mal im Leben ging die ganze Familie ins Stadion.

Die emotionale Situation war nicht ganz einfach. Die ältere Tochter hielt zu den Polen, denn sie pflegte ihre slawischen Wurzeln und hatte viele polnische Freundinnen. Die jüngere hingegen fühlte sich nur als Deutsche. Als am Mittagstisch einmal darüber gesprochen wurde, dass die Deutschen den Zweiten Weltkrieg verloren hätten, schrie sie: »Ich will aber, dass die Deutschen gewinnen!«

Zurück ins Stadion. Die ältere Tochter hatte sich polnische Flaggen ins Gesicht gepinselt, die jüngere deutsche Flaggen. Holgers Frau war ganz in Weiß-Rot gekleidet, und auch er selbst hatte sich in eine weiß-rote Flagge eingewickelt, denn er sagt, dass er es niemals schaffen würde, sich mit einer schwarz-rot-goldenen Fahne zu umwickeln. Als ihn seine jüngere Tochter fragte, für wen er sei, antwortete er rasch: »Für die Deutschen!« Er sagte es so schnell, weil er nicht wollte, dass seine ältere Tochter es mitbekam. Der Idealfall, so betete er still, wäre an diesem Abend ein Unentschieden.

Die Familie nahm auf der Tribüne Platz, inmitten einer kleinen polnischen Gruppe, die lauthals die polnische Hymne mitschmetterte. Die ältere Tochter stellte ihrem Papa viele Fragen: »Sind im Rasen Käfer?« – »Keine Ahnung, vielleicht ein paar.« – »Und Gänseblümchen?« – »Nein.«

Das Spiel begann. Die Deutschen gingen 1:0 in Führung. Holgers jüngere Tochter saß euphorisch auf dem Schoß ihrer enttäuschten Mutter. Dann fiel auch noch das 2:0. Die Gesichter von Mutter und älterer Tochter wurden immer länger, und Holger fing an, sich Sorgen zu machen. Was würde ihn heute Abend zu Hause erwarten? Getrennte Schlafzimmer? Ein Kochstreik seiner Frau? Aber das wäre nicht so schlimm, da sowieso meistens er derjenige war, der kochte. Hauptsache, es würde keine 7:1-Klatsche werden.

Da schoss Lewandowski den Anschlusstreffer, und nun stand es nur noch 1:2. Holger jubelte laut mit, denn es fiel ihm seltsamerweise schon immer viel leichter, über polnische als über deutsche Tore zu jubeln. Die Große streckte der Kleinen die Zunge raus, die Kleine war den Tränen nah. Holger nahm sie tröstend auf den Schoß. Das Spiel ging weiter. Die Jüngere gab fachmännische Kommentare ab: »Ich will auch mal einwerfen!« Oder: »Die werfen nie zu mir!«

Als Mario Götze schließlich das 3:1 für Deutschland erzielte und das Spiel kurz darauf zu Ende war, verlor Holgers Frau die Beherrschung und schrie wütend »kurwa!« (Hure). Das schlimme Wort rutschte ihr heraus, obwohl sie selbst es ihren Kindern normalerweise streng verbot. Doch sofort riss sie sich wieder zusammen und gratulierte ihrer jüngeren Tochter fair zum Sieg. Die kriegte das allerdings nicht mehr mit. Holger trug eine schlafende Siegerin zur S-Bahn. Es war ein weiter

Weg inmitten vieler Menschen, und es kam ihm so vor, als wäre seine Tochter ein Sack voll schwerer Kartoffeln. Waren es deutsche oder polnische? Das war ihm in diesem Moment egal.

Zu wem man halten sollte

Auch **Peter 1** hat mit seiner polnischen Frau eine Fußballgeschichte erlebt. Es war bei der WM 2006. Im Dortmunder Stadion spielte Polen gegen Deutschland. Peter war für die Deutschen, trug ein deutsches Nationaltrikot, allerdings mit dem Namen »Klose« auf dem Rücken, der aus Oberschlesien stammt – so wie Peter ja ursprünglich auch. Seine Frau nahm keinerlei derartige Rücksichten. Sie erschien in voller Kriegsbemalung, schwenkte eine weiß-rote Fahne und trug einen weiß-roten Riesenhut. Normalerweise, so Peter, hat sie keine Ahnung von Fußball, aber an diesem Tag ging es gegen die Deutschen. Das Spiel wogte hin und her, doch es endete böse für Polen. In der neunzigsten Minute schoss Oliver Neuville das 1:0, und Polen war aus der WM ausgeschieden. 35 000 Polen im Dortmunder Stadion weinten. Peter hätte gerne gejubelt, musste aber seine Frau trösten, und zwar nicht nur während der Rückfahrt nach Hause, sondern auch noch während der nächsten Tage.

Zwei Jahre später, während der Europameisterschaft 2008, kam es erneut zum Duell der beiden Länder. Peter unternahm alles, um das Spiel ohne seine Frau sehen zu können, nur im Kreis von deutschen Freunden. Es gelang ihm, und endlich durfte er mal einen deutschen Sieg voll auskosten. Als er anschließend nach Hause kam, schien ihm, dass seine Frau die Niederlage erstaunlich gut verkraftet hatte. Doch der Schein trog. Als er sie zwei Tage später in eine Kneipe zum Spiel Deutschland gegen Spanien mitnahm, rächte sie sich bitter. Volle neunzig Minuten lang machte sie, zusammen mit einer

Freundin, für die Spanier Stimmung. Die ganze Kneipe war von den beiden Frauen genervt. Peter fürchtete sich ständig, dass er, wenn einem der deutschen Fans die Geduld reißen würde, als Retter einspringen müsste. »Das ist eine Spezialität polnischer Frauen. Sie bringen sich oft leichtfertig in Gefahr und erwarten dann, dass der Mann die Heldenrolle übernimmt. Das ist überhaupt nichts für den besonnenen Deutschen. Er betet zu Gott, dass er nicht den Helden spielen muss.« Deutschland verlor, schied aus dem Turnier aus, und Peter musste zusätzlich auch noch ertragen, dass seine Frau gnadenlos jubelte.

Beim legendären Qualifikationsspiel 2014 in Warschau fand er endlich eine Lösung. Er hielt nun einfach zu Polen! Niemals zuvor oder danach verbrachten seine Frau und er einen harmonischeren Abend. Das Wunder geschah, Polen gewann 2 : 0, und alle Polen ließen die Korken knallen. Seither hält Peter immer zu Polen, wenn seine Frau in der Nähe ist.

Zehn Illusionen bezüglich polnischer Ehefrauen (von Peter 1)

1. Sie wird irgendwann der deutschen Fußballnationalmannschaft die Daumen drücken? **Falsch!** Auch wenn sie einen Deutschen, also dich, über alles liebt, gilt das nicht für die deutsche Nationalmannschaft. Die soll mal schön in der Vorrunde rausfliegen.
2. Sie vermisst ihre Heimat und möchte am liebsten jeden Urlaub in Polen verbringen? **Falsch!** Flieg mit ihr auf die Kanaren, in die Karibik oder an die Côte d'Azur, und sie wird von nun an die Kanaren, die Karibik oder die Côte d'Azur vermissen.
3. Sie findet es okay, wenn du dich regelmäßig mit deinen Freunden in einer Kneipe triffst und sie derweil zu Hause

mit den Kindern einen gemütlichen Abend verbringen kann? **Falsch!** Du sollst deine Zeit mit ihr und euren Kindern verbringen, und das soll für dich das größte Glück auf Erden sein.

4. Sie ist mit ihrer Rolle als Mutter und Hausfrau glücklich und ausgefüllt? **Falsch!** Sie ist ehrgeiziger, als dir lieb ist.
5. Du kannst mit ihr ausmachen, dass ihr euch dieses Jahr keine Weihnachtsgeschenke machen werdet? **Falsch!** Sie wird trotzdem ein Geschenk für dich haben und erwartet, dass auch du für sie heimlich etwas besorgst.
6. Sie hat viel Selbstironie, sodass du in ihrer Gegenwart ruhig ein Witzchen über Polen reißen kannst? **Falsch!** Das darf nur sie selbst.
7. Du bringst die Kohle nach Hause und hast deswegen das Sagen? **Falsch!** Du kannst überall das Sagen haben, aber nicht zu Hause.
8. Ihre Eltern werden es seelenruhig akzeptieren, dass sie einen Deutschen geheiratet hat? **Falsch!** Sie werden ihr ständig vorwerfen, dass sie keinen Polen geehelicht hat, und klammheimlich immer auf der Suche nach einem polnischen Kandidaten sein.
9. Sie findet einen Handkuss zur Begrüßung albern und altmodisch? **Falsch!** Sie sagt es zwar so, mag aber insgeheim Männer, die ihn gekonnt beherrschen.
10. Sie ist dir dankbar dafür, dass sie jetzt in Deutschland leben darf? **Falsch!** Du sollst ihr dankbar dafür sein, dass sie zu dir nach Deutschland gekommen ist.

10 WEIHNACHTEN

Natürlich in Polen

Gibt es eigentlich ein deutsch-polnisches Paar, das Weihnachten *nicht* in Polen verbringt? Ja, wir haben dank Corinna vorhin eins kennengelernt, aber es war eine Ausnahmeerscheinung. Immerhin lässt sich daraus die Regel ableiten: Weihnachten wird meist nach der Tradition der Ehefrau gefeiert.

Ralf hat eine plausible Begründung parat: »Zu den Feiertagen sind wir in Polen. Das liegt daran, dass man so große Massen an Essen in Deutschland einfach nicht kaufen kann.«

Auch Agnieszkas Mann Christian kann sich die Feiertage nirgendwo anders als in Polen vorstellen, weil er es so mag, wenn es im ganzen Haus duftet, wenn in jedem Topf etwas köchelt und die Kinder fieberhaft Ausschau nach dem ersten Stern halten. Sobald dann endlich alle am Tisch sitzen, wird es richtig festlich: zwölf Gerichte, die Hostie, das Stroh unter der Decke … Tja, was wäre auch Christians Alternative? Bei seinen Eltern in Deutschland gibt es Würstchen aus dem Glas und Kartoffelsalat aus dem Eimer, und am zweiten Feiertag fliegen seine Eltern in den Winterurlaub.

Reisevorbereitungen

Bevor Agnieszka und Christian samt Kindern die Festreise nach Polen antreten, glühen zwischen den polnischen Familienangehörigen in München, Gdańsk und Grudziądz die Drähte. Wer bereitet was vor? Was muss für wen eingekauft werden? Wer kommt wann? Bei Agnieszkas Mutter in der Küche reift schon seit Mitte November der altpolnische Lebkuchen, auch die Liste mit den Weihnachtsgerichten wurde schon geschrieben, obwohl sie jedes Jahr gleich ist. Für den ersten und zweiten Weihnachtsfeiertag enthält sie ungefähr zehn Gerichte, allesamt mit Fleisch, das an Heiligabend selbst allerdings noch verboten ist. Da Agnieszka seit zwanzig Jahren kein Fleisch mehr isst, kommt jedes Jahr die Frage ihrer Mutter: »Aga, und was soll ich für dich machen?« Und es endet jedes Mal mit der resignierten Feststellung: »Ich kauf dir einen Blumenkohl, dann kannst du dir selbst was machen.«

Auch für Günter und seine Jadwiga fängt Weihnachten mit den Reisevorbereitungen an. Seit fünfundzwanzig Jahren gibt es bei dieser Gelegenheit Ärger: Jadwiga stopft das ganze Auto voll und am liebsten auch noch den Dachgepäckträger. Und jedes Jahr fragt Günter harmlos: »Können wir ausnahmsweise mal wie normale Menschen reisen?« – »Wieso? Im Auto ist doch noch Platz.« Warum nur, so fragt Günter sich, haben die Polen immer so viel zu transportieren? Er vermutet Familiensinn dahinter. Das ganze Jahr hindurch erblickt seine Frau in deutschen Geschäften irgendwelche Sachen, die vielleicht für jemanden in Polen nützlich wären. Im Laufe seiner Ehe hat Günter schon jede Menge Möbel, Waschmaschinen, Fahrräder und gebrauchte Klamotten nach Polen transportiert. In den letzten Jahren sind noch unzählige Waschpulver-Großpackungen hinzugekommen, da in Polen die Ansicht herrscht, dass das dortige Persil von schlechterer Qualität als das deutsche sei. Wenn sie dann auf der A 2 in Richtung Osten unterwegs sind, erkennt Günter mühelos die anderen Autos, die ebenfalls nach Polen fahren, auch wenn sie ein deutsches Kennzeichen haben: Alle sind bis unters Dach vollgestopft, und auf dem Dach ist häufig noch ein Schaukelstuhl festgezurrt. Einmal, ein einziges Mal, sah alles so aus, als ob es in diesem Jahr ohne Dachgepäckträger klappen würde. Jadwiga hatte zwar für ihren Cousin einen kompletten Esszimmertisch gekauft, aber es gelang Günter, ihn säuberlich im Auto zu verstauen. Zwei Tage vor der Abfahrt eröffnete Jadwiga ihm dann, dass sie doch noch schnell einen günstigen Schaukelstuhl gekauft habe, der bei ihrer Mutter wunderbar ins Wohnzimmer passen würde. Günter ging wortlos in den Keller und holte den Dachgepäckträger herauf.

Vorglühen

Auch Peter 2 verbringt die Feiertage in Polen. Dabei wird so mancher Wodka genossen. Seinen ersten Ausfall hat Peter meist schon am dreiundzwanzigsten Dezember, wenn er nachmittags mit seiner Frau zu Freunden geht, um »vorzuglühen«. Da er das ganze Jahr über fast keinen Alkohol trinkt, ist es um seine Standfestigkeit nicht gut bestellt. Besonders schlimm wirkt auf ihn der bimber, also der schon erwähnte selbst gebrannte Kräuterschnaps. Immer heißt es seitens der Freunde »nur noch einen einzigen«, und dann werden es doch vier. Anschließend quält Peter sich nach Hause und muss manchmal sogar von seiner Frau und der Schwiegermutter ins Bett geschleift werden. Seit Jahren grübelt er darüber nach, wie er das nächste Wodkagläschen freundlich ablehnen und doch sein Gesicht wahren kann. Ich wiederhole deswegen gerne noch einmal: Man darf das Glas nicht austrinken, sondern muss es schauspielermäßig zum Mund führen und anschließend wieder gefüllt auf dem Tisch abstellen.

Heiligabend

In Günters Familie wird Heiligabend auf dem Dorf gefeiert, in einem Kreis von zehn Personen. Auf dem Tisch stehen die zwölf fleischlosen Speisen (es sind zwölf wegen der zwölf Apostel Jesu). Doch allmählich hält auch hier die Moderne Einzug. Seit einigen Jahren gehört japanisches Sushi dazu, das von Günters Schwägerin aus Warschau mitgebracht wird. Als seine Tochter einmal in Mexiko war, wurde sie per Videokonferenz zugeschaltet (keine zwanzig Jahre vorher, als Günter erstmals nach Polen gekommen war, hatte es hier auf dem Dorf noch nicht mal Telefon gegeben). Dann werden Weihnachtslieder gesungen, und auch die zwei anwesenden Deutschen sollen eines vortragen. Der zweite Deutsche ist Günters Schwager, ein Bayer. »Nachdem die Schwester meiner Frau gesehen hatte, wie gut man sich einen deutschen Ehemann erziehen kann, heiratete sie auch einen.« Günter und sein Schwager entscheiden sich meist für »Oh du fröhliche«.

The days after

Heiligabend ist geschafft, doch anschließend folgen noch zwei lange Feiertage, an denen die Familie weiterhin gerne zusammensitzt. Immer wieder kommen Gäste, manche angemeldet, andere unangemeldet. Und so geht das bis Silvester weiter. Nicht wenige deutsche Männer bekommen da eine dicke, fette Krise. Zuerst die vierzehnstündige Fahrt nach Polen, dann die östliche Dunkelheit – an den Weihnachtstagen geht die polnische Morgen- quasi nahtlos in die Abenddämmerung über –, und wenn die Schwiegermutter dann auch noch, wie bei Peter 2, in einem einfachen Bauernhaus wohnt, sind starke Nerven gefragt, denn bevor Heizung oder warmes Wasser funktionieren, müssen zuerst mal die Holzöfen angefeuert werden. Peter 2 holt sich da regelmäßig eine schöne Weihnachtserkältung und möchte spätestens am 28. Dezember eigentlich nur noch eins: so schnell wie möglich nach Hause zurück.

Auch Ewas Mann begann sich irgendwann vor den Besuchen in Polen zu fürchten. Es kam so weit, dass er seine Frau nur kurz hinbringen und anschließend gleich wieder nach Deutschland zurückfahren wollte.

Wenn Patrycjas Mann während der Feiertage immer wieder für ein paar Stunden verschwand, fragte die Oma erstaunt: »Hat es ihm nicht geschmeckt?« Inzwischen hat sie sich aber schon daran gewöhnt, dass der Deutsche mit den Kindern spazieren geht oder das Auto wäscht. Patrycja gibt sogar zu, dass auch sie selbst es inzwischen so macht. »In einem bestimmten Sinn bin ich dadurch erwachsener, reifer, mehr ich selbst geworden.«

Patrycja hat sich einige Tipps überlegt, wie polnische Partnerinnen dazu beitragen können, dass ihr Mann und auch die eigene Familie die Feiertage glimpflich überstehen.

Tipps für die Feiertage in Polen (von Patrycja)

1. Kümmere dich darum, dass ihr bei deinen Eltern möglichst ein eigenes Zimmer bewohnt, wohin dein Mann sich tagsüber zurückziehen kann.
2. Verbringe selbst immer wieder Zeit mit ihm allein, etwa bei Spaziergängen.
3. Erkläre deiner Familie, dass es nicht gegen sie gerichtet ist, wenn sich dein Mann ab und zu zurückzieht.
4. Bestärke deinen Mann darin, auch mal Nein zu sagen. Nur Ehrlichkeit hilft weiter.

Tipp gegen den Weihnachts-Blues: Ab in den Baumarkt

Nach einigen Jahren fand Peter 2 endlich ein Mittel gegen seine Weihnachtsdepression: »Wenn du in Polen richtig down bist und nur noch weg möchtest: Geh in einen polnischen Baumarkt, zum Beispiel Castorama – und du fühlst dich schlagartig besser.«

Liegt es an der reichhaltigen Auswahl? Peter weiß es selbst nicht genau, schwört aber darauf: »Probier es aus, es wirkt. Man muss auch nicht immer verstehen, warum etwas so ist, am Ende zählt die Wirkung.«

Rückfahrt

Nun sind die Weihnachtstage vorbei. Doch auch die Rückfahrt verläuft für Günter nicht wirklich entspannt. Seine Schwiegermutter gibt ihnen immer »ein bisschen Proviant« mit, für den Fall, dass sie sich auf der Fahrt nach Deutschland krass verfahren und aus Versehen am Südpol landen. Dort bräuchten sie dann während der ersten drei Jahre keinen Hunger zu leiden. Günter muss also diverse geschlachtete Hühner ins Auto packen, dazu gute polnische Wurst, Einmachgläser, Eier und Sauerkraut, Tee und Schnaps.

Nicht zu vergessen einen Sack Kartoffeln. Die Schwiegermutter ist ganz einfach der Meinung, dass es in einem Industrieland wie Deutschland mit der Landwirtschaft nicht gut bestellt sein kann.

Doch auch Jadwiga bringt noch Sachen an, die verstaut werden wollen. Sie ist Patriotin und möchte die Wirtschaft in Polen und nicht in Deutschland unterstützen. So musste Günter schon

Maurerkalk (»der polnische ist besser«), Dachziegel (»sind in Polen billiger«) und zwei je fünfzig Kilogramm schwere Tonröhren auf den Dachgepäckträger schnallen; sie stehen heute als Deko im Garten.

Jadwiga und Günter bei ihrer Hochzeit 1991 in Polen

Jadwiga und Günter bei ihrer Silberhochzeit 2016 in der Toskana

11 GLEICHGESCHLECHTLICHE PAARE

Soll man überhaupt darüber reden?

Das nun folgende Kapitel war nicht geplant. Ich fühlte mich schon von den unzähligen Culture-Clashes der Heteropaare leicht überfordert. Woher dann noch die Kraft nehmen, ein völlig neues Fass aufzumachen? So beschloss ich stumpf, mich auf das größte Target zu beschränken: deutsche Männer und polnische Frauen. Dahinter steckte meinerseits nur die schiere Panik: »Keine Zeit, kein Platz.« Liebend gerne hätte ich eine flächendeckende Studie über zehntausend polnisch-deutsche Paare der unterschiedlichsten Konstellationen geschrieben, am besten mit einem Helferstab von fünfundzwanzig Doktoranden.

Da plötzlich ergab sich doch noch die Möglichkeit, mit zwei in Berlin lebenden Männern zu sprechen. Wir trafen uns und hatten ein (meiner Meinung nach) hervorragendes Gespräch. Ich schrieb einen Text und schickte ihn dem Paar, doch dann erlebte ich eine Riesenenttäuschung: Die beiden machten einen Rückzieher, wollten nicht, dass ich den Text veröffentlichte, nicht einmal mit geänderten Namen. Die Begründung lautete: »Die deutsch-polnischen Beziehungen sind geprägt von vielen unnötigen Klischees. Wenn man weiter Öl in dieses seit Jahren, seit Jahrhunderten lodernde Feuer gießt, hilft das nicht bei der Überwindung, und auch nicht dabei, das Bild der Deutschen in Polen zu verbessern. Es bestärkt nur alle diejenigen, die davon überzeugt sind, dass es immer schon so war und immer so bleiben wird. Obwohl doch die Dynamik in beiden Ländern eine andere ist – scheint uns zumindest so.«

Ja korrekt, scheint auch mir so. Trotzdem war ich bodenlos enttäuscht, denn ich spürte, dass ich verdächtigt wurde, mit meinem Buch nur eingefahrene Klischees zu bedienen. Diese Unterstellung war nicht neu. Sie begegnet mir immer wieder, seit ich Bücher und Kabarett über Polen und Deutsche mache. Dabei bilde ich mir doch allen Ernstes ein, gerade derjenige zu sein, der den üblichen Klischees energisch zu Leibe rückt. Abschaffen kann ich sie nicht, aber vielleicht zumindest ein bisschen ironisch unterminieren. Wie ich inzwischen aber lernen musste, fühlen sich manche Leute allein schon vom *Reden* über Klischees irritiert. Sie glauben offensichtlich, dass Schweigen und Ignorieren auf diesem heiklen Gebiet der beste Weg sei. Das ganze Thema Mentalität soll ausgeklammert werden, so als gäbe es zwischen den zweihundert Ländern dieser Erde nur noch einige klimatische und kulinarische Unterschiede. Man kann heute tatsächlich mengenweise Reisebücher kaufen, in denen der Autor oder die Autorin kein einziges Wörtchen über die Mentalität der Einheimischen riskiert. Allenfalls werden Kochrezepte oder Anekdoten über schrullige Melonenverkäufer eingestreut. Das finde ich allzu harmlos, denn wenn selbst die Traveller sich zu fein sind für ein paar mutige Verallgemeinerungen, erlauben sich die Touristen nach ihrer Rückkehr umso naivere Urteile: »Du, die Brasilianer spielen *wirklich* alle super Fußball!« Das gilt auch für die Partnerprobleme zwischen Deutschen und Polen. Gewiss, die Beziehungen werden von tausend Klischees belastet, aber durch Verschweigen und Nettlächeln werden die diversen Probleme, die sich aus den unterschiedlichen Mentalitäten ergeben, sicherlich nicht erfolgreich bekämpft. Es ist wie mit langen Staubfusseln unter einem alten Sofa: Die einen meinen, dass die Fusseln mal schön unsichtbar bleiben sollen, und verrücken das Sofa vorsichtshalber nie mehr; die anderen – darunter ich – sind der Ansicht, dass man sie ans Tageslicht holen und zumindest ein paar Zentimeter in Richtung Staubsauger schieben sollte.

Dies war übrigens das einzige Mal, dass ein Paar mir die Autorisierung eines Textes verweigerte. Schade, dass es ausgerechnet das einzige nicht heteronormative Paar war. Weronika, dein Pech ist da!

Doch da geschah etwas Unerwartetes.

Wiedersehen mit Rosenkohl

Nach einem sommerlichen Auftritt an der Krakauer Universität kam eine polnische Studentin auf mich zu: »Erinnerst du dich noch an mich?« Ich sah sie überrascht an. Sie war ziemlich groß, hatte braune, schulterlange Haare und lächelte mich erwartungsvoll an.

»Äh, sorry …«

»Brukselka!«

»Brukselka« heißt auf Polnisch Rosenkohl, aber was wollte sie mir damit sagen? Plötzlich dämmerte es mir. Ja, richtig, so lautete vor vielen Jahren, in der glorreichen Zeit meines TV-Ruhms, das Internetpseudonym einer Schülerin, die mir so manche Fan-Mail geschrieben hatte. **Basia**, wie sie eigentlich hieß, war damals zwölf oder dreizehn Jahre alt und gehörte zu meinem ersten und einzigen »Fanclub«. Der bestand aus fünf Frauen, die über ganz Polen verstreut wohnten. Außer Basia waren noch zwei andere Teenager dabei, ferner eine Bibliothekarin aus Südostpolen und eine Englischlehrerin aus Oberschlesien. Die fünf standen lose miteinander im Kontakt und trafen sich wohl sogar einige Male, um Fotos und Informationen über meine Person auszutauschen. Hatte ich Basia mal persönlich getroffen? Ich wusste es nicht mehr.

Jetzt stand sie vor mir, inzwischen Mitte zwanzig.

»Wie geht's dir?«, fragte ich sie vage.

»Ich habe Philosophie studiert.«

»Was für ein Zufall! Ich auch.«

»Ja, weiß ich. Spielte vielleicht bei meiner Entscheidung eine Rolle …«

Ich sah sie überrascht an. Zögernd fuhr sie fort: »Und dann habe ich auch noch Kontrabass gelernt …«

»Ich auch!«

»… und im letzten Sommer habe ich auch einen Deutschkurs in Heidelberg gemacht. Dort habe ich meine heutige Partnerin kennengelernt.«

Wir gingen in ein Restaurant, wo ich erfuhr, dass Basia neulich auf Facebook meinen Aufruf zur Mithilfe beim vorliegenden Buch gelesen und sich spontan geärgert hatte. Warum sei der denn bitte ausschließlich an polnische Frauen und deutsche Männer adressiert gewesen? Es gebe doch auch noch andere Optionen!

Ich versuchte mich zu verteidigen und erzählte ihr von dem Berliner Pärchen, das in letzter Sekunde sein Einverständnis zurückgezogen hatte. Dann fragte ich sie, ob sie vielleicht bereit wäre, mir ein bisschen von ihrer Beziehung mit der Deutschen zu berichten? Ja, das war sie sofort, und so trafen wir uns einige Wochen später in Deutschland. Bei dieser Gelegenheit lernte ich dann auch ihre Partnerin kennen, **Alexandra**. Es wurde ein sehr interessantes Gespräch. Als wir uns nach zwei Stunden voneinander verabschiedeten, sagte Basia nachdenklich: Wenn ich ihr damals, als sie dreizehn war, gesagt hätte, dass sie mir eines Tages in einer deutschen Kneipe von ihrer Partnerschaft mit einer deutschen Frau erzählen würde – sie hätte mich für verrückt erklärt!

Eine Liebe in Heidelberg

Seit anderthalb Jahren sind Basia und Ali nun zusammen. »Basia« ist eine Koseform von Barbara, so wie »Ali« eine von Alexandra. Kennengelernt haben sich die beiden bei einem vierwöchigen Deutsch-Sommerkurs der Universität Heidelberg. Basia hatte dafür von ihrer Krakauer Universität ein Stipendium bekommen, nach einem mühsamen Auswahlverfahren, bei dem nur drei Bewerber durchkamen.

Ali, die vier Jahre jünger als Basia ist, war bei dem Sommerkurs eine der studentischen Betreuerinnen. Es war, wie sie sich lachend erinnert, kein einfacher Kurs. Die Teilnehmer kamen aus zehn Ländern. Schwierig war zum Beispiel die Essensfrage. So gab es einen Inder, der absolut kein ostasiatisches Essen mochte, die chinesischen Teilnehmerinnen hingegen wollten gar nichts anderes essen. Am nervigsten war ein polnischer Student aus Lodz (Łódź), der sich als strammer Deutschenhasser entpuppte und im Unterricht über Araber wetterte oder die deutschen Frauen wegen ihres angeblich mangelnden Modegeschmacks kritisierte. Basia schämte sich für ihn in Grund und Boden. Dozenten und Teilnehmer zerbrachen sich den Kopf, warum der Student sich ausgerechnet für einen Deutschkurs angemeldet hatte.

Basia nutzte die Essensfrage als Vorwand, um Ali näherzukommen – sie sind beide Veganerinnen. Nach einigen Tagen schrieb sie Ali eine SMS und fragte, ob sie nicht Lust hätte, mit ihr essen zu gehen. Ali schlug einige Orte vor, wo sie selbst gerne einkehrte, und von da an trafen sie sich oft zum gemeinsamen Essen. Eines Abends verließen sie gemeinsam eine Geburtstagsparty, um »nur mal kurz frische Luft zu schnappen«. Sie spazierten hinauf zum romantisch beleuchteten Heidelberger Schloss und setzten sich auf die berühmte Goethe-Bank im Schlossgarten, wo sie sich die halbe Nacht hindurch unterhielten.

Am vorletzten Kurstag fasste Basia sich ein Herz und gestand Ali ihre Gefühle. Das fiel ihr schwer. Sie befürchtete, dass Ali es uncool finden könnte, ausgerechnet mit einer Polin zusammenzukommen. Doch ihre Sorge erwies sich als unbegründet. Ali hatte kaum Assoziationen mit Polen und sagt heute, es sei schade, dass sie in der Schule so wenig über das Nachbarland erfahren habe.

Als Basia am Ende des Kurses nach Krakau zurückfuhr, ahnte sie, dass diese vier Wochen ihr Leben komplett umgekrempelt hatten. Es dauerte aber noch zehn Monate, ehe sie mit ihrem zweiten Studium fertig war und Krakau verlassen konnte. In diese Zeit führten Ali und sie eine typische Fernbeziehung, mit so manchem schmerzlichen Abschied an Bahnhöfen und Flughäfen. Dann kam der Tag, an dem Basia mit ihren wichtigsten Habseligkeiten zu Ali nach Heidelberg umzog. Leid tat es ihr um ihre Familie, ihre Freunde, aber ganz besonders auch um den Krakauer LGBT-Chor, dem sie nach dem Kennenlernen von Ali beigetreten war. Er bestand aus fünfundzwanzig Menschen unterschiedlicher Herkunft und sexueller Orientierung. Die Mitwirkung in diesem Chor war für Basia so etwas wie ein Mini-Outing gewesen. Hier fühlte sie sich sicher und akzeptiert, denn der Chor war in ihrem Leben generell die erste Gruppe, mit der sie sich voll identifizieren konnte.

Ali hatte in Heidelberg keine vergleichbare Community. Es gab nur einen Schwulenchor, in dem keine Frauen mitsingen durften. Aber sie hatte ohnehin nie das Bedürfnis nach einer Gemeinschaft verspürt, fühlte sich in der weltoffenen Universitätsstadt bestens aufgehoben. Diese Einstellung verwunderte Basia. Sie fand es schwer vorstellbar, dass es eines Tages nicht mehr nötig sein könnte, sich in der Gesellschaft für die Sichtbarkeit der LGBT-Community einzusetzen. Doch auch Alis Eltern waren seit Langem eingeweiht und sahen das Leben ihrer Tochter völlig entspannt. Vor allem ihre Mutter ahnte schon früh etwas von Alis Orientierung und unterstützte sie umso mehr.

Für Basia lagen die Dinge etwas komplizierter. Als sie Ali zum ersten Mal nach Krakau mitnahm und dort ihrer Familie vorstellte, war dies gleichbedeutend mit ihrem familiären Coming-out. Ihre Eltern und die Großeltern väterlicherseits nahmen die neue Partnerin sehr herzlich auf. Auch die Großmutter mütterlicherseits zeigte großes Verständnis, gestand Basia aber etwas später, sie habe ihrem Mann dann doch mal lieber nichts davon erzählt, da es mit seiner Gesundheit nicht zum Besten stehe.

In Heidelberg fanden Basia und Ali eine kleine Wohnung in einem Studentenwohnheim. Während Ali weiterstudierte (Sinologie), bemühte sich die diplomierte Philosophin Basia um Arbeit. Das erwies sich als äußerst schwierig; alle möglichen Institutionen, bei denen sie sich als Übersetzerin oder Organisatorin für kulturelle Veranstaltungen bewarb, schickten ihr Absagen oder antworteten gar nicht. Am Ende landete sie erst einmal als Verkäuferin in einem Bioladen. Hier bedient sie seither die unterschiedlichsten Kunden, ihr Deutsch ist inzwischen so gut wie perfekt geworden. Ali hat intensiv mit dem Polnischlernen begonnen. Nach ein paar Monaten Selbststudium begann sie damit, zweimal pro Woche einen Kurs zu besuchen. Da sowohl sie als auch Basia sich leidenschaftlich für fremde Sprachen interessieren, empfinden sie es als Vorteil, dass sie unterschiedliche Muttersprachen haben. Oft versuchen sie noch beim Einschlafen gemeinsam, die Herkunft bestimmter Wörter zu ergründen, oder bringen sich gegenseitig neue Ausdrücke bei.

Beide sagen, dass sie sich in Deutschland und Polen auf der Straße völlig gleich verhalten. Sie gehen immer Hand in Hand und sehen keinen Grund, sich beim Küssen mehr als heterosexuelle Paare zurückzuhalten. Sowohl in Krakau als auch in Wrocław sind sie bei den »Gleichheits-Paraden« mitgelaufen.

Basia kann sich durchaus vorstellen, eines Tages nach Polen zurückzukehren. Sie hat keine Angst vor Diskriminierung oder Intoleranz. Weite Kreise der Gesellschaft hätten zwar immer noch keinen persönlichen Kontakt mit homosexuellen Paaren gehabt und würden vom rechten Flügel der katholischen Kirche aufgewiegelt. Doch die polnische Gesellschaft sei in puncto Toleranz für das LGBT-Milieu stark im Umbruch. Wenn ein Paar erst einmal die unvermeidlichen Schlachten geschlagen habe, ob im Bekanntenkreis, mit den Nachbarn oder am Arbeitsplatz, lasse es sich völlig normal leben.

Ali hat größere Bedenken. Sie kann sich kaum vorstellen, in einem Land zu leben, wo sie sich politisch immer potenziell bedroht fühlen würde. Die nationalkonservative Regierung habe die zuletzt verbesserte Situation wieder verschlechtert. Basia und Ali kennen den Fall eines Polen, der sich in seiner Heimatstadt beim Standesamt um ein Ehefähigkeitszeugnis bemühte, weil er in Deutschland seinen Partner heiraten wollte. Was vor wenigen Jahren noch relativ einfach war, wird heute verschleppt oder sogar verweigert. Eine Einführung der gleichgeschlechtlichen Ehe sei, so die beiden, in Polen noch für lange Zeit absolut unvorstellbar.

Doch Ali muss auch zugeben: Bei ihren Aufenthalten in Polen ist bislang immer alles gut gegangen. Sie und Basia hatten nur ein einziges negatives Erlebnis, und das war nicht in Polen, sondern in Regensburg. Als sie dort Hand in Hand durch die Altstadt spazierten, rief ein entgegenkommender Passant »Lesben« und eilte dann schnell weg. So etwas passiere Frauen eigentlich selten, sagt Basia. Aus irgendeinem Grund würden weibliche Paare seltener beschimpft als männliche, egal ob in Deutschland oder Polen.

Basia und Ali können sich gut vorstellen, in nicht allzu ferner Zukunft zu heiraten. Dabei spielt auch die Befürchtung eine Rolle, dass einer von ihnen etwas zustoßen könnte. Die andere würde dann auf der Intensivstation des Krankenhauses keine Auskünfte über den Gesundheitszustand erhalten, da sie kein direktes Familienmitglied wäre. Eine kirchliche Hochzeit kommt nicht infrage, da sie beide aus der Kirche ausgetreten sind. Es soll also eine standesamtliche Trauung werden, auch wenn sie in Polen nicht anerkannt wird.

Den Kirchenaustritt hat Basia übrigens ihrer Familie, besonders ihren Großeltern, noch nicht gestanden. Es wäre für sie ein noch härterer Schlag als alles Bisherige. Zunächst mussten sie

Warschauer Gleichheitsparade (parada równości) 2019, die polnische Entsprechung des Christopher Street Days

sich daran gewöhnen, dass Basia Veganerin ist. Dann kam die Nachricht, dass sie mit einer Frau zusammen ist. Dann der Umzug nach Deutschland. Und jetzt auch noch der Kirchenaustritt … Doch Basia ist sich sicher, dass sie auch diese Neuigkeit schließlich akzeptieren werden.

III. Teil

TRASH-CLASHES

1 IM KLISCHEEFREIEN RAUM

Wie kahle Pferde

Seit der Hochzeit sind einige Jahre vergangen. Allabendlich steigt man ins Bett mit einer fremden Kultur – und hurra, man ist immer noch zusammen! Jedes Jahr, das ein deutsch-polnisches Paar durchhält, ist ein Argument gegen die Skeptiker, die bei der Hochzeit hinter der dunklen Säule tuschelten.

Da macht es auch nichts, dass das Album mit den Hochzeitsfotos schon seit geraumer Zeit nicht mehr angeschaut wurde. Und die DVD mit dem vierstündigen Hochzeitsfilm – ja, wo ist die eigentlich? Man hatte sie vor einiger Zeit dem Schwager geliehen, der sich darauf voller Wehmut seine Ex-Frau anschauen wollte; danach hat er sie wohl an die Schwiegereltern weitergegeben.

Egal, nur Nostalgiker blicken zurück, und viel wichtiger als die eigene Vergangenheit sind inzwischen sowieso die gemeinsamen Kinder. Sie sorgen dafür, dass es nicht langweilig wird.

Apropos langweilig: Ein befreundetes Pärchen, das sich ungefähr genauso lange kannte wie man selbst, hat sich vor Kurzem getrennt. Lag es daran, dass es sich langweilte, weil es keine Kinder hatte? Oder dass es nicht richtig zusammenpasste? Oder passte es einmal zusammen und fing dann an, sich zusammen zu langweilen? Oder langweilte es sich einfach deshalb, weil beide Deutsche waren?

Unser deutsch-polnisches Paar glaubt Letzteres. Es fragt sich allen Ernstes, wie man mit einem Landsmann oder einer Landsmännin verheiratet sein kann, ohne dass einen die Langeweile überkommt. Worüber reden diese Paare eigentlich? Zugegeben, auch man selbst kennt sich inzwischen »wie kahle Pferde« (»jak łyse konie«, schöne polnische Wendung!). Die großen Themen sind schon lange aus dem Blickfeld verschwunden, Politik, Religion oder Familie. Sollte es da je unterschiedliche Standpunkte gegeben haben, hat man sich mit ihnen arrangiert. Viel eher stolpert man heute über die kleinen Steine, die da in den großen Minenfeldern herumliegen. Warum hat man sie früher nicht bemerkt? Vielleicht, weil es keine Vorwarnungen gab, keine Klischees? Ja, Klischees haben fast die Funktion eines Frühwarnsystems, sie sensibilisieren für viele Themen. Aber leider nur für die großen. Über die deutsche Pünktlichkeit gibt es viele Witze, aber wer hat im polnischen Kabarett je einen Sketch über die deutsche Mittagsruhe gesehen? Niemand, denn niemand in Polen hat je von dieser heiligen Institution gehört. Manchmal wäre man regelrecht dankbar für ein kleines Klischee, denn dann wäre man zumindest sicher, dass schon andere Leute das Problem bemerkt haben. Für viele Stolpersteine schämt man sich fast. Das sind doch lauter Kleinigkeiten, Trash-Clashes! Doch da sitzt man nun allabendlich und diskutiert über deutschen Geschirrschaum oder polnische Hausschuhe … Nein, langweilig wird es wirklich niemals im klischeefreien Raum!

Geschirrschaum

Oliwia hat tatsächlich die Beobachtung gemacht, dass ihr Mann und viele andere Deutsche beim Geschirrspülen gerne darauf verzichten, anschließend den Schaum abzuspritzen. Auf diese Weise klebt er dann am Glas fest. Für Oliwia ist es aber schlechterdings nicht vorstellbar, aus einem Glas mit Spüli-Geschmack zu trinken. Deshalb haben ihr Mann und sie sich schließlich eine Spülmaschine geleistet. Auf diese Weise wird das Geschirr zur beidseitigen Zufriedenheit gespült, und gestritten wird auch nicht mehr.

Zu unhöfliche Mails

Luiza und ihr deutscher Mann fangen immer dann an zu streiten, wenn sie ihn bittet, eine Mail zu verfassen, zum Beispiel an eine Fluglinie, eine Versicherung oder an das Bürgeramt. Luiza traut sich das nicht zu, weil ihr Deutsch noch fehlerhaft ist. Ihr Mann tut das zwar brav, aber sie ist jedes Mal entsetzt darüber, wie unhöflich und befehlshaberisch seine Mails wirken. Sie schreibt dann schnell einige nette Sätze dazu, aber das stört wiederum ihren Mann. Er meint, dass sie den Sachverhalt völlig unnötig in Watte verpacke. In Deutschland müsse man kurz und bündig schreiben. Luiza sieht hier einen Grundkonflikt: deutsche Direktheit gegen polnische Höflichkeit.

Verheiratet mit einem Österreicher

Wenn **Teresa** die Zeit zurückdrehen könnte, würde sie sich wohl nicht noch einmal für ihren österreichischen Mann entscheiden. »Österreicher sind Zwergdeutsche mit südlichem Einschlag!« Doch ihr Mann bleibt ihr nichts schuldig. Er sagt, dass sie charaktermäßig eine Deutsche sei, die durch irgendeinen Zufall als Polin auf die Welt gekommen sei. Das, so Teresa, seien aus dem Mund eines Österreichers harte Worte, und auch für eine Polin ist es nicht schön, als Deutsche bezeichnet zu werden. Teresa beneidet alle Polinnen, die einen deutschen Mann haben, denn sie glaubt, dass das Verhältnis zwischen zwei großen Ländern wie Deutschland und Polen schon schwierig genug sei, aber zumindest auf Augenhöhe ablaufe. »Doch ein Zwergdeutscher mit seinen K.-u.-k.-Ambitionen und der dazu passenden Arroganz – mit einer Frau, die aus dem dreimal so großen Polen kommt????? Das kann nicht gut gehen.«

Polnisches Multitasking

Peter 2 ist sich absolut sicher, dass seine Frau alle weiblichen und polnischen Eigenschaften zugleich und in geballter Form verkörpert. »Welche andere Frau kann beim Autofahren gleichzeitig telefonieren (ohne Freisprecheinrichtung, mit eingeklemmtem Handy zwischen Ohr und Schulter), sich die Fingernägel lackieren (du liest richtig), dabei rauchen, Kaffee trinken und noch lenken und schalten (keine Automatik)? Ich kenne nur eine – meine.«

Deutsche Ungeselligkeit

Holger findet, dass sich die Unterschiede zwischen ihm und seiner Frau am deutlichsten beim Thema Geselligkeit zeigen. Während einer Abendeinladung bei Freunden (besonders bei polnischen Freunden) würde seine Iwona niemals auf die Uhr schauen; außerdem bleibe sie immer bis zum Ende, sodass sie noch beim Aufräumen und Geschirrabwasch mithelfen kann. Ihm selbst ist diese Gabe der totalen Entspannung versagt, er denkt ab einem bestimmten Zeitpunkt nur noch daran, dass nun allmählich die Kinder ins Bett gebracht werden sollten oder dass man morgen besonders früh aufstehen muss. In solchen Momenten fühlt er sich ungesellig oder, »sprechen wir es ruhig aus: deutsch«. Er hat auch nichts gegen einen »polnischen Abgang« einzuwenden, also einen raschen, unbemerkten Aufbruch (in Polen heißt er interessanterweise »englischer Abgang«). »In Wirklichkeit aber sieht ein polnischer Abgang so aus, dass der Aufbruch im Laufe des Abends immer wieder angekündigt, dann aber zuverlässig hinausgezögert wird. Noch im Türrahmen kann sich eine rege Unterhaltung zu einem völlig neuen Themenkomplex entwickeln, der abgehandelt wird bis zur Erschöpfung – jedenfalls bis zu meiner. Und wer bringt jetzt bitte schön die Kinder ins Bett?«

Iwona bestätigt das: »Wenn wir irgendwo eingeladen sind, sagt mein Mann: ›Ich bleibe noch hier und esse, du kannst schon mal rumgehen und dich verabschieden.‹«

Müll und Fenster

Lars bittet um Hilfe. Seine polnische Frau hält sich an keinerlei Abmachungen, will ständig neu verhandeln, wer den Müll rausbringen soll. Sie behauptet, dass es immer derjenige machen sollte, der gerade den vollen Müll sieht. Aber Lars wünscht sich klare Verhältnisse, klare Arbeitsteilung. »Wieso kapiert sie das nicht?«

Felix beschwert sich über genau das Gegenteil. Seine Frau habe eine allzu klare Rollenerwartung! »Wer trägt den Müll raus? Das diskutieren wir zu Hause gar nicht. Bestimmte Dinge sind per Geschlecht festgeschrieben – alles mein Job! Auch alles, was mit Technik zu tun hat, ist Männersache, und Mülleimer gehören ja klarerweise zum Bereich Technik. Ich bin aber von Beruf Jurist, verdammt noch mal.«

Peter 2 ist zu Hause für das Reinigen der Wohnung zuständig; nur an die Fenster darf er nicht ran. Seine Frau hat es ihm verboten, und Peter hat dieses Verbot lange Zeit akzeptiert, weil Fensterreinigen für sie eine Herzensangelegenheit zu sein schien. Was ihn aber störte, war ihre Methode. Damit brauchte sie ja vier Stunden für alle Fenster! Glas nass machen, dann Putzmittel und trockenrubbeln – wie umständlich. Irgendwann konnte Peter sich die Plackerei nicht mehr länger anschauen, kaufte einfach Nano-Tücher und nahm die Sache selbst in die Hand. »Fertig nach einer Stunde!« Abfälliger Kommentar seiner Frau: »Niemiec jesteś, ale nic prawdziwego nie umiesz.« Zu Deutsch: »Du bist ein Deutscher, aber kannst nichts Richtiges«.

Mangelnde Fahrpraxis

In einer Partnerschaft hat man natürlich nicht nur Gelegenheit, den eigenen Partner zu beobachten, sondern lernt auch dessen Familie und viele seiner Landsleute kennen. Irgendwann kann man ziemlich treffsicher auseinanderhalten, welche Eigenschaften des Partners ganz individuell und welche typisch für seine gesamte Kultur sind.

Michael stellte bereits *vor* der Hochzeit fest, dass seine Frau zwar den Führerschein, aber keinerlei Fahrpraxis hatte. Das wunderte ihn, doch führte er es darauf zurück, dass sie nie ein eigenes Auto besessen hatte. Erst *nach* der Hochzeit merkte er allmählich, dass seine Frau kein Einzelfall war, sondern auch viele ihrer polnischen Freundinnen sich nach der Führerscheinprüfung nie wieder hinters Steuer getraut hatten. Es sah ganz danach aus, dass junge Frauen in Polen generell seltener als in Deutschland fuhren! Von nun an machte er sich nicht mehr lustig über ihre Ängstlichkeit, denn die Gründe dafür lagen wohl doch etwas tiefer, als er gedacht hatte.

Polnische Nationalisten

Felix findet, dass viele Polen sehr nationalistisch sind. »Für einen Deutschen natürlich schwer nachzuvollziehen, wir kennen so etwas nicht. Wir sind, im Gegensatz zu den Polen, nicht stolz auf unser Land.« In Polen treten nach Felix' Meinung regelrechte Minderwertigkeitskomplexe auf. Wenn er zum Beispiel zu seiner Frau sagt, dass er irgendein polnisches Wort aus einer anderen Sprache schon kenne, heiße es von ihr regelmäßig, das Wort komme ursprünglich aus dem Polnischen, etwa »lek« (Arzneimittel) oder »Jarmark« (Jahrmarkt). »Redet man nicht über Politik, sind sie alle liebe und angenehme Menschen, aber sobald es um Polen geht, zählt nur noch das nationale Ego.«

Fernsehen

Georgs Frau hat keine Lust auf die deutsche Art der Synchronisation ausländischer Filme. Sie lobt stattdessen die polnische Weise, also mit einem Lektor, der alle Dialoge mit monotoner Stimme hineinspricht. Damit kann nun Georg wieder gar nichts anfangen: »Ich krieg'n Föhn, wenn ich diesen Lektor höre.«

Dieter (2) bemängelt, dass in Polen permanent der Fernseher an sei, Tag und Nacht. Er habe keine einzige Familie im Bekanntenkreis, bei der das nicht so sei. Das Gerät laufe beim Frühstück, Mittag- und Abendessen. »Der Fernseher ist Teil der Familie. Der zusätzliche Teller, der an Heiligabend immer für einen unerwarteten Gast hingestellt wird, ist meiner Meinung nach nicht für einen fremden Wanderer bestimmt, sondern eigentlich für den Fernseher.« Seine Freundin **Ola** findet aber, dass Dieter unrecht hat. Der Fernseher laufe nur bei ungebildeten Leuten ständig. Das sei in Deutschland genauso.

2 PEDANTEN UND CHAOTEN

Deutsche Pedanten

Marzena lobt ihren Mann zunächst dafür, dass er ein echter Gentleman sei. Er hält ihr beim Einsteigen ins Auto die Tür auf oder schleppt ihr die Einkaufstaschen bis in den dritten Stock hinauf; sobald sie einen Schuhladen betreten will, nimmt er ihr alle Taschen ab, damit sie die Jagd mit freien Händen genießen kann. »Was will man als Frau noch mehr?«

Mit der Zeit hat sie sein ausgeklügeltes Ordnungssystem im Kleiderschrank bemerkt. Ihr fiel auf, dass er seine Unterhemden danach sortiert, ob sie von der Form her besser unter einem Hemd oder einem Pulli zu tragen sind.

Nachdem sie das System verstanden hatte, gewöhnte sie sich schnell daran und hilft ihrem Mann seither beim Sortieren, auch wenn sich die Unterhemden für ihr Auge oft gar nicht so schrecklich unterscheiden.

Etwas pedantisch ist ihr Mann auch, was das Betreten des Balkons in Hausschuhen angeht – für ihn ein absolutes Tabu, das sie jedoch oft heimlich verletzt, wenn sie mal schnell auf den Balkon huscht, während ihr Schatz gerade in der Küche ist. Da sie bei diesen Regelverstößen mehrfach aufflog, hat ihr Mann inzwischen ein liebevolles, aber gut durchdachtes Sicherheitssystem entwickelt. Auf dem Balkon steht gleich hinter der Tür, also wettergeschützt, ein Paar Schuhe, das nur für den Balkon bestimmt ist. Im Wohnzimmer wiederum, direkt vor der Balkontür, liegt eine Fußmatte, die für Marzenas draußen schmutzig gewordene Hausschuhe gedacht ist, falls sie mal wieder die wettergeschützten Balkonschuhe nicht angezogen hat.

Auch Klaudias Ex-Freund war ein Pedant. Der seiner Meinung nach schlimmste Fehler, den man überhaupt auf Erden machen konnte, bestand darin, einen Gedankenstrich (–) mit einem Bindestrich (-) zu verwechseln. Wiederholt stellte sie bei ihm auch eine seltsame Erregung fest, wenn sie mit ihm durch die Stadt lief und er auf irgendeinem Plakat einen Druckfehler bemerkte. Dann schien es ihm förmlich in den Händen zu kribbeln, das Plakat abzureißen.

Polnische Chaoten

Während die polnische Seite über die deutschen Pedanten klagt, wird von deutscher Seite das Gegenteil bemängelt, Unpünktlichkeit und Unzuverlässigkeit.

Ralf ist sich sicher, dass »nahezu 90 Prozent der Polen« keine innere Uhr haben. »Soll heißen, Pünktlichkeit wurde meiner Frau nicht in die Wiege gelegt. Auch der leichte Hang zur aufgabenbezogenen Selbstüberschätzung ist bisweilen anstrengend. Der Tag hat auch in Polen nur vierundzwanzig Stunden.«

Peter (wieder ein anderer, also **Peter 3**) schimpft, dass es mit seiner Frau regelmäßig fast zur Scheidung kommt, wenn sie um 11.50 Uhr noch seelenruhig auf dem Sofa sitzt, obwohl seine Eltern um Punkt zwölf mit dem Mittagessen warten. Sie sagt dann immer zu ihm, er solle sich beruhigen, denn »man kann ja nicht immer nach der Uhr leben – und ein paar Minuten zu spät macht auch nichts«. Wenn sie mit ihm nach Polen fährt, werden diverse Besuche bei Freunden, Omas, Tanten und Onkeln eingeplant. Doch die Hälfte davon kommt gar nicht zustande, weil seine Frau sich schon bei der zweiten Tante festquatscht. Wenn Peter dann mahnt, dass noch Termin drei und vier warteten, erwidert seine Frau ärgerlich, dass sie jetzt nicht in Deutschland seien. Die anderen Leute könnten ruhig warten. Jeder in Polen habe dafür Verständnis – nur Peter nicht.

Viele Polen würden sich über diesen deutschen Strand nicht besonders wundern ...

3 ASERTYWNOŚĆ

Deutsche können besser Nein sagen

Wenn Polen sich mit Deutschen vergleichen, beklagen sie bei sich selbst häufig einen gewissen Mangel an Durchsetzungsfähigkeit. Auf Polnisch gibt es dafür ein schönes Wort, das auch im Englischen existiert, »asertywność« (assertivity). Das deutsche Wort »Durchsetzungsvermögen« trifft nur die Hälfte davon, weil darin nicht die »Fähigkeit zum Neinsagen« drinsteckt, die in »asertywność« zusätzlich mitschwingt. Vielen Polinnen fällt ihr Mangel an »asertywność« besonders im Kontakt mit deutschen Frauen auf, die sie oft als selbstbewusst, hart und egoistisch wahrnehmen. Die Deutschen, so Ewa, schätzen klare Ansagen: Ein Kerl muss eine Meinung haben, und eine Frau erst recht. Gefühlsnuancen und feinere Zwischentöne seien häufig unbekannt. Viele Deutsche verstünden deshalb auch nicht die Probleme sensibler Menschen, die sich drehen und winden, wenn sie gezwungen sind, eine negative Antwort geben zu müssen. Seit Ewa in Deutschland lebt, möchte sie durchsetzungsfähiger werden und kämpft jeden Tag mit ihrer polnischen Nachgiebigkeit. »In Polen wird alles so geglättet.«

Die strenge Buchhändlerin

Ein gutes Beispiel dafür, wie offensiv viele deutsche Frauen in Auseinandersetzungen hineingehen, kommt von **Joasia**. Eines Tages machte sie mit ihrem Mann **Thomas** einen Ausflug in eine kleine norddeutsche Stadt. Es war ein heißer Hochsommertag, und sie suchten sich in der Altstadt eine kleine Buchhandlung, um sich im Schatten ein bisschen abzukühlen. Der Laden war zu ihrer Überraschung komplett leer, bis auf die Besitzerin, die im Hintergrund an der Kasse beschäftigt war. Thomas entdeckte einen bequemen Lesesessel und setzte sich hinein, um in aller Ruhe ein paar Bücher durchzublättern. Joasia las etwas weiter entfernt in einem Märchenbuch.

Plötzlich kam die Buchhändlerin angeschossen, eine etwa sechzigjährige Frau mit künstlerisch zerzausten Haaren, einem Halstuch und kleinem roten Zwicker auf der Nase. Sie fuhr Thomas an: »Darf ich Sie bitten, das Buch nicht so weit aufzuschlagen? Sonst will der nächste Kunde es nicht mehr haben!«

Thomas bewahrte die Ruhe und erwiderte freundlich: »Keine Angst, ich passe auf.« Kurz danach stand er auf, nahm sich ein anderes Buch aus dem Regal und setzte sich wieder in den Sessel. Da kam die Verkäuferin schon wieder an und sagte noch schärfer: »Bitte passen Sie auf, ja?«

»Keine Angst, ich kaufe das Buch ja sowieso, denn es interessiert mich!«, antwortete Thomas. Joasia sah, dass er ein Buch über Brasilien genommen hatte. Dort wollten sie demnächst Urlaub machen. Es rührte sie, dass er für die gemeinsame Reise sogar diese aggressive Buchhändlerin ertrug.

»Ach so«, entgegnete diese überrascht. »Dann ist ja gut.«

Thomas ging an die Kasse und zog das Portemonnaie hervor. »Sehr schön schattig ist es hier bei Ihnen«, meinte er.

Die Verkäuferin sah ihn eine Weile stumm an. Dann brach es aus ihr hervor: »Also Sie sind wirklich ein erstaunlicher Kunde. Zuerst, als ich Sie ermahnt habe, bleiben Sie ganz ruhig sitzen, und jetzt sagen Sie mir auch noch ein nettes Kompliment. Die meisten Kunden schmeißen ihre Bücher dann einfach hin und rennen raus.« Und nun wandte sie sich an Joasia: »Sind Sie auch so eine ungewöhnliche Kundin?«

»Weiß ich nicht«, antwortete Joasia kühl. Die Verkäuferin schwamm förmlich im Glück und wandte sich noch einmal an

Thomas: »Darf ich fragen, hat Ihnen das echt nichts ausgemacht?«

»Nö«, sagte Thomas.

»Ist der immer so nett?«, fragte die Verkäuferin Joasia eindringlich.

»Manchmal«, meinte Joasia. Sie wollte den Laden so schnell wie möglich verlassen, auch wenn draußen eine Gluthitze herrschte.

Doch die Buchhändlerin drehte jetzt erst richtig auf. Sie ging zu dem Sessel, auf dem Thomas gesessen hatte, und warf sich hinein. »Wie er so da saß ...« – sie rekelte sich im Sessel mit weit übereinandergeschlagenen Beinen – »so saß er da! Da dachte ich wirklich: Na, der fühlt sich ja wohl auf der Welt!«

»Tu ich ja auch«, sagte Thomas.

Joasia wusste nicht, über wen sie mehr lachen sollte, über ihren dickfelligen Mann oder die aufdringliche Buchhändlerin mit ihrem unmöglichen Schauspieltalent. In Polen, glaubt sie, wäre so eine Szene unmöglich gewesen.

Auch eine Studentin darf eine Meinung haben

An der deutschen »asertywność« lassen sich aber auch positive Seiten entdecken. Die Deutschen erwarten eine klare Meinung, ertragen sie dann aber auch von anderen Menschen, sogar von Studenten. Für Magda war es ein angenehmer Kulturschock, als sie während eines Studienaufenthaltes in Deutschland von einem Professor nach ihrer Meinung gefragt wurde und er sich geduldig anhörte, was sie zu sagen hatte. Aus Polen sei sie es gewöhnt gewesen, dass Studenten die Meinung ihrer Professoren kritiklos zu übernehmen hatten.

Gib der Polin immer recht!

Interessanterweise liegen von deutscher Seite genau entgegengesetzte Aussagen vor. Natürlich wird dabei nicht das Wort »asertywność« benutzt, aber in der Sache geht es um dasselbe.

Matthias klagt: Es werde ihm *immer* das Wort abgeschnitten, es sei ihm nicht möglich, ein einziges Mal auszureden, ohne von seiner Frau oder seiner Schwiegermutter unterbrochen zu werden. Daher wende er auch oft seinen mühsam erlernten polnischen Lieblingssatz an: »Kurwa, teraz ja mówię!« (Hure, jetzt rede ich). Sofort herrsche Stille. »Hauptsächlich wohl deshalb, weil sie erstaunt sind, dass sich da jemand zu Wort gemeldet hat, der sonst überhaupt kein Polnisch spricht.«

Peter 2 erteilt allen deutschen Ehemännern den Rat: »Sagt lieber direkt Ja, auch wenn ihr es besser wisst! Ihr ärgert euch zwar, aber deutlich kürzer. Eine Polin gibt einen Fehler nicht zu und ist nicht kritikfähig. Immer liegt es an jemand anderem. Falls niemand anderer da ist, seid ihr eben die Schuldigen, da ihr mit eurem Pessimismus daran schuld wart, dass es überhaupt so weit kommen konnte!«

Jean: »Polnische Frauen wollen einen stärkeren Mann, den sie dann später dominieren können. Lange Zeit hat mich meine Frau in dem Glauben gelassen, dass ich irgendwelche Entscheidungen treffe. Und plötzlich hatten wir drei Kinder. Als ich Nummer zwei im Ultraschall gesehen habe, dachte ich: Scheiße, mein Sportauto – das war's dann.«

Lars: »Ich rate jedem Deutschen, seiner polnischen Ehefrau recht zu geben, dann hat man den Himmel auf Erden.« Lars hält sich daran, und es gibt in seiner Ehe eigentlich nur noch ein einziges Problem: »Wo will man beerdigt werden? Meine Frau in Polen und ich in Deutschland. Das wird noch ausdiskutiert werden müssen.«

... und viele Deutsche über diesen Warschauer Verkehrsstau ebenfalls nicht

Vielleicht muss man sich also um die Durchsetzungsfähigkeit der Polinnen doch nicht so wirklich Sorgen machen, zumindest nicht im privaten Bereich. Möglich, dass die Deutschen nur im öffentlichen Bereich »assertiver« auftreten.

4 VERHÄLTNIS ZU NACHBARN

Mittagsruhe

Wie schon angedeutet: Die Institution der deutschen »Mittagsruhe« ist in Polen unbekannt. Umgekehrt wissen die meisten Deutschen gar nicht, dass dieses Phänomen weder in Polen noch in den meisten anderen Ländern existiert.

Monika, die in einer deutschen Universitätsstadt wohnt, beschäftigte eine Zeit lang eine Haushaltshilfe aus Litauen namens **Irena**. Eines Tages kam Irena auf die fatale Idee, in der Mittagszeit zu staubsaugen. Nach wenigen Augenblicken klingelte der Nachbar an der Tür, ein etwa sechzigjähriger Deutscher, und begann zu schimpfen. Irena verstand nicht, worum es ging, und sah den Mann fragend an. Er stockte einen Moment und wechselte dann ins Russische. Er war nämlich zufälligerweise Russischdozent an der örtlichen Universität. Diesmal verstand Irena jedes Wort und bekam einen Mordsschrecken. Mittagsruhe – was war das denn? Auch Irenas Nachfolgerinnen, alle Osteuropäerinnen, machten wiederholte Versuche, die heilige Stille zwischen dreizehn und fünfzehn Uhr zu brechen. Stets stand binnen Kurzem der Nachbar vor der Tür und donnerte ihnen in glänzendem Russisch seine Standpauke entgegen.

Monika erklärte es ihren Angestellten immer so: Deutschland sei ein übervölkertes Land, das eine viel höhere Einwohnerdichte als andere europäische Länder habe. Deswegen müsse man sich gegenseitig respektieren und die Regeln einhalten. Sie glaubt aber selbst nicht an diese Erklärung. Eher hat sie den Eindruck, dass die Deutschen einfach Schlafmützen sind, die sogar tagsüber ein Nickerchen benötigen.

Nach der Hochzeit wohnte Peter I samt Frau und Kindern in einem Mehrfamilienhaus am Rand der Stadt. Auch alle anderen Parteien im Haus waren Familien mit Kindern, bis auf ein mitteljunges Pärchen, das kinderlos war und direkt unter Peter wohnte. Beide waren Musterbeispiele für ordentliche Deutsche; auch im Schlaf hätten sie noch die Hausordnung aufsagen können. Eines Tages kamen zwei Freunde von Peters kleinem Sohn zu Besuch, zusammen mit ihren Müttern. Es gab Kaffee und Kuchen, die Mütter unterhielten sich, und die Kinder spielten Fußball. Plötzlich klingelte es an der Tür: Die Nachbarin von unten beschwerte sich über die tobenden Kinder, es gelte die Mittagsruhe! Peter war zum Glück gerade im Bad und schaute durch den angelehnten Türspalt. Er hatte keine Lust auf Krieg mit den Nachbarn: »Wir Deutsche haben halt aus der Geschichte gelernt und lieben jetzt den Frieden.« Die Nachbarin schimpfte weiter, beging aber einen schweren Fehler, vielleicht den schwersten, den man im Umgang mit einer polnischen Mutter machen kann, so Peter. Sie warf seiner Frau vor, sich nicht genug um ihre Kinder zu kümmern. »Wenn Sie sich mal mehr mit Ihren Kindern beschäftigen würden, dann würden die hier auch nicht Fußball spielen!« Das war die Kriegserklärung. Peters Frau holte zum Gegenschlag aus, obwohl sie damals sprachlich noch ziemlich unbeholfen war. In erhöhter Tonlage wies sie die Nachbarin darauf hin, dass es ihr freistehe, sich nach einer neuen Bleibe umzusehen, wo es keine Kinder gebe. Doch in Deutschland hätten Kinder Vorfahrt, das sei sogar gesetzlich geregelt. – Woher hatte sie plötzlich dieses Argument? Peter platzte vor Stolz. Seine Frau hatte wunderbar begriffen, wie man mit Deutschen streiten muss – immer auf die Gesetzeslage verweisen! Die Nachbarin zog wutentbrannt ab, und Peter kam aus dem Bad heraus, um seiner Frau zu gratulieren: »Trotz deiner sprachlichen Defizite konntest du den Feind schon an der Grenze aufhalten.« Nun folgten einige Monate nachbarschaftlicher Krieg, doch bald darauf zog Peter mit Familie aus. Beim Auszug musste er die alte Wohnung renovieren. Dabei achtete er darauf, besonders während der Mittagsruhe schön laut zu sein.

Die Ballade von Pawel und Gawel

Peter sieht im Streit um die Mittagsruhe einen grundlegenden Unterschied zwischen Deutschen und Polen. »Hier prallen zwei unterschiedliche Sichtweisen des Zusammenlebens aufeinander. In Deutschland gilt die ›Hausordnung‹, in Polen eher der englische Grundsatz ›my home is my castle‹. Das bedeutet: In meinen eigenen vier Wänden herrscht grenzenlose Freiheit, hier darf ich machen, was ich will.« Peter weist auch auf ein satirisches Gedicht des polnischen Dichters Aleksander Fredro hin, das in Polen jedes Kind kennt. Es warnt vor Rücksichtslosigkeit gegenüber Nachbarn. Ich zitiere es in einer eigenen Übersetzung, die sich, anders als das polnische Original, nur an wenigen Stellen reimt.

Pawel und Gawel wohnten im selben Haus,
Pawel oben und Gawel unten raus.
Pawel war ruhig und störte niemand,
Gawel war wild, außer Rand und Band.
Ständig jagte er durch sein Zimmer,
Hier Hund, hier Hase, über Tisch und Bänke
jagt er, heißa!, schlug Purzelbäume,
Schoss und trompetete und schrie.
Pawel ertrug es lange, dann konnte er nicht mehr;
Er ging zu Gawel und bat ihn demütig:
Erbarme dich, Herr, jage etwas leiser,
Weil mir oben die Scheiben aus dem Fenster fliegen.
Gawel sagte ihm nur: Freiheit muss sein
In diesem Heim!

Was war da zu machen? Pawel sagte kein' Mucks,
Kehrte nach oben zurück und drückte die Mütze fester.
Als Gawel am nächsten Morgen munter schnarchte,
Tropfte ihm was von der Decke auf die Nas.
Er sprang vom Bette auf und jagte nach oben.
Klopf, klopf! Verschlossen, er schaute durchs Schlüsselloch.
Und siehe da … Ja was? Das ganze Zimmer unter Wasser,
Und Pawel saß mit der Angel auf der Kommode.
Was machst du da, Herr Nachbar? – Fische angeln.
Aber mir, hochwerter Herr, tropft es auf den Kopf!
Diesmal sagte Pawel nur: – Freiheit muss sein
In meinem Heim!
Die Moral von der Geschicht' lautet also:
Wie du mir, so spring ich dir an den Halso.

5 DEUTSCHE GLEICHBERECHTIGUNG

Deutsche Männer werden bald nicht mehr benötigt

Ja, es ist mir schon selbst aufgefallen: Im Kapitel über »Gesundheit« habe ich ausschließlich deutsche Kommentare angeführt, ohne eine einzige polnische Meinung zu zitieren. Hier kommt die Revanche – lauter polnische Kommentare über die deutsche Gleichberechtigung, alle negativ. Nun wird sich hoffentlich niemand beklagen, dass ich nicht auf den Proporz achte!

Marylka schickt höflich voraus, dass man die deutschen Männer nicht als »schlecht erzogen« bezeichnen sollte, sondern als »anders erzogen«. Doch dann bricht es aus ihr heraus: Wenn sie Geburtstag hat, muss sie sich die dazugehörige Party selbst organisieren, denn ihr deutscher Mann hilft ihr garantiert nicht. Wenn sie will, dass ihre Kinder den Muttertag nicht nach deutschem Kalender (am zweiten Sonntag im Mai) feiern, sondern nach polnischem Brauch (am 26. Mai) – dann muss sie ihnen das selbst sagen, denn ihr Mann übernimmt das nicht. Sogar den Rasenmäher muss sie selbst reparieren, weil ihr Mann leider mitbekommen hat, dass sie sowas kann. Alles muss sie selbst machen, denn das heißt »Gleichberechtigung«. Dieses Wort bringt Marylka manchmal zum Kotzen. Sie vermutet, dass die deutschen Männer dank der ewigen Gleichberechtigung bald schon gar nichts mehr zu sagen haben werden, einfach, weil ihre Frauen sie zu nichts mehr benötigen.

Karolinas Mann trägt oft nur eine einzige Einkaufstasche zum Auto, während sie die andere Tasche tragen muss. An der

Supermarktkasse lässt er sie oft ganz allein die schweren Waren vom Einkaufswagen aufs Band stellen, während er selbst ausführlich im Portemonnaie nach dem Geld sucht. Sie hasst die deutsche Gleichberechtigung und seufzt: »Er müsste nur so wenig machen, und ich wäre schon zufrieden. Aber er macht gar nichts.«

Judyta hatte eines Tages Besuch von einem befreundeten deutschen Paar aus Dresden. Als die Freundin aus dem Auto ausstieg, nahm sie ihr Kind, ihre Tasche und noch einige andere Sachen auf den Arm. Ihr Mann musste nur die Autoschlüssel tragen. Judyta sagte empört zu ihr, dass bei ihr selbst und ihrem Mann so etwas unmöglich sei! Aber die Freundin verteidigte ihren Mann: Wenn sie von ihm verlangen würde, dass er alles tragen solle, würde ihn das furchtbar stressen. Judyta antwortete: »Ich muss meinem Mann nicht ständig zeigen, dass ich genauso stark bin wie er.«

Martyna wirft ein: »Die deutschen Frauen fragen ihre Männer nicht um Hilfe, sondern fragen ihn höchstens, ob er im Stehen pinkelt.«

Asia: »Der Mann ist der Kopf, die Frau der Hals. Ich glaube, dass die Polinnen besser als die deutschen Frauen wissen, wie man den Kopf drehen soll.«

Gosia: »Wir Polinnen sind warmherzig, wir können das viel schneller und deutlicher zeigen. Die deutschen Frauen brauchen meistens mehr Zeit, um Gefühle zu zeigen, oder zeigen sie oft auch gar nicht.«

Michalina: »Deutsche Frauen sind karrieregeiler. Zuerst die Karriere und dann die Familie.«

Ewelina verteidigt die Männer, nicht nur die deutschen, sondern alle Männer. Sie fand es immer schon ungerecht, dass Männer Frauen ansprechen müssen. Was soll das Gerede von der Emanzipation, wenn sich daran bis heute nichts geändert habe? Ja, im Kino gebe es verruchte Kommissarinnen oder kecke Bäuerinnen, die sich ihren Arzt am Stethoskop ins Bett zie-

»Die deutschen Frauen fragen einen Mann höchstens noch, ob er im Stehen pinkelt.«

hen. Aber das sei alles Lüge. »Als Mann musst du aktiv werden, und deswegen tun die Männer mir manchmal leid, besonders die deutschen.«

6 GEIZ UND FINANZEN

Geizig oder sparsam?

Geiz ist natürlich ein universales Streitthema, das sich nicht auf deutsch-polnische Paare beschränkt. Deswegen wollte ich alles Finanzielle zuerst völlig ausklammern. Doch da war ich im Irrtum. Es zeigte sich, dass besonders die polnische Seite oft tief verbittert ist, ohne dass sich die deutsche Seite irgendeiner Schuld bewusst wäre; sie empfindet sich selbst einfach als »sparsam«! Tja, und hier liegt das Problem. Geiz ist Interpretationssache und nur äußerst schwer nachweisbar. Gewiss, auch Alkoholiker streiten ihr Problem vehement ab, aber irgendwann müssen sie es einräumen, spätestens wenn man im Spülkasten der Toilette die versteckte Gin-Flasche findet. Jemanden auf frischer Tat beim Geizigsein zu erwischen ist ungleich schwerer; immer findet sich irgendeine Ausrede. Das bemerkte zum Beispiel Magda, als sie ihren Mann als Geizkragen bezeichnete. Er stritt es entrüstet ab und erzählte von seinem Freund Patrick. Der nutze sogar das Grab seiner Eltern auf dem städtischen Friedhof, um dort Tomaten anzubauen!

Adam, der bereits beim Thema Religion zu Wort kam: »Man muss wirklich sagen, dass die wirtschaftliche Situation in Deutschland hervorragend ist, wenn ein frischgebackener Ingenieur, eine Studentin und ein Kind richtig gutes Geld haben. Man muss auch zugeben, dass die Mieten im Verhältnis zu den Gehältern günstig sind. Trotzdem gehört meine Frau zu den sparsamen Deutschen oder einfach zu den Deutschen.« Solange er noch nicht verheiratet war, konnte er jeden Tag ein Bad nehmen, ohne sich Vorwürfe anzuhören. Doch seine Frau bat ihn sehr bald, nach jedem Bad mindestens fünfzig Cent ins Sparschwein zu werfen, wegen des größeren Wasserverbrauchs.

Adam berichtet auch, wie er und seine Frau die Haushaltskasse verwalten. Sie haben zwar jeder ein eigenes Konto, um sich nicht für jede kleine Ausgabe rechtfertigen zu müssen, rechnen aber alle gemeinsamen Einkünfte und Ausgaben aus und teilen sie anschließend gerecht durch zwei. Ein eventuell auftretender Unterschied wird mit einer Überweisung auf das Konto des anderen ausgeglichen. Trotzdem ist es regelmäßig so, dass seine Frau am Monatsende über mehr Geld als er selbst verfügt. Das liege, so Adam, auch daran, dass seine Frau wesentlich mehr gebrauchte Sachen als er kaufe, zum Beispiel Kleidung.

Seine Frau Eva-Maria sieht die Sache etwas anders: »Ich bin sparsamer und vor allem bewusster, wenn es um sowas wie Nebenkosten geht. Eine voll aufgedrehte Heizung und ein dauergeöffnetes Fenster – das wären Dinge, für die meine Eltern mich wahrscheinlich schon auf die Straße gesetzt hätten.« Für ihren Mann sei das hingegen ganz normal und für seine Eltern bis heute immer noch. Manchmal wünscht sie sich, Adam würde etwas vernünftiger mit seinem Geld umgehen. »Aber am Ende ist es seins, und er kann damit natürlich machen, was er will.«

Auch **Wiolas** deutscher Mann hat etwas gegen volle Badewannen. Er weist sie immer darauf hin, dass es zu teuer sei, wenn sie zweimal täglich bade. Theoretisch sei eigentlich genug Geld da, klagt Wiola, aber alles müsse in den Sparstrumpf gesteckt werden. Niemals gehe ihr Mann abends mit ihr aus, niemals gönne er ihr irgendeine Annehmlichkeit. Der Urlaub müsse immer ein Jahr vorher gebucht werden, denn dann sei es am billigsten. Für *seinen* Luxus, beschwert sich Wiola, sei hingegen immer Geld da, nämlich für das abendliche Bierchen. Mehrmals im Monat trinke er es auch nicht allein, sondern in einer Kneipe mit seinen Midlife-Crisis-Freunden. Frauen seien dabei nicht erwünscht. Wiola spottet über das in Polen verbreitete Klischee vom protestantischen, abstinenten Deutschen: »Das ist ein Mythos! Sie trinken genauso viel wie die Polen, nur auf andere Weise – weniger, aber dafür fast täglich.«

Martyna lobt ihren Mann. Im Restaurant teile er niemals die Rechnung, sondern übernehme sie immer zu hundert Prozent. Seine liebste Beschäftigung sei es aber, einmal im Monat eine Aufstellung des gesparten Geldes zu machen. Ach, und von Zeit zu Zeit überprüfe er, ob die Kontoauszüge der Bank nach Kartenzahlungen korrekt seien. Bei manchen Banken gebe es da Unregelmäßigkeiten. Deshalb muss Martyna für ihn auch immer, wenn sie mit Karte zahlt, einen Zahlungsbeleg mitnehmen. Diese Pingeligkeit stört sie, und weil sie nicht jedes Mal an den Beleg denken will, zahlt sie meist mit der Karte, die zu ihrem eigenen Konto gehört.

Sind die Polinnen verschwenderisch?

Auch die deutsche Seite hat einige Beschwerden anzumelden, und es dürfte nicht überraschen, dass sie das Problem genau spiegelverkehrt sieht. Die Polinnen sind zu verschwenderisch!

Robert beklagt sich: Seine Frau halte sich selbst für sparsam, da sie ihre Einkäufe nur bei Schnäppchenfirmen im Internet tätige, doch sei es keine Sparksamkeit mehr, wenn man jeden zweiten Tag auf Schnäppchenjagd gehe. Die brutale Wahrheit sei: Seine Frau habe noch nie auf die Kontoauszüge geschaut. Manchmal hätten sie 1500,- Euro minus auf ihrem gemeinsamen Konto, weil sie wieder hundert Sachen bestellt habe, die sie einige Tage später dann wieder alle zurückgeben wolle. Wenn er ihr eine Szene mache, beruhige sie ihn immer: »Schatz, mach dir keine Sorgen, das geht alles zurück.« Doch wehe, er selbst sei einmal verschwenderisch! Normalerweise gehe er ja immer in das erstbeste Restaurant. Wenn er dann aber mal im Urlaub ein besseres Hotelzimmer für dreihundert Euro buche, werde seine

Frau sofort sauer und halte ihn für einen Verschwender. Genauso sei es, wenn er nicht gucke, wie viel die Butter kostet. »Dann drohen mir drei Nächte Liebesentzug.« Die Kritik, dass die Deutschen geizig seien, verdrehe die Realität: »Wir Deutsche sind generell weniger materialistisch als die Polen. Wage es niemals, zu einem Date mit einer Polin in einem stinknormalen VW Golf zu kommen. Da kannst du gleich wieder umdrehen.«

Georg pflichtet ihm bei: »Die Polinnen sind auf Marken heiß – die Badelatschen müssen von Calvin Klein sein.«

Armin vermutet, dass die meisten Polinnen mit der sicheren Annahme in die Ehe gehen, dass sie es sind, die die Kasse verwalten und bestimmen dürfen, was die Familie sich leistet und was nicht. Dabei gelte dann die Regel: Für die Familie großzügig, für sich selbst sehr sparsam. Das findet Armin grundsätzlich gut. Einziger Schönheitsfehler: Seine Frau verstehe auch nach fünf Jahren Ehe noch nicht, dass er das Sky-Abo zum Fußballgucken benötige. »Sie hat gesagt: ›Wasser, Strom, Gas – was willst du noch mehr?‹«

Martin lobt seine Frau: Er habe von ihr gelernt, dass Geld heute da sei und morgen vielleicht schon nicht mehr. Deshalb sollte man es ausgeben, solange man es hat.

Krzysztof, der Pole ist und in Deutschland mit seiner polnischen Partnerin lebt, hat kein Verständnis dafür, dass viele seiner deutschen Freunde und ihre Frauen getrennte Konten haben. »Wer zahlt denn dann beim Aldi?« Aufgefallen ist ihm auch, dass seine deutschen Freunde sich viel mehr Sorgen um ihre Altersvorsorge machen.

Carsten resigniert: »Meine Frau sagte mir: ›Wir müssen doch gar nicht sparen, du musst nur mehr Geld verdienen.‹«

7 SPONTANEITÄT VERSUS PLANUNG

Deutsche Rationalität

Nun kommt es zu einem seltenen Moment. Die Deutschen werden für eine Eigenschaft gelobt! Allerdings ist den polnischen Kommentaren ein etwas zähneknirschender Ton anzuhören.

Agnieszka erzählt, dass es mit ihrem Mann Christian praktisch unmöglich sei, sich zu streiten – er sei so rational! Wenn sie irgendeinen Streitpunkt hätten, drehe und wende er die Sache so lange, bis alles ganz objektiv sei, fassbar, reparierbar. Dann genüge nur noch ein kurzes Gespräch, und alles sei erledigt. Wenn sich hingegen ihre Eltern in Polen streiten, sehe die Sache ganz anders aus. Da schießen nur so die Emotionen durch die Luft, vorwiegend die Emotionen ihrer Mutter, denn der Vater sitze im Schützengraben und warte, bis die Luft wieder rein sei. Die Argumente entwickeln sich blitzartig wie eine atomare Kettenreaktion, angefangen bei irgendeiner harmlosen Feststellung, etwa: »Da liegt ein schmutziger Löffel auf dem Tisch.« Bis zur Explosion dauere es dann nur noch zwei Minuten: »... weil du ja auch niemals in der Lage warst, die Küche sauber zu halten ...« Bei Agnieszka und ihrem Christian ist so etwas nicht denkbar. Ein schmutziger Löffel bleibt ein schmutziger Löffel.

Auch Kasia findet ihren Mann sehr rational. »Vor einiger Zeit wollten wir uns einen neuen Staubsauger kaufen. Der Verkäufer hat uns was vorgezaubert, alle Funktionen vorgeführt und sehr viel dazu erzählt, und ich wollte den Staubsauger unbedingt mitnehmen, aber mein Mann sagte: ›Warte noch! Lass uns zuerst die Tests der Stiftung Warentest checken!‹ Ein Pole, so Kasia, kauft schnell und impulsiv, ein Deutscher geht anders an ein Risiko heran, will einen Vergleich haben, am besten in Tabellenform. Wir haben den Staubsauger dann am Ende aber doch gekauft.«

Ehefrau zerstört Verhandlungsstrategie

Leider revanchieren sich die deutschen Ehemänner nicht für das polnische Lob, indem sie nun ihrerseits die Spontaneität ihrer Frauen loben würden. Nein, es setzt ziemlich viel Kritik an der polnischen Spontaneität.

Bei dieser Gelegenheit möchte ich eine Beobachtung loswerden. Mir fiel in meinen Gesprächen generell auf, dass die deutsche Seite eigentlich nie über die eigene Mentalität ins Grübeln geriet. Meist kommentierte sie nur verwundert das Verhalten der polnischen Seite. Zeugt das von Arroganz? Oder mangelnder Sensibilität? Vielleicht hat es auch damit zu tun, dass in den deutschen Medien viel weniger über die eigene Mentalität nachgedacht wird, schon gar nicht selbstkritisch; dadurch fehlt den Leuten die Übung. In den polnischen Medien dagegen ist das Thema »Wer sind wir?« jeden Tag präsent, mit einer in Deutschland unbekannten Drastik.[10]

Eines Tages wollten **Siggi** und seine Frau ein neues Sofa kaufen. Auf dem Parkplatz setzten sie sich ein Limit. Mehr als 1500 Euro wollten sie auf keinen Fall ausgeben.

Kurz nach Betreten des Möbelhauses erblickten sie tatsächlich ihr Traumsofa, in braunem Leder, abwaschbar, perfekt. Lei-

10 Hier ein Beispiel aus der Boulevardzeitung »Super Express«. Die bekannte Serienschauspielerin Anna Korcz klagt: »Ich glaube, dass man unsere polnische DNA ändern muss. Solange wir nicht alle aussterben, ändert sich nichts. Es müssen Menschen mit wahrer Nächstenliebe geboren werden. Wenn wir unseren Nachbarn nicht mögen und ihm, mit Verlaub, immer wieder auf den Türvorleger scheißen, wie sollen wir dann unseren Chef, Direktor, Abgeordneten oder Senator mögen? Man muss der Wahrheit ins Auge sehen und sagen, dass wir genau so sind.«

der sollte es 2399 Euro kosten, also deutlich über der Schmerzgrenze. Da aber Siggi ein guter Verhandler war, ging er wohlgemut zur Verkäuferin. Mit seiner kühlsten deutschen Verhandlungsstimme erklärte er ihr, dass sie eigentlich nur tausend Euro ausgeben wollten. Die Verkäuferin antwortete, dass sie im System nachschauen wolle, ob da noch Spielraum sei. Schon jetzt funkte Siggis Frau dazwischen und rief mehrmals, dass sie das Sofa »einfach toll« finde. Siggi durchbohrte sie mit Blicken, schluckte seinen Ärger aber hinunter.

Die Verkäuferin suchte im Computer herum und sagte dann, sie könne das Sofa auch für 1700 Euro anbieten. Siggi wurde misstrauisch. Nanu, sie senkte den Preis, ohne dass er überhaupt zu feilschen begonnen hatte? Er spürte, dass da noch mehr rauszuholen war.

Doch was tat seine Frau? »Sie wirft sich wie vom wilden Affen gebissen auf das Sofa und hüpft fast orgastisch zuckend darauf rum: ›Jaaaaa, Schatz, lass uns das nehmen, das ist nur zweihundert Euro über dem, was wir ausgeben wollten, und das Sofa ist so toll!‹« Siggis ganze Taktik brach in sich zusammen. Die Verkäuferin wusste nun, dass sie den Preis nicht mehr weiter senken musste. Alles, was Siggi noch herausholen konnte, war eine Gratisanlieferung. Zu allem Überfluss sah er einen Monat später, dass exakt das gleiche Sofa im Sonderangebot für 1399 Euro angeboten wurde. Bis heute ist er davon überzeugt, dass er es auch für tausend Euro bekommen hätte.

Udos Frau ist ebenfalls sehr impulsiv. Eines kalten Wintertages machten er, seine Frau und ihre vierjährige Tochter einen langen Spaziergang durch den Park. Alle kehrten verfroren zurück, und seine Frau marschierte schnurstracks ins Badezimmer, um sich eine heiße Wanne zu gönnen. Ihre Tochter nahm sie mit. Am Badewannenrand stand eine Plastikflasche mit einem Rheumabad. Udo hatte es sich einige Wochen vorher wegen chronischer Rückenschmerzen gekauft – eine stark durchblutungsfördernde Essenz. Als korrekter Deutscher hatte er das

Mittel stets genau nach Anleitung angewendet: *Eine halbe Verschlusskappe auf ein Vollbad.* Seine Frau aber kippte, weil sie so verfroren war, gleich die halbe *Flasche* in die Wanne. Udos warnender Hinweis, dass es jetzt ziemlich heiß werden könnte, zumal auf der Flasche stehe: »für Kinder unter zwölf nicht geeignet«, wurde mit dem höhnischen Kommentar »geht's noch, ich werde doch nicht eine Anleitung für einen Badezusatz lesen« abgetan. Die Menge, so Udo, hätte für zehn volle Wannen gereicht. Udo ging in den Keller und fuhr ein bisschen mit seiner Spielzeugeisenbahn. Mutter und Tochter saßen derweil oben im heißen Schaumbad. Alles schien in bester Ordnung zu sein. Seine Frau rief ihm sogar noch hinunter: »Siehst du, Fehlalarm!« Doch Udo wusste: Der Wärmeeffekt eines Rheumabades tritt erst nach Verlassen der Wanne ein. Und so war es auch. Wenige Minuten, nachdem Mutter und Tochter sich abgetrocknet hatten, fingen sie so laut zu schreien an, wie Udo es nicht einmal aus Folterfilmen kannte. Er kam sofort hochgelaufen und fand zwei krebsrot leuchtende Personen vor, die Rotz und Wasser heulten. Vor allem die vierjährige Tochter, deren Haut viel empfindlicher war, litt Höllenqualen. Doch jetzt kam die Pointe: Wer war schuld? Natürlich Udo. Seine Frau warf ihm vor, er hätte sie warnen müssen! Udo verteidigte sich schwach: »Woher soll ich denn wissen, was passiert, wenn man das zwanzigfach überdosiert.«

»Du hättest mir zumindest verbieten sollen, unsere Tochter mitzunehmen!«

»Aber ich habe dir doch gesagt, dass das nicht für Kinder ist, lies gefälligst, was auf der Packung steht.«

Ja, Udo war plötzlich an jeder einzelnen Brandblase schuld. Seine Folgerung lautet daher: »Polinnen lesen niemals Gebrauchsanweisungen.«

Auch Peter 2 möchte einige Beobachtungen zum Thema Spontaneität beisteuern. Wenn seine Frau zu backen anfängt, schaut sie erst im Laufe der Arbeit nach, ob alle Zutaten im

Haus sind. Zum Beispiel Kirschkuchen: Während sie den Teig knetet, stellt sie fest, dass keine Eier da sind. »Egal, geht auch mit Milch und etwas mehr Backpulver.« Dann bemerkt sie, dass auch keine Kirschen im Haus sind. »Egal, wird halt Apfelmus draufgeschmiert!« (Das sie, laut Peter, sowieso für alles Mögliche verwendet.) Der Kuchen aber schmeckt am Ende trotzdem, wie er einräumen muss.

Deutsche Hyperplanung

Nach so vielen Beschwerden über die polnische Spontaneität schlagen nun wieder die Polen zurück – mit heftigen Klagen über die deutsche Planungswut.

Klaudia hat beobachtet, dass die Deutschen schnell gestresst sind, wenn sie etwas nicht genau planen können. Die Familie ihres Ex-Freundes organisierte das Weihnachtsfest schon ein halbes Jahr im Voraus. Da ging es um den Ort, das Essen und das gesamte Programm, genau nach Stunden eingeteilt, mit Berücksichtigung von Spaziergängen, Brettspielen und Opernbesuch. In Klaudias Familie wird an Weihnachten gar nichts geplant. Im Vorhinein ist eigentlich nur bekannt, bei welchem Mitglied der Familie man sich in diesem Jahr treffen wird. Ganz sicher ist auch, dass es einen Festschmaus mit Fernsehgucken und Gesprächen zu allen möglichen Themen geben wird.

Błażej klagt über die lange Urlaubsplanung in seiner deutschen Firma. Man müsse schon Ewigkeiten vorher anmelden, wann man nächstes Jahr freinehmen wolle. Er empfindet das als Horror.

Aber auch im Privatleben sei es nicht besser. Vor Kurzem haben ihm gute Freunde eine Nachricht geschickt, in der sie den Termin zum Zelten für die nächsten Sommerferien festlegten, ein ganzes Jahr im Voraus. Zum Zelten! Irgendwo in der Pampa! Da hat er nur noch gelacht.

Anias deutscher Ehemann hat für alles einen Rhythmus: Am Donnerstag werden die Getränke gekauft, am Montag das Brot. Und wehe, die Vorratskammer ist nicht voll, sie muss immer voll sein, nicht etwa für den unangekündigten Besuch von Gästen, sondern »für harte Zeiten«. Ja, hinter der Planung lauert immer die Panik.

Ania wundert sich, dass die Deutschen immer so ein Geschrei erheben, wenn die Polen nicht genauso fanatisch planen wie sie selbst, sondern eher flexibel sind. »Es wird doch immer gesagt, dass der deutsche Arbeitgeber auf den flexiblen polnischen Arbeitnehmer wartet. Doch wenn er dann wirklich flexibel ist, beschwert man sich schon wieder.«

Polnische Antiplanung

Achtung, nun kommen wieder deutsche Beschwerden!

René kümmert sich um die Städtepartnerschaft mit einer Kleinstadt in Polen. Als die polnische Delegation zum Unterzeichnen der Urkunden nach Deutschland kommen sollte, war er derjenige, der die Unterkünfte buchen sollte. Doch vier Wochen vor der Zeremonie war er immer noch im Unklaren, wie viele Betten er im Hotel reservieren sollte. Von nun an schlief er nicht mehr gut. Erst am Morgen der Ankunft selbst erhielt er die Nachricht: »So, wir fahren jetzt los.« Leider stand aber nicht drin, wie viele Personen kommen würden, wie viele Nächte sie übernachten wollten und so weiter. Das wäre auch sinnlos gewesen, denn kurz vor der Abfahrt in Polen riefen die Mitglieder der Delegation noch bei ihren Verwandten an und fragten, ob sie nicht Lust hätten mitzukommen: »Ela, wir fahren in einer Stunde nach Deutschland, hast du nicht Lust?« Irgendwie klappte es dann aber doch alles, René überlebte den Tag ohne Herzinfarkt, und die spontan mitgekommene Ela schlief einfach bei einer Freundin im Bett.

Auch **Uwe** beklagt die vollkommene Ungewissheit, die immer dann entsteht, wenn die polnische Familie seiner Frau anreisen will. Niemand wisse, wann das stattfinden werde – jede Tageszeit sei möglich. Als er ausnahmsweise einmal die Auskunft erhielt, dass sie um zwölf Uhr mittags ankommen würden, war er erleichtert. Welch ein Fortschritt, dachte er, sie sagen es vorher schon. Doch dann klingelte morgens um sechs das Telefon: »Äh, sorry, wir sind nun doch schon da. Könnt ihr die Türe aufmachen?« – Uwe meinte verschlafen: »Ja, aber es war doch zwölf Uhr mittags abgemacht.« – »Wir sind aber schon um Mitternacht losgefahren.« Uwe zog sich die Hose an und ging zur Tür …

Klaus gibt sich nachdenklich: »Sind unsere Frauen überhaupt typische Polinnen? Dieser Mut, dieser Charakter, der sie bis nach Deutschland gebracht hat … Meine Vermutung: Nur die starken Frauen gehen weg aus Polen, und die kommen dann nach Deutschland.« Ein interessanter Gedanke, und dafür macht es auch nichts, dass er in keinerlei Zusammenhang mit »Planung« steht.

8 KOMMUNIKATION

Die deutsche Kritik geht noch weiter … Interessanterweise liegen mir zum Thema »Kommunikation« keine Gegenattacken von polnischer Seite vor, auch keine Verteidigung. Vieles deutet darauf hin, dass die ganze Sache einfach als Bagatelle abgetan wird, so wie der Geizvorwurf von den meisten Deutschen nur mit einem Schulterzucken kommentiert wird.

Torsten (2) empfindet **Wiolettas** Kommunikationsverhalten als, milde gesagt, unzureichend. Sie geht in die Stadt und verspricht ihm, später anzurufen, um ihm zu sagen, wann sie nach Hause zurückkommen wird. Leider ruft sie aber überhaupt nicht an, sondern steht plötzlich einfach in der Tür: »Hallo, da bin ich wieder!«

Torsten grummelt: »Du wolltest doch anrufen.«

Sie antwortet strahlend: »Du siehst ja, dass ich da bin.«

Wenn er dann weitergrummelt: »Ja, aber abgemacht ist abgemacht«, schleudert sie ihm entgegen: »Upierdliwy jesteś.« Das braucht er gar nicht mehr im Wörterbuch nachschauen, denn sie sagt es oft: »Du bist ein Korinthenkacker.«

Einmal saßen sie zusammen in einer eleganten Bar, hatten beim Kellner schon Wein bestellt, wollten aber, weil es am Fenster zog, an einen anderen Tisch umziehen. Wioletta hielt Ausschau, entdeckte einen freien Tisch, nahm ihren Mantel und wollte schon hinübergehen, aber Torsten zögerte noch: »Warte mal. Wir müssen zuerst dem Kellner Bescheid sagen.« Wioletta: »Wir müssen gar nichts. Das sieht er doch dann.« Und ging los. Torsten ging hinterher, winkte aber dabei dem Kellner, dass sie jetzt umziehen, weil – er deutete es durch eine Handbewegung an – es da am Fenster zieht! Der Kellner kassierte gerade an einem anderen Tisch ab, beantwortete Torstens Geste nur mit einem kalten Blick, aber Wioletta funkelte ihren Mann dafür umso strafender an. Torsten sank an den neuen Tisch und fühlte sich furchtbar. Er zischte Wioletta zu: »So ein wilder Umzug gehört sich einfach nicht.« – »Du spinnst«, zischte sie zurück.

Ein andermal wollten sie eine Urlaubsfahrt machen und warteten am Busbahnhof auf ihren Fernbus. Sie warteten und warteten, der Bus verspätete sich. Plötzlich war Wioletta verschwunden. Torsten schaute sich suchend um, und genau in diesem Moment fuhr der Bus vor. Torsten geriet in helle Aufregung. Endlich tauchte Wioletta wieder neben ihm auf. »Wo warst du denn, meine Güte!«, fragte er ärgerlich. »Weg!« Sie zeigte irgendwo hinter sich. Torsten schaute in die Richtung des ausgestreckten Fingers. »Hättest mir ja mal Bescheid sagen können, dass du zum Klo musst.« Sie guckte ihn nur spöttisch an, denn kaum etwas amüsierte sie so sehr wie der Toilettenbenachrichtigungsfimmel der Deutschen. Immerzu mussten sie aller Welt verkünden, dass sie mal eben zur Toilette gehen, als würde die Welt sich das nicht schon selbst denken können!

9 KAUFEN ODER MIETEN

Bei diesem Thema meldet wiederum die polnische Seite starken Gesprächsbedarf an. Woher sollen die Deutschen auch wissen, dass der baldige Kauf einer Eigentumswohnung zu den vorrangigen Lebenszielen eines erwachsenen Polen gehört? Die Vehemenz dieses Ziels überrascht viele, das haben sie sich nicht träumen lassen. Ach, gäbe es doch das Klischee »alle Polen wollen so schnell wie möglich eine Wohnung besitzen« – die Deutschen wären besser auf die nun folgenden Diskussionen vorbereitet!

Für **Harald** hat sich die Frage »Mieten oder Kaufen« zu einem grundlegenden Eheproblem entwickelt. Seit drei Jahren ist er mit **Ewa** verheiratet. Genauso lang muss er sich nun schon Vorwürfe darüber anhören, dass er keine Wohnung kaufen will. Die beiden wohnen zur Miete im Zentrum einer großen Ruhrgebietsstadt, in einer Dreizimmer-Altbauwohnung, und zahlen achthundert Euro warm, was für die zentrale Lage ziemlich günstig ist. Trotzdem schüttelt seine Frau und auch ihre polnische Familie den Kopf: Diese achthundert Euro seien verschenktes Geld. Wie könne Harald nur so naiv und verschwenderisch sein, dass er weiterhin mieten will? Außerdem sagt Ewa, dass sie sich in einer Mietwohnung niemals richtig zu Hause fühlen werde. Harald aber schließt kategorisch aus, einen Kredit aufzunehmen, weil er nicht in den nächsten dreißig Jahren mit dieser Belastung leben möchte. Er müsste dann auf sehr viele Dinge verzichten, etwa den Tibeturlaub oder die neue E-Gitarre, und wenn irgendwann noch Kinder dazukämen, könnte man sich rein gar nichts mehr leisten.

Ewa findet diese Ängste übertrieben. Sie schlägt vor, aus der Stadt ins Umland zu ziehen, wo ein Haus nicht so viel kostet. Wenn er Angst vor den Kreditzinsen habe, könnten sie sich das Geld von Eltern und Freunden leihen. Und wenn man das Haus selbst bauen würde, käme alles noch einmal billiger.

Harald möchte aber kein Geld von seinen Eltern leihen. Und er hat auch keine Lust, beim Bau selbst anzupacken, weil er zwei linke Hände hat.

Ewa will ihm polnische Bauarbeiter besorgen, die viel günstiger seien als deutsche. Außerdem wären ihr Vater und ihr Bruder gerne bereit, in den Ferien nach Deutschland zu kommen und mitanzupacken.

Harald möchte aber nicht zwei Jahre lang durch eine matschige Baustelle stapfen und anschließend in ein halb fertiges Haus einziehen, wo noch zwei Jahre lang Kabel aus der Wand gucken. Außerdem möchte er im Zentrum der Großstadt bleiben, der Stadtrand kommt nicht infrage. Spießige Einfamilienhäuser, keine Einkaufsmöglichkeiten, jeden Morgen stundenlange Staus ins Zentrum!

Ewa tippt sich an die Stirn: Will er wirklich jeden Monat so viel Geld für die Miete verpulvern? Er könnte dasselbe Geld für die Kredittilgung ausgeben und hätte nach zwanzig Jahren eine eigene Wohnung im Wert von zweihunderttausend Euro! Die könnte man dann den Kindern vererben.

Harald bleibt hart. Der Aufwand lohnt nicht das Ergebnis! Er könnte sich niemals an einer Wohnung oder einem Haus freuen, für das er zwanzig Jahre solche Opfer bringen musste. Er will angenehm leben, jetzt und hier, und der Tibeturlaub kann auch nicht mehr so lange warten, weil Tibet dann schon komplett zerstört ist!

Nun rückt Ewa mit ihrem tiefsten Verdacht heraus. Sie vermutet, dass Harald sich den Kaufplänen verweigert, weil er letztlich nicht an ihre gemeinsame Zukunft glaubt. Er will in einem möglichst improvisierten Zustand leben, um im Fall einer Trennung flexibel zu sein!

Harald gibt sofort zu, dass Ewa teilweise recht hat. Er liebt sie, ja! Aber vor der Beziehung mit ihr lebte er schon sechs Jahre lang mit seiner deutschen Freundin zusammen, übrigens in derselben Wohnung wie heute. Die Beziehung ging in die Brüche, und Harald ist bis heute davon traumatisiert. Was würde aus einer gemeinsam gekauften Wohnung werden, wenn auch die Beziehung mit Ewa eines Tages zu Ende wäre? Dann müsste man die Immobilie innerhalb kurzer Zeit verkaufen, möglicherweise mit Verlust, und würde sich vielleicht noch um jede Lampe vor Gericht streiten.

Sobald die Diskussion diesen Punkt erreicht, bricht Ewa ab. Erstens schmerzt es sie, dass Harald immer von ihrer »Beziehung« redet, obwohl sie doch ordnungsgemäß verheiratet sind. Zweitens liegt ihr auf der Zunge, dass eine Ehe seltener in die Brüche geht, wenn die Partner gemeinsamen Besitz haben, aber sie spürt drittens, dass Harald einfach noch nicht reif für die große Entscheidung ist. Sie hofft, dass er seinen Standpunkt ändern wird, wenn erst einmal ein Kind auf die Welt kommt. Bis dahin tut sie keinen Schlag in der Wohnung, hängt kein Bild auf, kauft keinen neuen Teppich. Nur Harald steht ständig auf der Leiter und übermalt immer wieder geduldig den alten Wasserschaden an der Küchendecke. So ganz schlecht kann es mit seinen beiden »linken Händen« also doch nicht bestellt sein!

10 ANGLEICHUNG – GERMANISIERUNG

Können Kulturen sich verändern?

Nach all den nervigen Trash-Clashes folgt nun eine positive Verschnaufpause. Es geht um die Angleichung oder das Anähneln der Partner aneinander, also um »Germanisierung« und »Polonisierung«. Und hier zeigt sich erfreulicherweise eine erstaunliche Flexibilität und Offenheit der allermeisten Partner.

Ist so eine Angleichung nicht in *jeder* Partnerschaft selbstverständlich? Und wird nicht behauptet, dass langjährige Ehepaare sich sogar *physiognomisch* einander anähneln? Die letztere Behauptung hat mich persönlich noch nie überzeugt. Einmal sah ich in einer Zeitschrift die Fotos vieler solcher Ehepaare nebeneinander abgebildet. Vergeblich bemühte ich mich, große Ähnlichkeiten zwischen den Partnern zu entdecken. Die ganze Idee scheint mir eher ein etwas kitschiger Versuch zu sein, eine Art »Belohnung der Natur« für ewige Liebe zu konstruieren.

Ganz anders sieht es in der Frage aus, ob Paare sich durch das langjährige Zusammenleben miteinander *charakterlich* verändern. Da lautet die Antwort sicherlich Ja, und es gäbe Dutzende von Beispielen. Doch weil ich hier nun einmal über die spezifische Angleichung binationaler Partner aneinander schreibe, geht es jetzt nicht darum, welche *individuellen* Eigenschaften, sondern welche *kulturellen* Gewohnheiten die Partner voneinander annehmen. Umgekehrt soll auch die Frage gestellt werden, welche Gewohnheiten der eigenen Kultur sie bewusst *nicht* abgeben wollen.

Erfreulich finde ich dieses Thema nicht nur, weil sich bei den allermeisten Menschen zeigt, dass sie offen für Neues sind –

übrigens im realen Leben häufig offener als in ihren Ansichten (siehe Maciejs Schwiegervater und dessen muslimischen Schwiegersohn Zahid) –, sondern auch deshalb, weil wir offensichtlich nicht lebenslänglich an unsere Geburtskultur geschmiedet sein müssen. Wir können uns verändern, erweitern, bereichern lassen, sei es durch Auswanderung in ein anderes Land, sei es durch die Verbindung mit dem oder der Angehörigen einer fremden Kultur.

Mal nebenbei gefragt: Können sich eigentlich auch Kulturen als ganze verändern? Oder gibt es in jeder Kultur unveränderliche Faktoren, die sogar über Jahrhunderte gleich bleiben? In Deutschland würden die meisten Leute wohl für die Veränderlichkeit plädieren. Hintergrund dafür wäre wohl die *Hoffnung*, dass dem so ist. Die Deutschen haben ein starkes Interesse daran zu behaupten, dass sie sich nach 1945 innerhalb von nur wenigen Jahren zu einer ganz anderen Nation entwickelt haben, demokratisch, friedliebend, europäisch. Zweifellos haben sie tatsächlich einen komplett neuen Staat aufgebaut, mit vielen guten Institutionen. Aber haben sie auch eine komplett neue Kultur geschaffen, in der keine derjenigen Eigenschaften mehr lebendig ist, die sich ein Hitler zunutze machen konnte?

In Polen wird man mit der Antwort auf meine Frage wohl viel länger zögern, da man grundsätzlich ein positiveres Verhältnis zur eigenen Kultur und Geschichte hat, und zwar bis zurück in das Jahr 966, das mythische Gründungsdatum Polens. Es gibt deshalb keinen so starken Wunsch nach Veränderbarkeit wie in Deutschland. Das ist zu bedenken, wenn man einem polnischen Freund auf die Schulter klopft und ihm sagt: »Herzlichen Glückwunsch, du bist ja schon ein halber Deutscher!« Möglicherweise wird er darüber keineswegs so glücklich sein wie ein Deutscher, der schon als »halber Pole« gelobt wird.

Der polnische Schriftsteller Stanisław Lem war so ein Optimist, der nicht nur an die Veränderbarkeit von Individuen, sondern gleich ganzer Kulturen glaubte. Als Beispiel dafür nannte er aber interessanterweise nicht die polnische, sondern die schwedische Kultur. Die Schweden, die noch im siebzehnten Jahrhundert als schlimmste Berserkernation ganz Europas galten, genießen heute einen wesentlich sympathischeren Ruf, ja, man könnte sogar sagen, sie haben ihr Image diametral verändert. Doch möglicherweise stellen sie eine Ausnahme dar, und nicht alle Kulturen sind so wandelbar?

Die Frage muss hier zum Glück nicht abschließend geklärt werden, weil es ja bei unseren deutsch-polnischen Liebespaaren immer nur um *Individuen* geht. Und da wird sich im Folgenden schnell zeigen, wie veränderlich sie sind. Eigentlich wäre es deshalb von jetzt ab auch viel korrekter, wenn ich nicht mehr schriebe »die Deutschen sind so und so« oder »die Polen sind so und so«, sondern: »Die deutsche *Kultur* ist so und so« und »die polnische *Kultur* ist so und so«. Damit betone ich dann, dass die Individuen nicht ein für alle Mal an ihre Herkunftskultur gekettet sind, sondern sich erstaunlich weit von ihr entfernen können.

Essen und Trinken

Die Ess- und Trinkgewohnheiten können sich vielleicht am schnellsten ändern. Nach der Rückkehr aus einem zweiwöchigen Griechenlandurlaub trinkt man noch tagelang Ouzo und isst dazu glückstrahlend schwarze Oliven. Vor dem Urlaub hatte man sie noch verabscheut!

Jagoda berichtet, dass sie sich in Deutschland angewöhnt hat, Kaffee zu trinken. Bei Karolina hat sich der Bierkonsum verstärkt. Anna hat heute stets zwei Sorten deutschen Senf im Kühlschrank. Matthias bescheinigt seiner Frau, dass sie seit einiger Zeit Spargel isst.

Peter 2 erzählt, dass seine Frau bei Heimatbesuchen inzwischen von Freunden und Verwandten zu hören bekommt, wie deutsch sie doch geworden sei. Er selbst kann das nicht bestätigen. An Weihnachten und Ostern gibt es bei ihnen weiterhin nur polnische Gerichte, allenfalls mit kleinen Versatzstücken der germanischen Küche, etwa roter Grütze und Blaukarpfen. »Außerdem schmiert sie immer noch Mayonnaise auf alles, was man essen kann.« Und zwar nur polnische Mayonnaise aus Kielce. »Die ›Kieleckie‹ schmeckt aber wirklich besser als andere.« Immerhin, im Vergleich zu ihrer Mutter komme seine Frau inzwischen ganze zwei Wochen lang mit einem *einzigen* Glas Mayonnaise aus, was schon als kleine Entwöhnung von ihren alten Gewohnheiten zu bezeichnen sei.

Germanisierung

Monika findet, dass sie in Deutschland pünktlicher geworden ist. Das gilt auch für Karolina. Sie habe gelernt, bei Besuchsterminen pünktlich zu sein. Wenn sie Besuch von ihrer polnischen Familie bekommt, verlangt sie heute von ihr, eine konkrete Ankunftszeit anzugeben, und wartet nicht mehr den ganzen Tag geduldig, bis sie halt da sind.

Jowita macht in Deutschland kaum noch den Fernseher an.

Anna hat sich angewöhnt, so wie ihr Mann nach dem Frühstück die Zeitung zu lesen. Das wäre in Polen unmöglich gewesen, weil niemand ein Zeitungsabo hat.

Marta ist davon überzeugt, mutiger geworden zu sein. Wenn sie etwas nicht weiß, dann fragt sie stur nach, so wie es die Deutschen tun (Stichwort »asertywność«). Früher in Polen habe sie sich so etwas nicht getraut. Neulich an der Kinokasse habe sie den Verkäufer genau ausgefragt, was es denn mit dem neuen Heavy-User-Ticket auf sich habe, und sich auch nicht davon abschrecken lassen, dass hinter ihr eine große Schlange wartete.

Natalia hat sich von den Deutschen abgeguckt, dass man hemmungslos und offen ins Gesicht kritisieren darf. Früher in

Polen habe sie es meist hinuntergeschluckt, wenn sie mit etwas unzufrieden gewesen sei. Vor Kurzem habe sie sich bei einem Unbekannten auf der Straße darüber beschwert, dass sie fast über seinen Fahrradständer gefallen sei, weil er sein Rad viel zu nah am Ladeneingang abgestellt hatte. Da war sie richtig stolz auf sich.

Auch **Małgorzata** ist mutiger geworden. Sie möchte, seit sie in Deutschland lebt, nicht mehr »Gosia« oder »Gosienka« genannt werden, sondern ganz offiziell »Małgorzata«. »Das bezieht sich in erster Linie auf meine polnischen Bekannten, denn die Deutschen wissen ja gar nicht, was los ist. Die nennen mich sowieso alle Mal-gor-zata.«

Diese deutsche Aussprache ihres Namens klinge zwar furchtbar, gefalle ihr aber immer noch besser als »Gosia«, sie fühle sich dann erwachsener. Aber wehe, ein Deutscher nennt sie »Margaretha«. »Die Deutschen sollen sich ruhig die Zunge abbeißen, ich muss es auch jeden Tag tun, wenn ich ›Ehegattensplitting‹ sage.« (Sie ist Steuerberaterin.)

Carsten bescheinigt seiner Frau, dass sie zwar immer noch sehr spontan sei, es mittlerweile aber nicht mehr für absolut sonderbar halte, wenn er mit ihr abends tatsächlich das unternimmt, was sie sich beim Frühstück morgens gemeinsam vorgenommen haben.

Magda sagt, dass ihre Germanisierung sich nach acht Jahren hauptsächlich darin äußere, keinen Krach und kein Durcheinander mehr zu ertragen. Sie mag es, wenn alles schön ruhig und leise ist. Außerdem vermeidet sie es in der U-Bahn oder auf der Straße, den Leuten in die Augen zu sehen. Das werde nämlich von vielen Männern in Deutschland, anders als in Polen, sofort als Flirt wahrgenommen. Die Atmosphäre in Deutschland sei ernsthafter als in Polen, und die Männer hätten Angst vor Frauen. Wenn sie dagegen nach Polen fahre, merke sie plötzlich, dass man problemlos ein Witzchen machen könne. Man brauche einfach keine Angst zu haben, dass alles ernst genommen werde. Allerdings schränkt Magda ein, dass sie Polen nach ihrer langen Abwesenheit inzwischen wohl etwas idealisiere.

Iwona (2) hat keinen deutschen, sondern einen polnischen Mann. Beide leben seit siebzehn Jahren in Deutschland und haben sich ebenfalls verändert. Ihr Mann schreibe heute typisch deutsche, kurze, unhöfliche Mails und habe schon Probleme, sich beim Schreiben von polnischen Mails korrekt und höflich auszudrücken. Einmal bekam er von einer polnischen Firma die Antwort, dass man ihn um eine Änderung seines Tons bitten müsse. Iwona gibt aber zu, dass auch sie ihre Mails heute nur noch kurz mit »LG Iwona« beende. Niemand in Polen würde so eine Abkürzung benutzen.

Ania gesteht, dass sie im Restaurant die deutsche Gewohnheit angenommen hat, die Rechnung zu teilen. Früher habe sie sich immer verpflichtet gefühlt, für ihre Freundin mitzuzahlen.

Kasia praktiziert heute deutsche Planung. Sie wohnt seit dreizehn Jahren in Deutschland. Anfangs sei es für sie ein Schock gewesen, wenn sie sich mit deutschen Bekannten verabreden wollte und die immer erst lange im Kalender herumgesucht hätten, bis sie einen freien Termin hatten. Heute sei sie selbst so. Auch beim Friseur, im Restaurant oder beim Automechaniker reserviere sie vorher telefonisch. Noch in ihrer ersten Zeit in Deutschland sei sie einfach losgegangen, wann sie Lust hatte.

Günter berichtet Ähnliches. Seine Jadwiga sei in Deutschland anfangs noch, so wie sie es von Polen her gewohnt war, mit dem Kinderwagen unangemeldet zu Bekannten gegangen. Dort habe sie sich dann sehr gewundert, nicht spontan zum Tee eingeladen zu werden, sondern eine Abfuhr zu bekommen: »Du, wir haben heute echt keine Zeit.«

Auch Anna hat sich zur Planerin verändert, meint aber traurig: »Wenn mir meine Verwandten in Polen sagen, dass ich weniger spontan geworden bin, ist das für mich wie eine Ohrfeige.«

Urs, zur Abwechslung ein Schweizer, der mit einer Polin verheiratet ist, listet die Veränderungen seiner Frau auf, die in den zehn Jahren ihrer Ehe vor sich gegangen sind:

- Sie will eine Rechtsschutzversicherung haben.
- Sie summt nicht mehr vor sich hin.
- Sie ist jetzt Vegetarierin.
- Sie geht zum Yoga.
- Sie kocht nur noch selten.
- Sie fährt viel Fahrrad und kritisiert die anderen Polen dafür, dass sie es zu selten tun.
- Sie bindet sich den Schal anders.
- Sie sagt ständig »okay«.
- Sie möchte nicht mehr zurück nach Polen. Anfangs hat sie noch ständig von der »baldigen Rückkehr« geschwärmt.

Ewa fühlt sich heute von ihren Heimatbesuchen zunehmend gestresst. Entweder wird sie von ihrer Mutter zum Essen genötigt, oder sie muss Verwandtenbesuche machen, wird von Tante zu Tante gereicht. Zwei Wochen lang hat sie keine freie Minute für sich. Einmal, als sie nach so einem Besuch von ihrer Mutter zum Flughafen gefahren wurde, sagte diese vorwurfsvoll: »Ewa, du hast mich dieses Mal ein bisschen enttäuscht.« – »Wieso denn, Mama, ich habe doch alle Verwandten besucht!« – »Nein, du hast die Oma auf dem Friedhof vergessen.«

Reif fürs Jobcenter

Auch **Ada** hat sich germanisiert. Sie und **Johannes** leben in Berlin. Ada hat Politikwissenschaft studiert, ihr Freund arbeitet bei einer karitativen Organisation. Leider konnte Ada nach ihrem Studium keine Arbeit finden und fühlte sich total überflüssig in Deutschland. Johannes machte ihr schließlich einen Heiratsantrag, aber sie schwor, dass sie ihn erst heiraten würde, wenn sie Arbeit fände. Nach der achtundvierzigsten Bewerbung verlor sie den Mut und wollte nach Polen zurück. Johannes bekniete sie, Berlin und ihm noch eine Chance zu geben. Wie wäre es, wenn sie es mal mit Hartz IV probierte? Dagegen hatte sie sich bislang gesträubt; sie empfand die Sache als staatliches Almosen. Doch Johannes bewies ihr mit vielen Beispielen aus seinem Bekanntenkreis, dass es genug hoch qualifizierte Akademiker gebe, die ebenfalls Hartz IV bezögen und es nicht als Schande empfänden. Ada stellte also einen Online-Antrag, und eines Tages flatterte Post in den Briefkasten. »Ich möchte Sie bitten, kommenden Freitag um 8:45 h bei mir in Zimmer 334.4.a vorbeizuschauen. Ich möchte mit Ihnen über Ihre Jobsuche sprechen. Volker Bolkow, Jobberater.«

Am angegebenen Tag machte Ada sich auf den Weg, Johannes kam mit. Sie betraten das Gebäude im Zentrum Berlins um halb neun. Verspätete man sich, konnte einem später Geld gestrichen werden; darauf war in dem Schreiben extra hingewiesen worden. Das Jobcenter war ein multifunktionaler Klotz am Spittelmarkt, inmitten von anderen nichtssagenden Bürokomplexen. Umso seltsamer wirkte der viel zu kleine Eingang, eine Drehtür, vor der ein paar rauchende Typen herumgrummelten, mit verknickten Hartz-Bescheiden in der Hand, vielleicht gerade frisch abgelehnt.

Ada und Johannes wollten an den beiden Wachmännern vorbeigehen, wurden aber aufgehalten: »Haalt, stoopp!« Die Männer waren sichtlich übermotiviert. Einer wollte unbedingt Adas Einladung sehen. Sie hielt sie ihm mit ihrem charmantesten Lächeln hin. Der Mann, offensichtlich mit Migrationshintergrund, sah hinein und sagte im reinsten Berlinerisch: »Is meen ärstär Tach hier.« Dann nickte er freundlich und wünschte noch »'n schönen Tach«.

Ada und Johannes atmeten auf und gingen zum Aufzug, dem langsamsten, den sie je erlebt hatten. Außer ihnen quetschten sich noch sechs weitere Leute hinein. Man sah sofort, wer im Jobcenter arbeitete und wer »Kunde« war. Die einen schauten lebhaft im Fahrstuhl herum und scherzten fröhlich: »Drückt mal jemand die Zwei?« Die anderen blickten schüchtern zu Boden, sagten ständig »Entschuldigung, Entschuldigung« und hielten sich, so wie Ada, an einem Begleiter fest. Auch ein Verrückter fuhr mit. Er las laut seinen Ablehnungsbescheid vor und murmelte »Achterbahn, Achterbahn«.

Endlich kamen sie oben im vierten Stock an, Abteilung »Kundenbetreuung«. Mehrere Personen saßen auf den Drahtstühlen im Wartebereich. Johannes grüßte betont bürgerlich in die Runde: »Guuten Moorgen«. Ada murmelte nur schüchtern »Morgen«. Die ewige Grüßerei in Deutschland überforderte sie noch genauso wie am ersten Tag.

Weil sie einen Termin hatten, mussten sie nicht lange warten. Sachbearbeiter Volker Bolkow kam persönlich aus seinem Zimmer, um Ada abzuholen. Er war keine imposante Erscheinung, Anfang vierzig, kleiner als Ada, mit einem kahl rasierten Kopf und einem dicken Schnauzer und trug ein blaues Nike-Sweatshirt mit dezenter Goldkette darüber, dazu Bluejeans. Höflich ließ er Ada und Johannes den Vortritt. Beim Betreten seines Zimmers bekamen sie noch mit, wie sich die Nebentür öffnete und eine Jobagentin mit sexy-strengem Friseurinnenlook eine dicke türkische Mama hereinbat. Johannes freute sich im Stillen. Für seine attraktive Freundin war es sicherlich besser, von dem kleinen Herrn Bolkow betreut zu werden.

Sie nahmen vor seinem Schreibtisch Platz. Bis auch er saß, dauerte es noch ein Weilchen, denn er musste zuerst noch ein Telefonat erledigen. Offensichtlich machte er mit einer Kollegin aus, wohin es zum Mittagessen gehen sollte. Ada und Johannes sahen sich derweil im Raum um. An den Wänden hingen zwei Schwarz-Weiß-Fotos von einem Leuchtturm, auf dem Schreibtisch stand eine Sonnenblume in einem kleinen Väschen, das wie selbst getöpfert aussah.

Nun war Volker Bolkow fertig und ließ sich langsam in seinen gefederten Bürostuhl gleiten. »Soo, Frau S., wie läuft's denn so bei Ihnen?«

»Tja, hm, geht so.«

Er blickte auf seinen PC und tippte eine Weile herum, ehe er Adas Antrag aufrufen konnte. »Hm, Sie suchen jetzt also seit vier Monaten Arbeit. Hm … na jaa, soo lange ist das ja noch nicht, ich habe hier Akademiker, die suchen seit einem Jahr.«

»Na ja, so lange möchte ich eigentlich nicht warten.«

»Hm, jaa … Schwierig. Ich sehe, Sie sind aus Polen, ja?«

»Ja, genau.«

»Ein schönes Land. Aber Sie können ja gut Deutsch. Gratuliere.«

»Danke.«

»Und Sie sind der Ehemann oder der Bruder?«

»Der Freund.«

»Ach so. Haben Sie denn schon einmal in Deutschland gearbeitet, Frau S.?«

»Nein.« Das stimmte natürlich nicht. Ada hatte während ihres Studiums gelegentlich als Messehostess gejobbt. Aber das war Schwarzarbeit gewesen und durfte hier nicht erwähnt werden.

»Na, Sie schaffen das schon. Ich hab's ja auch geschafft, saß ja selbst noch vor drei Jahren an Ihrem Platz.«

Ada sah irritiert zu Johannes, und auch er fragte sich, warum Herr Bolkow jetzt privat wurde. Ada sagte höflich: »Ach so, wie interessant!«

Und prompt begann Volker Bolkow, ihnen seine Lebensgeschichte zu erzählen. Früher sei er begeisterter Hertha-Fan gewesen, habe bei jedem Heimspiel in der Ostkurve gestanden. Aber eigentlich sei er Luhmann-Fan.

»Ach«, sagte Ada erstaunt, denn sie kannte den Namen des Soziologie-Gurus aus ihrem Studium.

»Ja, richtig, *der* Luhmann! Hier, wollen Sie mal meinen Blog sehen?«

Ehe Ada gespannt »oh ja« antworten konnte, drehte Volker Bolkow auch schon seinen PC herum und ließ Ada und Johannes eine Internetseite sehen, die grob nach einem Blog aussah. Auf einem braunen Hintergrund war mit schwarzer Schrift zu lesen: *Das Systemische am Systematischen im Kommunikationssystem der Systemanalogien.* Oder so ähnlich.

Volker Bolkow sagte stolz: »Kein Text unter dreitausend Wörtern!«

»Wahnsinn«, meinte Ada, »total spannend.«

»Ja«, sagte Bolkow, »ich habe hier im Jobcenter so viele wichtige Einblicke in systemrelevante Systemanalogien entdeckt – die musste ich einfach verarbeiten. Wollen Sie sich nicht mal die Adresse des Blogs aufschreiben?«

Nachdem Ada das gemacht und er ihr noch ein hoch spannendes Buch der australisch-eriträischen Systemsoziologin Agatha Pinkelsborrow empfohlen hatte, war die halbe Stunde auch schon herum.

»Tja, Frau S., das lief ja ganz gut, ich mach' mir keine Sorgen um Sie, Sie schaffen das schon! Wir sehen uns dann nächsten Monat.«

Sie fuhren wieder mit dem langsamen Aufzug hinunter, Ada war erleichtert. Irgendwie hatte sie das Gefühl, als wäre sie in dieser halben Stunde ein Stück weiter in Deutschland angekommen. Von nun an bekam sie jeden Monat eine Überweisung von 359 Euro plus 300 Euro Wohngeld plus Beihilfe zur Krankenversicherung in Höhe von 220 Euro. Ein Jahr später heiratete sie ihren Johannes, kurz vor der Geburt des kleinen Linus. Volker Bolkow, den sie seither noch oft getroffen hat, war ebenfalls zur Hochzeit eingeladen, konnte aber leider nicht kommen, weil er gerade bei einem Luhmann-Kongress in Belgien weilte.

Noch polnisch

Nun zu einigen Eigenschaften, die Polinnen und Polen nicht ablegen wollen oder können.

Anna meint, dass sie sich ihrem deutschen Mann gar nicht groß anpassen musste, weil beide zu vielen Dingen bereits ähnliche Ansichten hatten, etwa zur Rolle der Bratwurst in der täglichen Ernährung (könne gar nicht überschätzt werden). Ähnlich verhalte es sich mit der Mülltrennung (vorsichtige Ignoranz) oder Fußball-Übertragungen (nur als Hintergrundberieselung zum Bier gestattet). Es gebe eigentlich nur eine einzige Streitfrage, nämlich »Vorhänge in der Wohnung – Ja oder Nein«. Sie wohnen im zehnten Stockwerk eines Hochhauses. Seit die Renovierung des Gebäudes abgeschlossen und das Gerüst samt neugierigen Bauarbeitern verschwunden ist, können nur noch Tauben und andere Vögel in die Wohnung spähen. Ihr Mann **Leo** behauptet deshalb, dass es keinen Grund mehr gebe, die schöne Aussicht mit Vorhängen einzuschränken, aber Anna möchte nicht auf Vorhänge verzichten. Sie ist das aus Polen her so gewöhnt und findet die deutsche Eigenart, die Fenster kahl zu lassen, einfach furchtbar. Am Ende wurde ein Kompromiss erzielt, der so aussah, dass die Vorhänge zwar aufgehängt, aber ständig beiseitegeschoben sind.

Günter bescheinigt seiner Jadwiga, zwei sehr polnische Eigenschaften beibehalten zu haben. Zum einen esse sie immer noch sehr gerne kaszanka (Blutwurst), zum anderen lege sie gegenüber amtlichen Respektspersonen immer noch eine gefährliche Furchtlosigkeit an den Tag. »In Polen hat man Respekt und Ehrfurcht vor dem Pfarrer oder vor dem Arzt, aber nicht vor Polizisten, Beamten oder Schornsteinfegern.« Jadwiga finde es auch heute noch ganz normal, einem Polizeiauto die Vorfahrt zu nehmen und dabei nicht mal angeschnallt zu sein. Wenn sie dann verfolgt und angehalten werde, zeige sie keine Reue. Davon seien die deutschen Beamten häufig so irritiert, dass sie sie tatsächlich ohne Strafe davonkommen ließen.

Siegbert meint, dass seine Frau zwar immer behaupte, sehr deutsch geworden zu sein, in Wahrheit aber viele polnische Angewohnheiten beibehalten habe. So esse sie vor einer Reise immer noch Rührei oder gebe (aus Aberglauben) bei der Begrüßung niemals jemandem die Hand über der Türschwelle.

Woran sich Polen in Deutschland erkennen

Im Internet kursiert ein anonymer polnischer Text. Er bringt gut den Alltag von Polinnen und Polen in Deutschland auf den Punkt.

Hier ist die von mir übersetzte deutsche Fassung:

1. Wenn ein Deutscher hört, dass du aus Polen kommst, erzählt er dir gleich von allen Polen, die er kennt.
2. Dein Nachname wird schon in der Schule auf alle möglichen Arten verunstaltet.
3. Deine Oma hat neben dem Bett ein Foto von Johannes Paul II. hängen, gleich neben dem Foto, das dich an deinem ersten Schultag zeigt.
4. Bei dem Wort »flaki« (Kuttelsuppe) wird dir nicht schlecht.
5. Mindestens einer deiner Bekannten spielt Akkordeon.
6. Wenn ein Polizist dich anhält und dir mit einem Strafzettel droht, erzählst du ihm von allen möglichen Unglücksfällen dieses Tages.
7. Du wunderst dich bis heute, dass Toiletten in deutschen Restaurants kostenlos und ohne Toilettenfrau sind.
8. Wenn du Polnisch sprichst, streust du deutsche Worte ein und deklinierst sie dabei wie auf Polnisch, zum Beispiel

»spotkamy sie na Hauptbahnhofie« (wir treffen uns auf dem Hauptbahnhof).

9. Bei Familienfeiern kennst du zwar die Hälfte der Gäste nicht, amüsierst dich aber trotzdem blendend mit ihnen.
10. Du freust dich, wenn die Polen – egal, in welcher Sportdisziplin – den Deutschen eine Lektion erteilen.

11 ANGLEICHUNG – POLONISIERUNG

Blutwurst

Auch bei den Deutschen beginnt die »Polonisierung« häufig mit einer Veränderung ihrer kulinarischen Gewohnheiten.

Monikas Mann isst heute schon zum Frühstück ein deftiges Würstchen. Früher duldete er nur Marmeladenbrote.

Peter 2 ist davon überzeugt, sich viel mehr polonisiert zu haben, als seine Frau sich germanisiert hat. Er kann heute gegrillte Blutwurst essen, »und Wodka ist nicht mehr nur zum Einreiben gut.« Auch sein Kohlkonsum in allen Varianten habe sich deutlich erhöht. Wenn seine Schwiegermutter zu Besuch in Deutschland ist und in der Küche das Regiment übernimmt, brauche sein Darm anschließend vier Wochen lang Ruhe, weil sie ständig Kohlgerichte koche. Außerdem liebt Peter heute żurek (Sauermehlsuppe).

Magda gesteht ihrem Mann zu, sich sehr stark polonisiert zu haben. Er möge heute bigos (Krautgulasch), gołąbki (Kohlrouladen), kisiel (Wackelpudding) und alle Arten von Suppe. Außerdem finde er die Emotionalität der Polen toll (im Gegensatz zu ihrem Mangel an Entscheidungskraft, wenn er mit ihnen zusammenarbeiten muss). Immer wieder sei er erstaunt und erfreut darüber, wie schnell sich die Polen öffneten und dass es bei ihnen nicht so viel Small Talk gebe.

Jagodas Mann hat angefangen, Tee auf polnische Weise zu trinken, also mit Zucker und Zitrone, während sie selbst jetzt vermehrt Kaffee trinkt.

Oliwia berichtet, dass ihr Mann ein großer Fußballfan ist (TSG Hoffenheim) und sich auch in Polen einen Lieblingsklub ausgeguckt hat – Lech Poznań. Sie kann nicht verstehen, dass er sich für polnischen Fußball interessiert, wo es doch in Deutschland viel bessere Mannschaften gebe, aber er habe nun einmal Lech Poznań ins Herz geschlossen und sei wahrscheinlich der einzige Deutsche, der regelmäßig zu den Spielen einer polnischen Mannschaft fahre. Eines Tages habe sie ihm gesagt, dass »Lech« auch ein polnischer Vorname sei (berühmtes Beispiel ist Lech Wałęsa). Als sie dann schwanger wurde, habe er das Kind prompt Lech nennen wollen. Zum Glück sei es eine Tochter geworden.

Kleidungsstil

Sabine lebte mit ihrem polnischen Mann zunächst einige Jahre lang in Deutschland, ehe sie mit ihm nach Polen zog. Dort bemerkten die beiden eines Tages überrascht, dass sie sich unbewusst den polnischen Kleidungssitten angepasst hatten. Zwar betont Sabine, dass sie sich noch nicht so »aufbrezele« wie die Polinnen, doch trage sie heute viel öfter ein Kleid als früher. Ihr Mann, der in Deutschland nie eine Trainingshose trug, zumindest nicht in der Öffentlichkeit, laufe heute sehr oft mit einer solchen herum.

Kirchgang

Günter ist ebenfalls der Meinung, dass seine Frau sich viel weniger germanisiert, als er selbst sich polonisiert hat. So gehe er als Protestant heute in Polen klaglos zur katholischen Messe mit, seine Frau begleite ihn aber nur selten zum protestantischen Gottesdienst.

Denken an den Tod

Magda unterrichtet an einer deutschen Volkshochschule Spanisch, und zwar überwiegend Seniorengruppen. Sie findet es unglaublich, wie aktiv sie alle sind. Sie lernen mit ihr seit acht Jahren Spanisch, malen, spielen Klavier, sind Buddhisten, haben Häuser auf Mallorca, und manchmal hat Magda das Gefühl, dass sie gar nicht an den Tod glauben. Nur eine von ihnen, **Edda**, will oft mit ihr über den Tod sprechen. Ihre deutschen Bekannten (alle jenseits der siebzig) mieden das Thema und könnten es einfach nicht ertragen, wenn Edda darauf zu sprechen komme, dass sie krank sei. Dann schimpften sie mit ihr: »Was ist denn los? Du gehst zu Yoga, machst die Paleo-Diät, lässt dich regelmäßig durchchecken und bist krank? Streng dich mehr an!« Edda meint, dass nur Magda Verständnis für sie habe, während die Deutschen glaubten, dem Tod ein Schnippchen schlagen zu können.

Tim denkt in Polen öfter an den Tod als in Deutschland, weil er mit seiner Frau bei jedem Polenbesuch zum Friedhof geht. »Wie oft bin ich in Deutschland auf dem Friedhof? Alle zehn Jahre mal bei einer Beerdigung.« In Polen gehe er dreimal im Jahr auf den Friedhof: am Todestag seines Schwiegervaters, dann natürlich am 1. November zu Allerheiligen und noch einmal vor Weihnachten. Jedes Mal werden Grablichter aufgestellt und Blumen gepflanzt.

Gelassenheit

Dagmar, eine deutsche Studentin, die ein Stipendium in Polen absolvierte, sagt, dass sie sich von den Polen Gastfreundschaft und Spontaneität abgeguckt hat, außerdem besitze sie heute mehr Gelassenheit. Sie könne jetzt stundenlang ganz gemütlich irgendwo sitzen und einfach mal eine Vorlesung auslassen.

Sie spüre auch nicht mehr so stark den Zwang zur Pünktlichkeit.

Auch **Adriano** bewundert an seiner polnischen Frau die Gelassenheit, mit der sie viele Alltagsprobleme meistert. Als Grund für ihre Ruhe nennt sie ihm immer, dass sie noch den Kommunismus erlebt hat. Wenn zum Beispiel am Sonntagmorgen die Toilette verstopft ist und kein Klempner den Hörer abnimmt, verliert Adriano sofort die Fassung. Seine Frau sagt dann nur: »Was ist das denn für ein Problem, gar keins!« Er bewundert sie dafür und versucht, genauso stoisch zu werden.

Improvisieren

Martyna lebt mit ihrem deutschen Mann in Polen und erzählt, dass er dort Improvisieren gelernt habe. Sehr gerne benutze er dabei das Sprichwort »Polak potrafi« (ein Pole kann es), weil er schon oft beobachtet habe, dass manche Handwerker die beiden Wörter vor sich hin murmeln und anschließend schier unlösbare Probleme lösen. Außerdem fahre er Auto schon wie ein Pole, in Deutschland allerdings zum Glück immer noch wie ein Deutscher. Bei sich selbst sieht Martyna keinerlei deutsche Einflüsse, da sie schon immer hervorragend organisiert gewesen sei. Auf ihre angeborene deutsche Art führt sie es auch zurück, dass sie und ihr Mann so gut zusammenpassen.

Probieren geht über Studieren

Jens hat von seiner Frau zwei wichtige polnische Wörter gelernt: »dogadaj się!« (verhandele) und »kombinuj!« (kombiniere). Das bedeutet, dass alles möglich ist, man muss es nur probieren. Als Beispiel nennt er Hotelbuchungen. »Beschwer dich ruhig mal über dein Hotelzimmer, geh runter an die Rezeption, lass dir ein anderes Zimmer geben. Vielleicht gelingt es dir ja. Alles ist möglich. Dogadaj się, kombinuj!«

Osterbräuche

Barbara nimmt für sich in Anspruch, den polnischen Osterbrauch »Śmigus Dingus« nach Deutschland gebracht zu haben. Wenn sie mit ihrem polnischen Mann und den Kindern über Ostern nach Deutschland zur Schwester reise, freuten sich deren kleine Kinder schon lange vorher darauf, dass nun wieder die Spritzpistolen ausgepackt werden, mit denen die Kleinen dann am Ostermontag hemmungslos die Familienmitglieder nass spritzen dürfen.

Bei offenem Fenster schlafen und abends duschen

Beata hat sich ihrem deutschen Mann angepasst und schläft jetzt bei offenem Fenster. Das wäre bei ihr früher unvorstellbar gewesen. Seit sie aber mit ihrem Mann zusammen ist, hat sie nichts dagegen, dass das Fenster sogar im Winter aufgemacht wird. Im Gegenzug hat er sich von ihr dazu überreden lassen, nicht mehr morgens vor der Arbeit, sondern stattdessen abends vor dem Zubettgehen zu duschen. Beata: »Das ist auch so ein Phänomen in Deutschland: Die Deutschen duschen morgens, die Polen abends. Und warum ist das so? Ich glaube, wir Polen duschen für den Partner, die Deutschen duschen für den Chef.«

Noch deutsch

So wie vorhin einige Bereiche genannt wurden, in denen Polen sich bewusst *nicht* verändern wollen, haben auch viele deutsche Partner irgendeine Lieblingsgewohnheit, die sie nicht aufgeben wollen oder können.

Magdas Mann fühlt sich als verhinderter Gentleman. Er würde den Frauen ja gerne die Tür aufhalten und ihnen im Bus seinen Platz anbieten, fürchtet sich aber vor Sexismusvorwürfen.

Ralf hat seine Frau davon überzeugen können, das Mittagessen mit ihm zusammen zu deutschen Zeiten einzunehmen, also schon um zwölf oder ein Uhr. Auch wird bei ihm immer noch um Punkt achtzehn Uhr zu Abend gegessen, so wie er es von klein auf gewöhnt ist.

Sabine hat sich nach all den Jahren mit einem polnischen Ehemann noch nicht an die lauten Familienzusammenkünfte gewöhnt.

Gosia sieht sich gerne die Serie »M jak Miłość« an. Wenn sie ihren Mann fragt, ob er nicht mitschauen will, lehnt er ab, obwohl er angeblich genug Polnisch kann, um die Dialoge zu verstehen. Gosia klagt: »Ein polnischer Mann würde das mir zuliebe mitgucken.«

12 KINDER

Namenswahl

Nun geht's noch optimistischer weiter – hinein in die Zukunft der deutsch-polnischen Beziehungen, zu den Kindern![11]

Da wäre zunächst die Namensfrage. Wählen Eltern einen deutschen oder polnischen Traditionsnamen, etwa Mechthild oder Zdzisława, hat das Kind später im jeweils anderen Land ein schönes Alleinstellungsmerkmal, was gut für eine TV-Karriere ist, aber schlecht für Behördenformulare. Von einem solchen Problem berichtet Gesine, die ja, zusammen mit ihrem Mann Szymon, für ihren Sohn den Namen »Mirosław« wählte. Beide fanden ihn einfach schön und bereuen ihn auch heute noch keine Minute. Beim Jugendgesundheitsdienst wurde Mirosław aber unter drei Schreibweisen geführt, als »Mirosław Zabłocki«, »Miroslaw Zablocki« und »Mirostaw Zabtocki«. Als er in den Kindergarten kam, gab es eine (bereits unrühmlich erwähnte) unsensible Erzieherin, die sich an dem polnischen Sonderbuchstaben »ł« störte und Mirosław immer »Milosevic« rief. Erst als Gesine sie bat, ihren Sohn bitte nicht wie den serbischen Kriegsverbrecher zu rufen – den kleinen Albert nenne sie ja auch nicht scherzhaft »Adolf« –, hörte sie damit auf.

11 Im Jahr 2017 wurden insgesamt 687 182 Kinder mit deutscher Staatsangehörigkeit geboren. Etwa 83 000 davon stammen aus binationalen Partnerschaften, also etwa jedes 8. Kind dieses Jahrgangs. Wie viele davon aus deutsch-polnischen Verbindungen stammen, ließ sich statistisch nicht feststellen. Quelle: https://www.verband-binationaler.de/presse/zahlen-fakten/eheschliessungen/.

Langform oder Kurzform

Bleiben wir noch einen Moment bei »Mirosław«. In einem polnischen Kindergarten würden die Erzieherinnen den Jungen einfach »Mirek« nennen. Kleinkinder, aber auch Familienangehörige und Freunde werden generell mit Verkleinerungsformen angeredet. Niemand sagt »Tomasz«, alle sagen »Tomek« oder sogar »Tomciu«. Niemand sagt »Elżbieta«, alle sagen »Ela« oder »Elka«. Das sollten werdende Eltern beachten. Ihr Kind wird seinen offiziellen Namen in Polen möglicherweise so gut wie nie zu hören kriegen. Wenn sich die Eltern also monatelang einen besonders schönen, seltenen und melodischen Namen wie »Philomena« ausgedacht haben, sieht die Realität nach der Geburt des Kindes plötzlich ganz anders aus. Die polnische Oma wird hundertprozentig rufen: »Wo ist denn meine kleine Fila?« Und der Opa sagt vielleicht sogar »Filunia!« In jedem Fall kommen einige neue Namen dazu.

Es gibt natürlich auch den umgekehrten Fall. Manchmal klingt die offizielle Version eines Namens ziemlich altmodisch, aber die Kurzform süß und cool. »Wisława« ist im Polnischen – trotz Literaturnobelpreisträgerin Wisława Szymborska – ein altbackener Name, so wie im Deutschen »Gottlieb«. Aber die Verkleinerung »Wisia« klingt süß und ruft (zumindest bei polnisch sprechenden Menschen) Assoziationen von »Kirsche« (wiśnia) hervor, die in »Wisława« gar nicht auftauchen (der Name kommt vom Fluss Weichsel, Wisła).

Liste identischer Namen

Um die Probleme zu minimieren, wählen manche Paare für ihr Kind einen Namen, der in beiden Sprachen exakt gleich geschrieben wird, ohne Sonderzeichen, ohne Umlaute. Im Folgenden eine kleine Liste. »Alexander« gehört zum Beispiel nicht auf diese Liste, weil er im Polnischen »Aleksander« geschrieben wird.

Mädchennamen:

Alena, Angelika, Anita, Anna, Barbara, Daniela, Diana, Elena, Emilia, Gabriela, Hanna, Helena, Ilona, Jana, Magdalena, Maria, Manuela, Marta, Monika, Ramona, Rita, Tamara.

Jungennamen:

Adam, Adrian, August, Benjamin, Damian, Daniel, Donald, Gabriel, Herbert, Kilian, Konrad, Marcel, Norbert, Robert, Sebastian, Stefan.

Schwanger

Auch im Umgang von Polen und Deutschen mit schwangeren Frauen sind gewisse Unterschiede zu verzeichnen.

Als Axels polnische Frau hochschwanger war, fuhr er mit ihr über den (damals noch bestehenden) Grenzübergang in Görlitz. Als sie der polnischen Grenzbeamtin die Pässe anreichten, schlug diese beim Anblick des prallen Mutterbauches die Hände über dem Kopf zusammen, schubste ihre Kollegen beiseite, die gerade mit der Abfertigung eines anderen Wagens beschäftigt waren, und dirigierte die junge Familie auf einer Seitenstraße durch die ganze Zollstation, gleich darauf auch durch die deutsche Zollstation. Axel und seine Frau waren beeindruckt.

Karla erzählt, dass ihre polnische Schwiegermutter sehr erstaunt darüber war, dass sie während der Schwangerschaft Fahrrad fuhr. Die Schwiegermutter fand das höchst ungewöhnlich. Weiterhin wunderte sie sich darüber, dass Karla bis fast zum letzten Tag arbeitete und sich nicht krankschreiben ließ. Karla fragte: »Wieso auch?«

Polnische Ängste

Als frischgebackene Mutter betrat Karla in Polen mit Kinderwagen einen Gemüseladen und wurde sofort von der Ladenverkäuferin darauf hingewiesen, dass in einem Salat, den sie kaufen wollte, Knoblauch drin sei. Karlas Reaktion: »Tjoa, und?!«

Auch die polnische Schwiegermutter sei sehr verunsichert gewesen, was die stillende Mutter jetzt essen dürfe. Karla achselzuckend: »Ähm? Alles!«

Sie wunderte sich auch darüber, dass Babys nach polnischer Ansicht ständig gewaschen und eingecremt werden müssen. Ihr Mann Aleksander sagte ihr zur Begründung kurz: »Man macht das halt so.«

Karla: »Insgesamt ist die polnische Familie viel, viel besorgter um das Kind, alles ist gefährlich – die Kleine könnte ausrutschen oder sich den Kopf anstoßen und und …«

Aleksander stellt demgegenüber fest, dass die deutsche Pädagogik härter als die polnische sei. Man mache sich wesentlich weniger Sorgen um das Wohl des Kindes und seine Gesundheit. Die polnischen Mütter seien auch viel weniger streng mit ihren Kindern, verlangten weniger von ihnen, bemutterten sie länger. Aleksander witzelt: Auf die Frage »Hat das Kind schon gegessen?« laute die deutsche Antwort meist: »Wenn es hungrig ist, wird es sich schon melden!« Bei der deutschen Tagesmutter, die Karla und er hatten, mussten die Kinder jeden Tag an die frische Luft, völlig unabhängig davon, ob gerade ein Orkan durch die Stadt tobte oder das Thermometer auf minus 20 Grad gefallen war. Hauptsache frische Luft!

Auch Sabine findet, dass Kinder in Polen unter Überbehütung leiden: »In Polen muss einem Kind die Mütze so angezogen werden, dass wirklich kein Millimeter Ohr zu sehen ist.«

Als Barbaras Sohn sich beim Schlittenfahren einmal den Vorderzahn ausschlug und ein paar Monate später beim Fahrradfahren das Schlüsselbein brach, seien das für alle polnischen Angehörigen wahre Katastrophen gewesen, auch in der (polnischen) Schule hatte man noch nie etwas so Entsetzliches erlebt. Barbara und die deutschen Verwandten hingegen trösteten den Jungen und sagten: »Das wächst wieder zusammen.«

Beim Füttern der Kinder, so Barbara weiter, gebe es für polnische Eltern prinzipiell ein Problem; entweder hätten sie schlaflose Nächte, weil die Kinder zu viel äßen, oder sie hätten schlaflose Nächte, weil die Kinder zu wenig äßen. »Richtig geht nicht.« Barbara zitiert das polnische Kinderlied: »Nie mów me, nie mów be, tylko jedz!« Zu Deutsch: »Sag nicht ›mä‹, sag nicht ›bä‹, sondern iss einfach nur.« Für Barbara beschreibt das Lied auf ideale Weise die polnische Kindererziehung.

Aleksander hat beobachtet, dass in Deutschland alternative Formen des Kindertransports populärer als in Polen sind, etwa das Tragetuch. Man wird in Polen wohl auch nur selten eine Mutter sehen, die morgens mit einem Fahrradanhänger voller Kinder durch den Berufsverkehr radelt. Schon Fahrräder mit Kindersitz sind rar.

Aleksander amüsiert sich über die deutsche Gender-Erziehung: »Um Himmels willen sollte man kleine Mädchen nicht in Mädchenklamotten stecken oder Jungen in Jungenkleidung. Unisex ist sehr wichtig. Wenn meine Frau mit unserer Tochter über ihre Zukunft spricht, sagt sie immer: ›Vielleicht wird dein Mann oder deine Frau …‹«

Schule

Barbara beschwert sich über die patriotische Erziehung an den polnischen Schulen. Am ersten Schultag nach den Sommerferien gebe es stets einen Appell, bei dem die Kinder in Reih und Glied auf dem Schulhof stehen und zum Aufziehen der polnischen Flagge die Nationalhymne singen müssen. Auch eine Schweigeminute werde abgehalten. Barbara sagt, dass ihr dies besonders für die Erstklässler leidtue, die in Deutschland an ihrem ersten Schultag fröhliche Lieder singen dürften, etwa »Alle Kinder lernen lesen, auch Eskimos und Chinesen.« In Polen musste sie als Mutter stattdessen das Wort »baczność« im Wörterbuch nachschlagen, weil es zum Schulhofappell immer wieder laut gebrüllt wurde. Es bedeutet: »Stillgestanden!« Man stelle sich einmal vor, so Barbara, eine deutsche Grundschuldirektorin würde die Schüler strammstehen lassen.

Barbara lässt auch sonst am polnischen Schulsystem kein gutes Haar. Sie bezeichnet es als brutal: »Richtig Action, Fakten pauken, vor dem Lehrer kuschen, an wichtigen Tagen (erster oder letzter Schultag und bei Feiern) schwarz-weiße Klamotten anziehen.«

Joanna sieht es genau umgekehrt. Sie mag die deutsche Kindererziehung nicht, weil sie ihr zu hart ist, zu unbarmherzig. Ihr Sohn geht in die dritte Klasse einer deutschen Grundschule. Die Lehrer fordern von den Eltern, dass die Kinder schon ab der ersten Klasse allein zur Schule gehen sollen. Wenn Joanna ihren Sohn bis zur Schule begleitet, »stimmt schon was nicht«. Die Eltern dürfen auch nicht mit in die Klassenräume kommen. Es gibt ein Schild auf dem Korridor: »Mama, ab hier schaff ich's allein!« Als Joanna einmal einen Schritt weiter machte, kam sofort die Lehrerin angelaufen und sagte streng: »Ihr Kind muss das jetzt alleine schaffen!«

Benjamins Kampf um sein Kind

Bei Trennungen sind immer Kinder die Leidtragenden. Im Fall von binationalen Trennungen kommt es bisweilen zu dramatischen Situationen. Zwei solcher Dramen sind mir im Detail bekannt geworden, eins aus deutscher, das andere aus polnischer Sicht.

Benjamin und seine Frau **Iwona** lernten sich in Kopenhagen bei der Party einer gemeinsamen Freundin kennen. Bald danach wurde geheiratet. Benjamin, der bei einem internationalen Konzern arbeitet, ließ sich von Deutschland nach Warschau versetzen. Ein Jahr später wurde der gemeinsame Sohn **Leon** geboren. Als Iwona mit dem Sohn auf dem Arm aus dem Krankenhaus nach Hause kam, sagte sie als Erstes: »Da vorne unter dem Fernseher ist Staub, das darf nicht sein, wenn man ein Baby hat.« Benjamin war schockiert: Seine Frau und sein Kind betraten zum ersten Mal gemeinsam die Wohnung, ein absolutes Highlight in seinem Leben – und sie sprach nur von Staubwischen.

Als das eigentliche Problem seiner Ehe sieht er an, dass Iwona und er wechselseitig nicht wertschätzen konnten, was der andere tat. Ihm war es nicht so wichtig, wenn Iwona den ganzen Tag kochte und die Wohnung auf Hochglanz brachte. Und sie zeigte ihm keinerlei Anerkennung dafür, dass er sich sehr für seinen Job engagierte und viel Geld nach Hause brachte. Auf diese Weise konnte er ihr auch ausgefallene Wünsche erfüllen, etwa Edelhandtaschen von Michael Kors. Sie dankte ihm niemals, sah das alles als selbstverständlich an, sagt er.

Nach einem Jahr ließ er sich wieder nach Deutschland zurückversetzen. Er dachte, der Neuanfang werde seiner Ehe guttun, ihn und Iwona einander näherbringen. Doch es kamen neue Schwierigkeiten. Er musste plötzlich alles für sie erledigen, weil sie die Behördengänge oder Arztbesuche nicht allein organisieren konnte. Nach einem Jahr nahm sie zum ersten Mal den kleinen Leon und verschwand für vier Wochen nach Polen zu ihren Eltern. Benjamin fuhr hinterher, redete mit Engelszungen auf sie ein und bat sie, nach Deutschland zurückzukommen. Sie kehrte tatsächlich mit ihm zurück.

Eines Tages lernte sie einen anderen Mann kennen, einen Polen. Benjamin kam durch einen Zufall dahinter, beschloss aber wegen des gemeinsamen Kindes, die Ehe nicht aufzugeben, sondern besorgte eine Ehetherapeutin. »Die meisten Männer hätten sie rausgeschmissen!« Doch die Therapie erwies sich als vergeblich. Kurz danach erhielt er zwei Briefe von ihrem Rechtsanwalt. Im ersten wurde ihm ein Trennungsjahr vorgeschlagen, im zweiten eine Alimenteforderung in Höhe von 450 Euro für das Kind und 1250 Euro für Iwona gestellt, insgesamt monatlich 1700 Euro. Auch sollte er aus der gemeinsamen Wohnung ausziehen. Benjamin beantragte nun seinerseits die Scheidung – allerdings in Polen, weil das Scheidungsrecht dort noch nach dem alten Schuldgrundsatz läuft. In Deutschland ist dieser Grundsatz aufgehoben; bei einer Scheidung wird immer dem weniger Verdienenden Alimente zugesprochen, unabhängig davon, wer die Zerrüttung der Ehe herbeigeführt hat. Er war sich sicher, dass seiner Frau wegen ihres Fremdgehens die Schuld gegeben werden würde. Auch wäre die Alimentezahlung wesentlich niedriger.

Bald darauf kamen die Sommerferien. Iwona fuhr mit dem Kind nach Polen zu ihren Eltern. Doch als die drei Wochen abgelaufen waren, kehrte sie nicht zurück. Erst kurz vor Ablauf der Ferien erhielt er eine Nachricht von Iwona: Leon werde am kommenden Montag in ihrer Heimatstadt eingeschult. Benjamin war gerade auf einer Dienstreise in Belgrad. Die Nachricht traf ihn wie ein Schock. Er flog sofort nach Polen. Da es in Iwonas Stadt laut Google Map sechs Grundschulen gab, musste er mit scheinheiligen Anrufen herausfinden, in welcher Schule sein Sohn angemeldet war. »Guten Tag, ich bin der Vater von

Leon, ich habe vergessen, um wie viel Uhr die Einschulung am Montag stattfindet.« Fünf von sechs Direktoren sagten ihm, es gebe unter ihren Schulanfängern keinen Leon, aber der sechste nannte ihm die Uhrzeit.

Benjamin erklärte ihm die Lage. Der Direktor zeigte Verständnis und bestellte Iwona ein. Sie erschien in der Schule. Nachdem sie vom Direktor erfahren hatte, dass er ihren Sohn unter diesen Umständen nicht annehmen dürfe, wollte sie sich umgehend wieder entfernen. Benjamin fragte sie, ob er Leon zumindest kurz sehen dürfe, aber Iwona lehnte das ab.

Drei Tage später erhielt er von Iwona ein Foto, das Leon nun doch bei seiner Einschulung zeigte. Sie hatte ihn in einer anderen Stadt angemeldet, ohne aber zu verraten, in welcher. Benjamin tippte darauf, dass es die Heimatstadt ihres Geliebten war, und das stimmte tatsächlich. Er fuhr nun kurz entschlossen wieder in Iwonas Heimatstadt und klingelte dort bei ihren Eltern. Sie befand sich gerade mit Leon dort. Er fragte sie, ob er zumindest mal kurz mit seinem Sohn sprechen könne. Iwona lehnte ab, aber der Schwiegervater erlaubte ihm doch, die Wohnung zu betreten. Daraufhin brach Iwona einen Streit vom Zaun und rief die Polizei. Die Polizisten belehrten sie aber, dass sie dem Vater nicht verbieten könnten, harmlos mit seinem Kind zu spielen. Benjamin ging freiwillig. Mehrere Tage später erhielt er einen Anruf von Iwona. Sie teilte ihm mit, dass er Leon erst vor dem Scheidungsrichter wiedersehen werde.

Zwei Monate später fand vor einem polnischen Gericht der Prozess statt. Dabei errang Benjamin zu seiner eigenen Überraschung einen vorläufigen Sieg. Mit Bezugnahme auf die Haager Konvention (Kindesentführung) wurde die Rückführung seines Sohnes nach Deutschland angeordnet. Gleichzeitig wurden seiner Frau monatliche Alimente in Höhe von 500 Złoty (120 Euro) und seinem Sohn von 1800 Złoty (400 Euro) zugesprochen. Derzeit ist der Beschluss noch nicht rechtskräftig. Benjamin vermutet, dass Iwona in Berufung gehen wird. Doch er findet, dass sein Sieg schon mal ein Meilenstein ist, zumal die Stimmung in Polen derzeit nicht gerade deutschlandfreundlich sei und der Justizminister vor Kurzem erst das Gesetz dahingehend geändert habe, dass polnische Kinder grundsätzlich nicht mehr aus Polen herausgegeben werden dürften. Zu Benjamins positiver Verwunderung setzte sich das Gericht jedoch darüber hinweg. Vorerst ist Leon jetzt bei Iwona in deren Elternhaus untergebracht. Jedes zweite Wochenende hat Benjamin Umgangsrecht. Wie es weitergehen wird, weiß er im Moment noch nicht. Die Berufungsverhandlung über den endgültigen Aufenthaltsort von Leon kann sich noch lange hinziehen.

Paulinas Kampf um ihr Kind

Paulina studierte in Warschau Germanistik und arbeitete danach an einer privaten Sprachschule. Dort verliebte sie sich in einen ihrer Schüler, einen deutschen Geschäftsmann, der seit einigen Jahren in Polen lebte. Sie feierten eine schöne Hochzeit und zogen dann nach Bayern, in die Heimat von Paulinas Mann. Die Schwiegereltern erwiesen sich als liebenswerte Menschen. Ihr Schwiegervater, ein pensionierter Lehrer, hatte viele Jahre lang den Austausch mit einer Schule in Zentralpolen organisiert. In einer solchen Familie fühlte Paulina sich gut aufgehoben. Doch leider musste sie bald einsehen, dass die schöne Weltoffenheit noch kein Glück garantierte. Ihr Mann hatte nämlich ein sehr traditionelles Verständnis von den Haushaltspflichten. Es war der Klassiker: Wenn er von der Arbeit kam, legte er sich aufs Sofa und fragte, wann es Essen gebe.

Nach der Geburt ihrer Tochter wurde die Ehe noch schlechter. Paulinas Mann beschäftigte sich überhaupt nicht mit der Kleinen, ekelte sich vor ihren Windeln und vor der Kinderspucke. Oft kam er erst sehr spät nach Hause, und es stellte sich bald heraus, dass er andere Frauen traf, auch wenn er das vehement abstritt. Außerdem bekam sie mit, dass er jeden Tag nach der Arbeit Alkohol trank.

Schließlich kam es sogar zu häuslicher Gewalt. Es waren keine schlimmen Schläge, aber doch Schubsen, Zerren und Rempeln. Von den Schwestern ihres Mannes erfuhr Paulina, dass er schon als Jugendlicher für ein halbes Jahr in ein Internat geschickt worden war, weil er sich gewalttätig verhalten hatte. Irgendwann beschloss Paulina, sich und ihr Kind in Sicherheit zu bringen. Sie sagte ihrem Mann, dass die Ehe keinen Sinn mehr habe und sie sich trennen wolle. Da bekam sie von ihm etwas zu hören, was für sie schrecklich war – und was sie ihm leider auch geraume Zeit lang glaubte. Er sagte, wenn sie auch nur einen einzigen Schritt in Richtung Scheidung mache, werde man ihr das Kind abnehmen, weil sie eine arbeitslose Ausländerin sei. Von da an lebte sie in lähmender Angst. Schließlich hielt sie es nicht mehr aus und suchte sich in München eine Rechtsanwältin. Hier erfuhr sie, dass alle Drohungen nur Einschüchterungsmaßnahmen ihres Mannes waren, weil niemand ihr das Kind wegnehmen könne. Paulina betont an dieser Stelle, dass in den polnischen Medien oft fälschlich der Eindruck erweckt werde, als hätten die deutschen Jugendämter dazu jederzeit das Recht.

Sie suchte lange Zeit eine Wohnung im nahe gelegenen München, doch erwies sich dies, da sie nur von kleinen Zahlungen ihres Noch-Mannes lebte, als völlig aussichtslos. Schließlich fand sie eine Wohnung in einer benachbarten Kleinstadt, in der Nähe ihrer Schwiegereltern. In dieser schönen Umgebung war sie sehr glücklich, die Natur wirkte wohltuend auf sie. Leider konnte sie aber keinen Job finden. Bei manchen Bewerbungsgesprächen verschwieg sie vorsichtshalber ihr Diplom als Germanistin, um nicht als »überqualifiziert« abgestempelt zu werden. Zum Glück zeigten ihre Vermieter Verständnis und erließen ihr einen Teil der Miete.

Schließlich folgte sie dem Rat ihrer Rechtsanwältin und begann um ihre Rückkehr nach Polen zu kämpfen. Doch es dauerte noch zwei Jahre, ehe sie es endlich schaffte. Während dieser Zeit fuhr sie immer wieder für kurze Aufenthalte nach Warschau, musste aber vor Gericht jedes Mal eine schriftliche Genehmigung ihres Mannes für die Ausreise des Kindes vorlegen. Die Scheidung wurde eingeleitet, zog sich aber endlos hin. Immer wieder gab es Monate, in denen ihr Noch-Mann ihr den Unterhalt schuldig blieb, sodass sie nicht einmal in der Lage war, ihre Miete zu zahlen. Sie wandte sich an die deutschen Sozialbehörden, erfuhr aber, dass sie keine Chance auf Arbeitslosengeld habe, weil sie in Warschau eine Eigentumswohnung besaß, die sie vermietete. Die Behörden sagten ihr, dass sie, um die deutsche Grundsicherung zu bekommen, zunächst ihre Wohnung verkaufen und von diesem Geld leben müsse. Das empfand sie als absurd, weil sie sich damit die Rückkehr nach Warschau unmöglich gemacht hätte.

Trotzdem fühlte sie sich insgesamt gut behandelt von den deutschen Behörden. Sie musste zwar ihrer Rechtsanwältin gleich zu Beginn eintausend Euro zahlen, erhielt jedoch später von den Behörden Prozesskostenhilfe, die sowohl für die Rechtsanwältin als auch für andere Scheidungskosten genügte. Die tausend Euro blieben am Ende ihre einzigen persönlichen Unkosten.

Psychologische Untersuchungen ergaben bei Paulinas Mann eine sehr eingeschränkte Empathie und kaum vorhandene erzieherische Fähigkeiten. Dieser Meinung waren auch seine Bekannten, die zum Großteil hinter Paulina standen. Dennoch schenkte ihm das Gericht Glauben, dass er keinerlei Probleme mit Aggressionen habe. Das wurde schriftlich so fixiert, was Paulina skandalös findet.

Der Scheidungsprozess zog sich in die Länge und kam erst dadurch weiter, dass Paulina einer Forderung ihres Mannes nachgab. Er wollte sich nur dann einverstanden erklären, dass sie die gemeinsame Tochter nach Polen mitnahm, wenn er ihr im Gegenzug nicht gehaltsadäquate Alimente zahlen musste. Diese wären dank seines hohen Gehalts und seiner Nebeneinkünfte viel höher gewesen als der Mindestunterhalt, den sie jetzt bekommt. Obwohl sie also nur sehr wenig Geld von ihm erhält, gibt es immer wieder Monate, wo er selbst diese Summe noch kürzt, sodass sie sich aufs Neue an ihre Anwältin wenden muss. Ein weiterer Streit dreht sich um die Besuchszeiten. Paulina selbst schlug vor Gericht vor, dass der Vater seine Tochter in Warschau jeden Monat sehen könne. Diese Regelung passte ihm aber nicht. Er wollte die Besuchstage lieber addieren lassen und alle zwei Monate für einige Tage am Stück nach Warschau kommen. Paulina erklärte sich damit einverstanden, doch in der Realität kommt er nun so gut wie nie nach Polen. Die Streitereien vor Gericht haben bis zum jetzigen Zeitpunkt noch kein Ende gefunden.

Märchen über deutsche Jugendämter

In Paulinas Geschichte klang an, dass in Polen viele Horrormärchen über deutsche Jugendämter im Umlauf sind. Das zeigt sich schon daran, dass das Wort »Jugendamt« in vielen Artikeln, vor allem der rechtsgerichteten Zeitungen, auf Deutsch verwendet wird, was ein bisschen so wirkt, als wäre das »Jugendamt« eine Nazibehörde. Auch bei gemäßigten Polen hat die Behörde deshalb den Ruf, eine gemeingefährliche Einrichtung zu sein, die polnischen Eltern das Leben möglichst schwer machen will. Ähnliche Probleme mit den Jugendämtern werden allerdings auch aus Norwegen gemeldet.

Linda hat dies im Kontakt mit ihrer polnischen Schwiegermutter zu spüren bekommen. Lindas Tochter wurde noch in Danzig geboren. Als die Kleine neun Monate alt war, zog die Familie nach Deutschland. In der neuen Heimatstadt wurden Linda und ihr Mann sehr bald von einem Mitarbeiter des Jugendamts kontaktiert, der die Familie besuchen wollte. Das geschieht, sagt Linda, mit allen Zugezogenen, die ein Neugeborenes oder ein Kind unter einem Jahr haben, nicht nur mit denen aus Polen.

Als die Schwiegermutter von dem Besuch erfuhr, bekam sie Angst. Sie glaubte dem weitverbreiteten Gerücht, dass das Jugendamt den Eltern ihr Kind wegnehme, wenn es mitbekomme, dass sie mit ihm Polnisch sprächen. Die Behauptung erwies sich als völlig aus der Luft gegriffen. Nach dem Besuch des Mitarbeiters riefen Linda und Błażej sofort bei der Oma an und versicherten ihr, dass niemand beabsichtige, ihnen ihr Kind zu entziehen.

Eines Tages fragte die Schwiegermutter dann, ob es in der deutschen Kita der Enkelin einen Extraraum zum Masturbieren gebe? Eine Bekannte von ihr habe so etwas in einem Artikel gelesen. Linda und Błażej waren geschockt und versicherten ihr, dass es einen solchen Raum absolut nicht gebe. Linda fragte, woher ihre Schwiegermutter diese Information habe, besorgte sich den polnischen Zeitungsartikel und verstand: Hier wurde ein krasser Einzelfall aus Deutschland völlig zu Unrecht verallgemeinert. Trotzdem sah sich Błażejs Mutter beim nächsten Besuch in Deutschland sehr aufmerksam in der Kita ihrer Enkelin um.

Linda meint, man könne in Polen nicht oft genug betonen, dass polnische Eltern und Großeltern mit ihren Kindern und Enkeln in Deutschland völlig offen in der Muttersprache sprechen dürften.

Zweisprachige Kinder

Eltern beobachten fasziniert, wie ihre Kinder sprechen lernen. Im Fall einer binationalen Ehe ist die Faszination noch viel größer, doch kommt es häufig auch zu allerlei Schwierigkeiten, die bei einsprachigen Kindern nicht auftreten.

Aneta hat beobachtet, dass ihr zweieinhalbjähriger Sohn **Oskar** Mischwörter aus beiden Sprachen bildet. Einmal verlangte er eine »Gabelec« (Mix aus »Gabel« und »widelec«). Ein andermal sagte er: »Oskarek chce ponakidajować« (Oskarek möchte nackedeien). Eines Tages hörte sie mit ihm ein polnisches Wiegenlied des bekannten Liedermachers Seweryn Krajewski an. Bei den Worten »kiedyś tam będziesz miał dorosłą duszę« (eines Tages wirst du eine erwachsene Seele haben) hob Oskar den Kopf vom Kissen und sagte zu seiner Mutter in verschwörerischem Flüsterton: »Mama, die haben Dusche gesagt!« Selbst bereits sehr müde, verstand Aneta nicht, dass er das polnische »dusza« (Seele) mit der deutschen »Dusche« verwechselte, und sagte verschlafen: »Tak, tak, dorosłą duszę …« (ja, ja, eine erwachsene Seele). Daraufhin sah Oskar sie an, als wäre sie verrückt: »Mama, dorosłą Dusche?!« (Mama, eine erwachsene Dusche?)

Die bereits erwähnte Bille, die mit ihrem polnischen Mann und den Kindern in Deutschland lebt, wollte, dass zu Hause konsequent Polnisch gesprochen wird. Doch es klappte nicht. Die ältere Tochter hörte komplett auf, Polnisch zu sprechen, nachdem sie einmal in der Kita ausgelacht worden war. Heute ist sie schon sechsundzwanzig, spricht immer noch kein Polnisch, versteht aber viel. Der jüngere Sohn, der heute einundzwanzig ist, war als Sechsjähriger einmal mit seinen Eltern an der polnischen Ostsee und sollte Brötchen beim Bäcker holen. Seine Eltern sprachen ihm mehrmals vor, was »bitte zehn Brötchen« auf Polnisch heißt. Er murmelte es vor sich hin und ging los. Als er wiederkam, hatte er tatsächlich zehn Brötchen dabei und war ganz glücklich. Billes Mann sagte zu ihm: »Siehst du, jetzt kannst du auf Polnisch einkaufen!« Der Sohn: »Weißt du, Papa, die Leute in der Bäckerei können sogar Deutsch. Ein Mann vor mir hat auch auf Deutsch bestellt und die Brötchen bekommen. Also brauche ich gar nicht Polnisch zu lernen.«

Fragen an eine Linguistin

Ist Zweisprachigkeit eher Chance oder eher Handicap?

Mit dieser Frage habe ich mich an eine Expertin gewandt, habilitierte Linguistin der Warschauer Universität, meine ehemalige Kollegin **Magda Olpińska**, die nicht nur eine international anerkannte Spezialistin für deutsch- und polnischsprachige Kinder ist, sondern auch selbst zwei Söhne hat.

Auf meine Frage, ob es stimme, dass zweisprachige Kinder erst später sprechen lernen, weil sie durch ihre zwei Sprachen »verwirrter« sind als einsprachige Kinder, antwortete Magda Olpińska: »Zweisprachigkeit hat keinen Einfluss auf den Zeitpunkt und das Tempo des Spracherwerbs. Diese Faktoren sind immer und bei jedem Kind verschieden. Auch einsprachige Kinder fangen mit dem Sprechen früher oder später an und entwickeln sich dann im weiteren Verlauf ebenso unterschiedlich. Es stimmt, dass zweisprachige Kinder in einem bestimmten Alter (zwischen zwei und drei Jahren) ihre beiden Sprachen mischen. Das verschwindet wieder, sobald das Kind ein Bewusstsein dafür entwickelt, dass in seinem Leben zwei Sprachen existieren. Es stimmt auch, dass sich zweisprachige Kinder fast nie in beiden Sprachen gleich gut entwickeln – sie ›wählen‹ irgendwann eine der beiden als dominante Sprache, und zwar meistens die Mehrheitssprache der Umgebung, also der Schule und der Gleichaltrigen. Eltern können allerdings, wenn sie wollen, viel dafür tun, die schwächere Sprache des Kindes zu fördern.«

Meine nächste Frage: Haben bilinguale Kinder später in der Pubertät Identitätsprobleme, weil sie nicht wissen, zu welchem der beiden Länder sie gehören?

Magda Olpińska: »Identitätsprobleme haben nicht direkt mit der Zweisprachigkeit zu tun, sondern mit der emotionalen Situation, in der die Kinder leben, sowie vor allem mit der Einstellung ihrer Familie und Umgebung zu den beiden Sprachen und Kulturen. Ist die Einstellung positiv, gibt es keine Probleme. Wenn es hingegen den geringsten Druck seitens der Eltern gibt, etwa die unterschwellige Befürchtung von Diskriminierung oder Spuren von Abneigung gegenüber der einen oder anderen Sprache und Kultur – dann kann das sehr wohl zu Identitätsproblemen führen. Einer meiner Studenten hat in einer Fallstudie eine polnisch-deutsche Familie untersucht, in der der polnische Großvater gewisse Probleme damit hatte, dass seine Enkelin, die eine Zeit lang bei ihm lebte, Deutsch sprach. Das Mädchen geriet in einen ernsten Konflikt zwischen den beiden Sprachen und Kulturen. Erst nach dem Tod des Großvaters stabilisierte sich ihre emotionale Situation wieder. Man hört auch oft, dass es deutsch-polnischen Familien leichter fällt, Deutsch in Polen zu pflegen als umgekehrt Polnisch in Deutschland. Das ist richtig, zieht aber nicht automatisch und zwangsläufig Identitätsprobleme nach sich. Meistens ›bekennen‹ sich die Kinder einfach zu demjenigen Land, in dem sie länger gelebt haben.«

Nehmen bilinguale Kinder ihre Doppelidentität nach dem Ende der Pubertät, also etwa ab dem 16., 17. Lebensjahr, nur noch positiv wahr?

Magda Olpińska: »Darüber weiß ich leider nicht viel, aber ich denke, dass es stimmen könnte. Nur mit der Anmerkung, dass Bilinguale nicht unbedingt immer eine ›Doppelidentität‹ haben! Die Bikulturalität muss von den Eltern aktiv gepflegt werden, genauso wie die Zweisprachigkeit oder das Selbstwertgefühl der Kinder und ihre übrigen Fähigkeiten – nichts davon ist automatisch da.«

Letzte Frage: Haben bilinguale Kinder mehr Humor, weil sie dank ihrer zweiten Sprache mehr Distanz zur Wirklichkeit haben?

Magda Olpińska: »Das stimmt wahrscheinlich nicht, aber man vermutet immerhin, dass Zweisprachige in mancher Hinsicht intelligenter sind als Einsprachige. Nicht im Bereich mathematisch-logischer oder räumlicher Intelligenz, sondern eher, was ›divergentes (kreatives, problemlösendes) Denken‹ angeht. Man vermutet auch stark, dass Zweisprachigkeit bestimmte Alterskrankheiten verzögert, wie zum Beispiel Demenz, da zweisprachige Menschen ›ihr Gehirn mehr auf Trab halten‹, doch diese Vermutung bedarf noch weiterer Forschung.«

Deutsch Papier, polnisch Herz

Charlotte wurde schon im Kapitel über Religion vorgestellt. Sie bezeichnet sich selbst als »Produkt einer deutsch-polnischen Ehe, mit doppelter Staatsangehörigkeit, deutsch auf dem Papier, polnisch im Herzen.« Ihre Mutter ist Polin, ihr Vater Deutscher. Dass die beiden jemals gut zusammengepasst haben, glaubt sie nicht. Ihre Mutter sei eine unglaublich temperamentvolle, sehr sensible Frau, sehr gläubig und emotional – der Vater ein Mann, der viel an Geld und Arbeit denke und manchmal die Sensibilität vermissen lasse. Diese krasse Gegensätzlichkeit ist Charlottes Ansicht nach typisch für viele deutsch-polnische Paare. Allerdings schränkt sie ein: »Es gibt, glaube ich, zwei Arten von polnischen Frauen: einmal die temperamentvollen, die jederzeit in die Luft gehen können, und die super entspannten.«

Charlotte räumt ein, dass sie das explosive Temperament ihrer Mutter geerbt hat. Zu Ausbrüchen kommt es besonders dann, wenn ihr bodenständiger Vater wieder einmal ihre Sensibilität verletzt. Nicht nur ihm, sondern den meisten Deutschen fehle es an Feinfühligkeit. »Sie identifizieren sich über ihren Job und fragen mich auch immer nach meinem, in Situationen, die total unangemessen sind.« Eines Tages war Charlottes Vater auf dem Friedhof, um sich um das Grab seiner Eltern zu kümmern. Seine berufliche Situation war gerade sehr angespannt, er arbeitete als Leiharbeiter und war wieder einmal frisch entlassen worden. Da kamen die Nachbarn vorbei und fragten ihn ohne »Hallo« oder auch nur ein »Wie geht's« direkt und ohne Umschweife:

»Hast du Arbeit?« Das fand Charlotte völlig unangebracht und taktlos. Sie räumt allerdings ein, dass die Art der Deutschen stark von der Gegend und dem jeweiligen Menschenschlag abhänge. Sie selbst sympathisiert sehr mit dem Rheinland. Kölsches Bier, kölscher Humor – da fühlt sie sich wohl.

»Mir ist auch aufgefallen: Immer wenn ich deutschen Männern von meinen polnischen Wurzeln erzähle, macht es klick bei ihnen, und sie gucken mich auf einmal mit ganz anderen Augen an. Sie erzählen mir dann sofort immer, wie hübsch die polnischen Frauen sind.«

Insgesamt hat Charlotte das Gefühl, in Polen lockerer und mehr sie selbst sein zu können. In Deutschland passe sie sich automatisch den Leuten an und fühle sich steif.

Chance auf eine zweite Kindheit

Kinder binationaler Ehen genießen manche Privilegien. Sie können sich das Beste aus beiden Kulturen herauspicken und gewissermaßen zwei Leben leben. Das ist aber, wie Magda Olpińska betont hat, nur dann möglich, wenn die Eltern sich aktiv darum bemühen.

Eine gute Möglichkeit ist es, kleinen Kindern aus den Kinderbüchern desjenigen Landes vorzulesen, in dem sie selbst gerade nicht wohnen. Wer also in Deutschland lebt, sollte seinen Kindern abends polnische Kinderbücher vorlesen. Ideal, wenn dasselbe Buch in der Originalsprache und in der Übersetzung angeschafft wird. Dann kann die polnische Mama am Montag auf Polnisch vorlesen – und der deutsche Papa setzt am Dienstag dieselbe Geschichte auf Deutsch fort.

Eigentlich alle Kinderbuchklassiker sind in die jeweils andere Sprache übersetzt worden. Die im Folgenden angegebenen Bücher lassen sich im Internet zumeist leicht besorgen, neu oder gebraucht.

Zehn deutsche Kinderbuch-Klassiker und ihre polnischen Übersetzungstitel[12]

Otfried Preußler: *Der Räuber Hotzenplotz*	Rozbójnik Hotzenplotz
Otfried Preußler: *Krabat*	*Krabat
Erich Kästner: *Emil und die Detektive*	Emil i detektywi
Johanna Spyri: *Heidi*	Heidi
Jacob und Wilhelm Grimm: *Kinder- und Hausmärchen*	Baśnie braci Grimm
Michael Ende: *Momo*	Momo
Wilhelm Busch: *Max und Moritz*	Maks i Moryc / Wiś i Wacek
James Krüss: *Mein Urgroßvater und ich*	*Mój pradziadek i ja
Paul de Maar: *Eine Woche voller Samstage*	Tydzień pełen sobót
Janosch: *Oh, wie schön ist Panama*	Ach, jak cudowna jest Panama

12 Ein Sternchen vor dem Übersetzungstitel bedeutet, dass das Buch noch nicht in diese Sprache übersetzt oder nur schwer erhältlich ist.

Zehn polnische Kinderbuch-Klassiker und ihre deutschen Übersetzungstitel

Jan Brzechwa: *Wiersze*	Gedichte
Jan Brzechwa: *Akademia Pana Kleksa*	Die Akademie des Herrn Klecks
Julian Tuwim: *Wiersze*	Gedichte
Henryk Sienkiewicz: *W pustyni i w puszczy*	Durch Wüste und Wildnis
Maria Konopnicka: *O krasnoludkach i sierotce Marysi*	*Von den Heinzelmännchen und Mariechen, dem Waisenkind
Janusz Korczak: *Król Maciuś Pierwszy*	König Hänschen I.
Kornel Makuszyński: *Szatan z siódmej klasy*	Der Satan der siebten Klasse
Wanda Chotomska: *Dzieci pana astronoma*	Die Kinder des Herrn Astronomen
Zbigniew Nienacki: *Pan Samochodzik*	*Herr Autodingsda
Joanna Papuzińska: *Chwilki dla Emilki*	Agnieszka erzählt ein Märchen
Małgorzata Musierowicz: *Ida sierpniowa*	Ida August

IV. Teil

HAPPY CLASH

1 WORAN PAARE SCHEITERN

Statistisches Scheidungsrisiko

Muss es immer so tragisch enden wie bei Benjamin und Paulina? Ist Scheitern die traurige Regel, oder gelingt es deutsch-polnischen Paaren, all die kleineren und größeren Kulturschocks, von denen bislang ausführlich die Rede war, gemeinsam zu meistern?

Glaubt man dem Internet, geht die Geschichte oft böse aus. Wer »Scheidungsrisiko binationaler Paare« googelt, findet abschreckende Zahlen. Einem Zeitungsartikel zufolge liegt das Trennungsrisiko binationaler Paare sogar um 64 Prozent höher als bei Ehen zwischen Partnern derselben Kultur!

Und auch eine deutsche Anwaltskanzlei macht auf ihrer Website nicht gerade Mut: »Für eine binationale Ehe kommt zu dem ohnehin schon vorhandenen hohen Scheidungsrisiko die große Herausforderung hinzu, zwei unterschiedliche Kulturen im Alltag unter einen Hut zu bringen. Unterschiedliche Mentalitäten, unterschiedliche Bräuche und unterschiedliche Traditionen machen ein Zusammenleben oft nicht einfach.«

Um diese Behauptung zu überprüfen, schauen wir uns zunächst mal das »ohnehin schon vorhandene hohe Scheidungsrisiko« an. In Polen kamen 2017 auf 193 000 Eheschließungen etwa 65 000 Scheidungen; die Scheidungsquote lag also bei 33 Prozent. In Deutschland wurden 2017 insgesamt 153 501 Ehen geschieden, während 407 493 Ehen neu geschlossen wurden. Die Scheidungsquote lag also bei 37,73 Prozent.

Und um wie viel höher war das Risiko bei binationalen Paaren? Hierzu müssen wir uns durch einen Zahlensalat quälen, der uns aber mit überraschenden Ergebnissen belohnen wird, die den Anwaltskanzleien die Laune vergällen dürften.

2017 fanden in Deutschland 46 329 Eheschließungen zwischen binationalen Paaren statt, bei denen einer der beiden Partner Deutscher war. Dem standen 16 478 Scheidungen gegenüber, was eine Scheidungsquote von lediglich 35,58 Prozent ergibt, also um zwei Prozent besser ist als beim Durchschnittswert *aller* Paare! Noch auffälliger ist der starke Unterschied zwischen den Paarkonstellationen. Zwischen deutschen Männern und ausländischen Frauen lag die Scheidungsquote bei nur 31,41 Prozent, während sie bei deutschen Frauen und ausländischen Männern starke 40,73 Prozent betrug.[13]

Und wie sieht es speziell bei deutsch-polnischen Paaren aus?

Hier lassen uns die vom Statistischen Bundesamt mitgeteilten Scheidungszahlen leider im Stich. Aus unerfindlichen Gründen sind sie nicht, wie die Eheschließungen, nach Herkunftsländern aufgefächert. Man kann aber folgenden simplen Schluss ziehen: Da Ehen zwischen Deutschen und Polen zumeist von deutschen Männern und polnischen Frauen bestritten werden, tendiert die Scheidungsquote wohl eher zu den (vergleichsweise niedrigen) 31,41 Prozent. Irgendwo zwischen 32 und 35 Prozent dürfte die Wahrheit liegen.[14]

Fazit: Die statistische Scheidungswahrscheinlichkeit einer deutsch-polnischen Ehe war im Jahr 2017 geringer als die einer deutsch-deutschen Ehe. Sie bewegte sich etwa auf dem Level der polnischen Scheidungsquote.

13 Das kolportierte »um 64 Prozent erhöhte Scheidungsrisiko« kann nur dann zustande kommen, wenn man als Vergleichsmaßstab türkisch-türkische Ehen zugrunde liegt, die eine Scheidungsrate von weit unter zehn Prozent haben. Daneben sehen allerdings alle anderen Konstellationen ziemlich miserabel aus.

14 Alle erwähnten Zahlen finden sich unter: https://www.verband-binationaler.de/presse/zahlen-fakten/eheschliessungen/.

Mit meiner dritten TV-Frau Ela – einer unserer seltenen Streits (aber nur gespielt!)

Weiche Faktoren und harte Fakten

Kasia, die eingangs erwähnte Inhaberin einer Partneragentur, hat über viele Jahre hinweg beobachtet, was generell die häufigsten Trennungsursachen von Paaren sind. Sie lassen sich als »universale Ursachen« bezeichnen, sind nämlich ganz unabhängig von der Herkunft der Partner. Kasia nennt acht Faktoren: Narzissmus, Perfektionismus, radikale Ansichten, Eifersucht, Unreife, Alkohol, Aggressionen und Seitensprünge.

Alle diese Ursachen hängen auf irgendeine Weise vom Verhalten der Partner ab und bieten deshalb noch Hoffnung auf Änderung, oft freilich nur unter immensen Anstrengungen, etwa indem der betroffene Partner eine Entziehungskur macht oder eine Psychotherapie beginnt. Manchmal ist es allerdings auch einfacher. Eine norwegische Studie fand heraus, dass die Scheidungsrate von Paaren, die die Hausarbeit gerecht aufteilen, um fünfzig Prozent höher liegt als bei Paaren, bei denen die

Frau alles allein erledigt. Möglicher Grund: Ständige Absprachen führen zu Konflikten und Machtkämpfen. In diesem Fall wäre es wohl angeraten, dass die Partner in getrennte Wohnungen ziehen!

Eine ganz andere Betrachtungsweise von Partnerkonflikten wird in empirischen Studien praktiziert, die quasi wöchentlich neu herauskommen. Dort zerbricht man sich nicht mehr den Kopf über »weiche« Faktoren wie Persönlichkeitsstörungen, Alkohol oder egoistische Verhaltensweisen, sondern schaut sich die »harten Fakten« an, sprich: die biologischen, angeborenen Veranlagungen. Sind die Partner groß oder klein, blond oder rothaarig, wie hoch ist ihr IQ? Wer ausschließlich an solche empirischen Fakten glaubt, sollte konsequent das Geld für den Paartherapeuten sparen und lieber zum Frisör tragen, denn Streit und Konflikte sind aus dieser Perspektive nur eine Folge der Veranlagungen; ändern lässt sich höchstens noch die Haarfarbe, aber nicht der Partner. Drei Beispiele.

1. Wissenschaftler der Universität Tennessee haben nachgewiesen, dass zufriedene Ehen viel mit einem unterschiedlichen Body-Mass-Index zu tun haben. Frauen sollten dünner sein, zumindest dünner als ihre Partner. Dann sind die Männer zufriedener und die Frauen auch.
2. In einer Fünf-Jahres-Studie mit 1074 Schweizer Paaren wurde analysiert, welche Paare sich nach dieser Zeit getrennt hatten. Ergebnis: Liebe und Vertrauen werden überbewertet. In einer glücklichen Ehe ist die Frau einfach nur besser gebildet und mindestens fünf Jahre jünger als der Mann. Partnerschaften, in denen *sie* die Schlauere ist, sind achtmal stabiler als solche, in denen beide nicht besonders gebildet sind, und halten immer noch dreimal besser als Partnerschaften, in denen *er* der Klügere ist.
3. Forscher der Universität von Liverpool untersuchten anhand von einhundert Paaren die Frage, ob Menschen sich

bevorzugt einen Partner suchen, der genauso attraktiv ist wie sie selbst. Dabei kam heraus: Sind Frauen deutlich attraktiver als ihr Partner, hat die Beziehung wenig Chancen. Paare hingegen, bei denen beide ähnlich attraktiv waren, blieben länger oder für immer zusammen. Auch wenn der Mann der attraktivere Partner war, hielt die Beziehung länger. Attraktivere Frauen tendieren zu kurzlebigen Beziehungen, denn sie haben gute Aussichten, schnell einen neuen Partner zu finden.

Fazit dieser drei Studien: In einer glücklichen Partnerschaft ist die Frau tendenziell dünner, jünger, klüger und hässlicher als ihr Mann …

Zwei Trennungsgeschichten

Zurück in seriösere Gefilde! Wir waren so weit gekommen, Partnerkonflikte in zwei Gruppen zu teilen: in die »universalen«, die aus der Persönlichkeit der Partner resultieren, und in die »kulturell bedingten«. Schwierig ist es allerdings, diesen Konflikt-Mischmasch im Einzelfall auseinanderzudröseln. Versuchen wir es doch einmal an den zwei folgenden Geschichten.

Joanna (2) lernte ihren Mann in Krakau kennen, in der berühmten Singer-Kneipe im jüdischen Stadtteil Kazimierz. **Dieter (3)** sprach schon ziemlich gut Polnisch. Nach fünf Monaten zog sie zu ihm nach Berlin, ein Jahr später feierten sie eine Bilderbuchhochzeit. Joanna lernte schnell Deutsch, aber zu Hause wurde ausschließlich Polnisch gesprochen. 2004 kam die erste Tochter zur Welt, leider mit Downsyndrom. Es war eine schwere Geburt, die Eltern standen alles gemeinsam durch. Zwei Jahre später kam eine zweite Tochter zur Welt, diesmal eine gesunde. Dieter liebte Joannas kleines Heimatdorf im Vorkarpatenland, sie bauten sich dort ein Sommerhaus. Joanna beendete ihr Studium in Deutschland, fand Arbeit, Dieter versicherte ihr immer wieder, dass er sie liebe und bis ans Lebensende bei ihr bleiben werde. Irgendwann aber, nach etwa dreizehn Jahren Ehe, begann er sich zu verändern. Plötzlich führte er immer neue Regeln ein, war häufig von zu Hause abwesend. Bald stellte sich heraus, dass es eine andere Frau gab, eine Deutsche. Joanna konnte es nicht fassen, dass er sie und die Töchter verließ. Sie hasste die Deutsche, die ihr den Mann wegnahm. Wie konnte diese Frau, zu allem Überfluss eine Psychotherapeutin, sich so verhalten? Joanna war immer so erzogen worden, dass verheiratete Männer tabu sind, zumal wenn sie Familie haben. Die jüngere Tochter, die regelmäßig beim Vater war, berichtete ihrer Mutter, wie sehr er sich verändert habe. Früher habe er ein polnisches Herz gehabt, heute sei er ein typischer Deutscher, mit strenger Disziplin, Regeln und Prinzipien. Joanna und Dieter sind inzwischen geschieden und haben nur noch wegen der Kinder Kontakt.

Irena lernte Armin im Internet bei einem Single-Portal kennen. Sie war geschieden, mit fast erwachsenen Kindern, lebte in Polen, er war ebenfalls geschieden und lebte in einer ostdeutschen Stadt. Sie hatten überraschend viele Themen, und Irena freute sich auch, dass Armin ihr Deutsch verstand, obwohl es damals noch sehr mittelmäßig war. Nach zwei Wochen besuchte er sie in Polen. Es sollte nur für ein Wochenende sein, aber es wurde eine ganze Woche daraus. Beide waren vom Schicksal gebeutelt und fühlten sich dadurch stark zusammengehörig. Irena besuchte ihn anschließend in Deutschland und erfuhr dort von seinem Vater, dass Armin in der Vergangenheit ein Alkoholproblem gehabt und den Führerschein verloren hatte. Das erschreckte sie, weil auch ihre polnische Ehe am Alkohol zerbrochen war, doch als Armin schwor, trocken zu sein, glaubte sie ihm. Kurz darauf eröffnete sie in Polen eine Vermittlungsfirma für Altenbetreuer in Deutschland, und Armin erklärte sich bereit, ihr zu helfen. Er zog zu ihr. Leider erwies er sich als ungeeigneter Geschäftspartner, half nur ein wenig bei der Abfassung von deutschsprachigen Mails, kümmerte sich dafür aber um den Haushalt und kochte auch gut. Privat beschäftigte er sich fast nur noch mit Computerspielen. Die Beziehung wurde langweilig.

Irgendwann wollte Irena nicht mehr, dass Armin mit ihr zusammenarbeitete, und schlug ihm vor, dass er nach einem Job Ausschau halten sollte. Leider fand er nichts. Sie stellte Kontakt zu einem Bekannten in Deutschland her, und die beiden Männer entwickelten ein Konzept, wie sie Senioren aus Deutschland für polnische Kurorte begeistern könnten. Armin bat Irena, ihn noch ein halbes Jahr bei sich wohnen zu lassen, um dieses Projekt auf den Weg zu bringen. Sie erlaubte es. Aber wenn sie nach der Arbeit heimkam, war er jetzt öfter stark alkoholisiert und beleidigte sie. Eines Abends schlug er sie zum ersten Mal. Sie rief die Polizei, die ihn mitnahm, obwohl er sich stark wehrte. Als er wieder freikam, forderte er per Mail fünfzehntausend Euro von Irena, als Entschädigung für seine Mithilfe in der Firma. Andernfalls würde er sie auf Facebook und im Bekanntenkreis schlechtmachen. Seine Mail war sichtlich unter Alkoholeinfluss verfasst. Zwei Wochen später bat er sie reumütig um Verzeihung. Irena nahm die Entschuldigung an, auch weil sie ihn für die Korrespondenz mit den deutschen Geschäftspartnern brauchte. Doch einige Monate später unterschlug er Geld, das für ein Projekt mit deutschen und polnischen Kindern bestimmt war. Irena entdeckte auch, dass er auf seinem Computer viele Nacktfotos von sich und anderen Frauen hatte. Er floh zu seiner Schwester nach Deutschland. Irena schickte ihm seine Sachen in zwei großen Taschen hinterher. Er sandte ihr Drohungen zurück, bis sie sich endlich einen Rechtsanwalt nahm.

Irena hat heute beruflichen Erfolg, ist aber allein. »Das ist nicht das volle Glück, aber immer noch besser, als betrogen und erniedrigt zu werden.« Sie stellt keine hohen Ansprüche, würde gerne einfach nur einen intelligenten Partner haben, mit dem Geben und Nehmen in einem vernünftigen Verhältnis stehen.

Trennungsgründe

In Irenas Geschichte sieht es zunächst so aus, als läge das Scheitern der Beziehung nur an Armin, der einen Alkoholismus-Rückfall hatte. Ein Rechtsanwalt könnte ihn aber damit verteidigen, dass dieses Problem möglicherweise auch deshalb wiederkehrte, weil er nach Polen umzog, die Sprache nicht beherrschte und sich daher einsam fühlte. Irena gibt ja indirekt zu, dass sie nicht allzu viel Zeit für ihn fand, weil sie ihre Firma aufbauen musste.

Auch bei Joanna könnte es sich um eine Vermischung universaler und kultureller Konflikte handeln. Bei ihr klingt es zwar so, als wäre die Ehe an Dieters Seitensprung (also einem »universalen« Faktor) gescheitert. Aber wie würde die Geschichte aus *seiner* Perspektive lauten? Gab es da vielleicht etwas an Joanna, was ihn gestört hat? Auffällig ist in ihrem Bericht eine sehr emotionale Gegenüberstellung von »polnisch/positiv« und »deutsch/negativ«. Könnte es sein, dass es ihr nicht gelang, die Kultur ihres Partners wirklich zu akzeptieren? Suchte Dieter sich vielleicht auch deswegen eine deutsche Frau, weil er Joannas ewige Klagen über Deutschland und die Deutschen leid war? Diese Frage muss hier zumindest der Gerechtigkeit halber gestellt werden.

Die unentwirrbare Mischung von kulturellen und universalen Beziehungsproblemen gibt es sicherlich nicht nur in binationalen, sondern genauso auch in deutsch-deutschen oder polnisch-polnischen Beziehungen. Die meisten Menschen haben nur noch nie darüber nachgedacht – übrigens auch viele Paartherapeuten nicht (kein Wunder, kommen sie doch meist aus derselben Kultur wie ihre Patienten). Auf den ersten Blick klingt es absurd: Warum sollte man sich über kulturelle Störfaktoren bei Partnern aus derselben Kultur den Kopf zerbrechen? Doch so können nur Leute reden, die ihr Heimatland noch nie für mehrere Jahre verlassen haben. Auswanderer finden es normal, die eigene kulturelle Prägung zu reflektieren, wirkt sie sich doch auf unser ganzes Leben aus, nicht nur auf unsere Partnerschaften mit Ausländerinnen und Ausländern. Gut möglich, dass manches deutsch-deutsche Paar, das sich getrennt hat, in einer anderen Kultur lebenslang zusammengeblieben wäre. Vielleicht passte es ja eigentlich charakterlich hervorragend zueinander, trennte sich aber, weil es zum Beispiel ermüdet war von den emanzipatorischen Anforderungen der eigenen Kultur (so wie in der norwegischen Studie über die Hausarbeit). Oder es trennte sich, weil einer von beiden den starken Drang nach Auswanderung verspürte und dem Partner diesen Schritt nicht zutraute; solche Geschichten spielen sich seit einigen Jahren verstärkt im Auswanderungsland Polen ab, wo viele Ehepartner innerlich auf gepackten Koffern sitzen, leider aber nicht immer gleichzeitig. In Portugal oder Tschechien wären solche Paare möglicherweise zusammengeblieben.

Drei Tipps für kriselnde Paare

Eheratgeber gibt es viele. Die meisten von ihnen klammern allerdings die typischen Probleme binationaler Paare aus. Hier sind drei unkonventionelle Tipps für alle, die das Gefühl haben, mit der Heimatkultur ihres Partners nicht gut zurechtzukommen.

1. Denk an all die anderen Idioten

Wer in ein fremdes Land fährt, fühlt sich oft fremd und erlebt immer wieder Ärger mit den Einheimischen, der sich aus Sprach- oder Kulturunterschieden ergibt, angefangen beim Taxifahrer, der einen übers Ohr haut. Dann entsteht rasend schnell die Versuchung, nicht nur diesen einen Taxifahrer zu verfluchen, sondern gleich noch alle seine Landsleute dazu. **Michał** hat eine

Lösung für diesen ungerechten Verallgemeinerungsreflex gefunden. Er murmelt in solchen Situationen autosuggestiv vor sich hin: »Bevor ich alle Deutschen blöd finde, kommen noch eine Menge anderer Idioten: die Disco-Polo-Fans, die Russen, die Warschauer, die meisten Taxifahrer, die Franzosen und einige namentlich hier nicht Genannte. Uah, und dann erst die Deutschen.«

2. Man suche sich einen gemeinsamen Feind

Kasias Mann ist, wie erwähnt, Engländer, das Paar wohnt in Deutschland, die Kinder besuchen einen deutschen Kindergarten. Zu Hause werden deshalb drei Sprachen gesprochen, Polnisch, Englisch und Deutsch. Kasia sagt, dass ihr Mann und sie es sehr genießen, in Deutschland zu leben, also in einem Land, mit dem weder sie noch er emotional verbunden ist. So sind sie in der dankenswerten Situation, gemeinsam über die Bewohner dieses Landes ablästern zu können! Als sie noch in Großbritannien lebten, zehn Jahre lang, war das nicht so leicht, weil Kasias Mann immer, wenn sie über die Engländer klagte, seine Landsleute zu verteidigen begann. Die Schlussfolgerung: Man suche sich ein drittes Land, ziehe gemeinsam nach Österreich, Peru oder Australien! Das ist anstrengend, kostet viel Zeit und Geld, könnte sich aber langfristig als das kleinere Übel erweisen. Viel aufwendiger und frustrierender als ein gemeinsamer Neustart könnte es nämlich sein, wenn man sich von seinem bisherigen Partner trennt und anschließend jahrelang (möglicherweise vergeblich) nach einem neuen Menschen sucht, der die eigenen Anforderungen so ideal erfüllte wie der oder die Ex.

3. Verliebe dich in das Land deines Partners

Wenn Ehepartner miteinander Streit haben, lassen sie sich häufig dazu hinreißen, ihre Aggressionen auf das Heimatland des Partners zu übertragen. In letzter Konsequenz verbannen sie nicht nur den Partner aus ihrem Leben, sondern gleich auch noch sein ganzes Land. Das ist schade, weil es den Verlust vieler Lebensjahre mit sich zieht, die man in dieses Land investiert hat. Die kluge Frau und der kluge Mann bauen deshalb vor und bemühen sich, schon in guten Tagen eine möglichst starke Verbindung zum Land des Partners aufzubauen, zu seinen Bewohnern, seiner Sprache und Kultur. Der eine beginnt, sich für den polnischen Fußballklub Lech Poznań zu interessieren, die andere für das Tatragebirge oder Wandern im Harz. Im Idealfall wird diese Verbindung so stark, dass sie von der Partnerin oder dem Partner völlig unabhängig ist. Damit senkt man erstens die Wahrscheinlichkeit auseinanderzugehen und bleibt dem Land zweitens auch nach einer eventuellen Trennung treu. Das wiederum eröffnet gute Chancen, den nächsten Partner wiederum aus diesem Land kennenzulernen!

2 UNERWARTETE ÄHNLICHKEITEN

Zwei Extrem-Sprichwörter

Nach all den Überlegungen, warum es manchmal *nicht* funktioniert, soll es jetzt positiv weitergehen. Alles andere wäre Schwarzmalerei, denn die Zahlen sprechen nun einmal eine deutliche Sprache: Die Scheidungsquote deutsch-polnischer Paare liegt unter derjenigen von deutsch-deutschen Paaren!

Offensichtlich bringen Kulturunterschiede also doch mehr Gutes als Schlechtes mit sich, zumindest im Fall von Deutschen und Polen. Irgendetwas muss gerade zwischen diesen beiden Ländern existieren, das – allen Unkenrufen zum Trotz – einen positiven Flow erzeugt. Aber was ist es?

Über die ideale Mischung von Paaren gibt es zwei Sprichwörter, die beide weise, aber diametral einander entgegengesetzt sind: »Gegensätze ziehen sich an« und »Gleich und gleich gesellt sich gern«. Während man die Freunde der Gegensätze als die Optimisten bezeichnen könnte, weil sie daran glauben, dass auch große Unterschiede zwischen den Partnern letztlich nicht zerstörerisch, sondern produktiv wirken, warnen die Gleichheitsfreunde pessimistisch: Unterschiede führen zu Konflikten und werden sich mit der Zeit immer weiter verschlimmern.

Ist es besser, wenn beide Partner Fans von Bayern München sind? Oder werden sie mehr Gesprächsstoff haben, wenn einer von beiden sich überhaupt nicht für Fußball interessiert? Ist es ideal, wenn beide Partner Melancholiker sind? Oder versacken sie dann in öder Langeweile? Leben möglicherweise Choleriker und Phlegmatiker viel harmonischer miteinander, weil ihre Energien sich gegenseitig ausgleichen?

Um es gleich vorwegzunehmen: Die Konstellation »deutsch-polnisch« stellt in vielerlei Hinsicht so etwas wie die ideale Einheit der Gegensätze dar!

Gleich und gleich

Zunächst zu den Pessimisten, die dafür plädieren, dass es in einer glücklichen Partnerschaft möglichst viele Ähnlichkeiten zwischen den Partnern geben sollte. Ein binationales, bikulturelles Paar stellt für sie eine riskante Angelegenheit dar, weil hier zu den charakterlichen Unterschieden auch noch die kulturellen hinzukommen.

So warnt etwa die in Köln lebende polnische Schriftstellerin **Monika Moj**: »Man fühlt nicht dasselbe beim Anhören eines polnischen Schlagers, lacht nicht gemeinsam bei einer Filmkomödie von Stanisław Bareja.«[15]

Damit hat Frau Moj zweifellos recht. Der Vorrat gemeinsamer Prägungen ist bei einem gemischten Paar natürlich geringer als bei Angehörigen derselben Kultur. Das bekam etwa Gosia schmerzlich zu spüren. Sie war tief verletzt, als ihr deutscher Freund am Tod der legendären polnischen Rocksängerin Kora im Herbst 2018 keinen Anteil nahm. Während sie selbst den ganzen Abend hindurch am Computer saß, um im Internet die Nachrufe zu lesen, blieb ihr Freund völlig gleichgültig. Immer wieder versuchte sie ihm zu vermitteln, wer Kora war – eine Art polnischer Nena! Aber er lachte nur und krähte »Neunundneunzig Luftballons«. Gekränkt zog sie den Vergleich zurück: Kora sei in Wahrheit viel mehr als Nena gewesen, eine mutige Revoluzzerin in den kommunistischen Achtzigerjahren, eine Stilikone für alle starken Frauen. »Schick mir mal was!«, forderte

15 Auf Polnisch zitiert in Piotr Roguskis bereits aufgeführtem Buch »(Nie) poszła za Niemca«, S. 19.

ihr Freund sie auf. Okay, sie schickte ihm mehrere YouTube-Links, doch er sah sich nur einen einzigen an, zuckte mit den Schultern und meinte, dass ihm diese Musik nichts sage, zumal er auch den Inhalt der Lieder nicht verstehe.

Ich habe keine Ahnung, ob Gosias Freund ein Fan deutschsprachiger Rockmusik ist, etwa von Herbert Grönemeyer oder Udo Lindenberg. Aber wenn er es ist, wird er vermutlich damit leben müssen, dass Gosia ihrerseits mit diesen Herren nichts anfangen kann. Wird er das gelassen ertragen? Oder wird er schockiert murmeln: »Was? Gosia mag Grönemeyer nicht? Nein, dann hat alles keinen Sinn! Ich mache Schluss.«

Deutsch-polnische Ähnlichkeiten

Kora gegen Grönemeyer – ja, solche kulturellen Unterschiede werden natürlich noch ein paar Jährchen existieren. In vieler, sehr vieler Hinsicht wissen die Nachbarn Deutsche und Polen erschreckend wenig übereinander. Andererseits fällt es im Zeitalter von Internet, internationalen Unternehmen und Billigfliegern schwer, noch ernsthaft von großen Unterschieden zwischen Deutschen und Polen zu sprechen. In der Ära der Globalisierung ist alles relativ geworden. Zwei Menschen können inzwischen schon als »ähnlich« gelten, wenn sie beide die gleiche Hautfarbe haben. In deutschen Großstädten, die heute zu etwa einem Viertel von Menschen mit Migrationshintergrund bewohnt werden, dürfte manche Mutter, mancher Vater insgeheim erleichtert sein, wenn der Sohn »nur« eine Polin mit nach Hause bringt. Wie verschwindend klein sind die deutsch-polnischen Kulturunterschiede im Vergleich zu deutsch-chinesischen oder polnisch-afghanischen Unterschieden.

Aber Vorsicht! Ehe jetzt voreilig die Verschmelzung der beiden Nachbarvölker beschworen wird, muss man fragen: Was bleibt von der großen, globalen Ähnlichkeit im Alltag übrig?

Okay, entlang von Oder und Neiße zieht sich keine lückenlos bewachte »Friedensgrenze« mehr, aber die kulturellen Unterschiede sind eben doch noch vorhanden, was an den zahlreichen Konflikten der Paare überdeutlich wurde. Und für die etwa siebzig Prozent der Deutschen, die noch nie in Polen waren, dürfte immer noch der alte Spruch gelten: »In großer Nähe – so fern«. Bei einer Umfrage nach dem »fremdesten« Nachbarland würden sich vermutlich sowohl Polen als auch Deutsche immer noch gegenseitig den Pokal überreichen.

Ich möchte deshalb an einigen Punkten zeigen, wie weit und tief die Ähnlichkeit tatsächlich geht. Denn bei genauerem Hinsehen steht die polnische der deutschen Kultur um vieles näher als manch vermeintlich verwandtere Kultur, etwa die französische.

Geografie

Polen und Deutsche haben sozusagen den gleichen Kompass im Kopf: im Norden das Meer (Nord- und Ostsee), im Süden die Berge (Alpen, Schwarzwald, Tatra, Beskiden), im Osten die Hauptstadt (Berlin und Warschau). Für Frankreich oder Italien gelten da ganz andere Himmelsrichtungen. Übrigens gibt es auch in Polen eine Teilung von reichem Westen und armem Osten. Westpolen mit seinen Städten Posen, Breslau und Stettin tickt anders – wirtschaftlich, politisch, ja sogar religiös. Die Grenze verläuft ungefähr entlang des Flusses Weichsel, der Polen von Süden nach Norden durchschneidet. Um die Ähnlichkeit komplett zu machen, fehlt eigentlich nur noch der Solidaritätszuschlag.

Zur Geografie gehört auch der wichtige Punkt, dass in Polen quasi das gleiche Wetter wie in (Nord-)Deutschland herrscht. Kein Wunder, liegen beide Länder doch in derselben europäischen Tiefebene. Die Wolken kommen meist vom Atlantik her und ziehen zum Ural hinüber. Heute hängen sie über dem Ruhrgebiet, morgen über Hannover, übermorgen über Poznań. Und weil dieses Wetter insgesamt eher rau ist – die polnischen Winter sind sogar noch um zwei, drei Grad kälter –, hat sich bei den Bewohnern dieser Ebene eine ähnliche Gemütsverfassung herausgebildet, eine gewisse Spröde und nörgelnde Skepsis, die abends in melancholischen Trübsinn umschlägt. Ein Tourist aus Italien, der in Cloppenburg oder Kielce einen wildfremden Menschen anspricht, wird wohl rein an der Mimik kaum auseinanderhalten können, ob er einen schlecht gelaunten Deutschen oder einen miesepetrigen Polen erwischt hat.

Küche

Es wurde bereits erwähnt, wie ähnlich sich die deutsche und die polnische Küche sind, schwer und fettreich. Das gilt auch für die Allzweckwaffe, mit der hüben wie drüben gefeiert beziehungsweise schlechtes Wetter und Melancholie bekämpft wird – Bier. Polen, das nur während der kommunistischen Jahre ein Wodkaland war, ist heute wieder ein Bierland geworden. Beim Pro-Kopf-Verbrauch liegt es in Europa bereits an fünfter Stelle, hinter Belgien, Tschechien, Deutschland und England.

Ähnlich ticken Polen und Deutsche auch darin, dass beide davon überzeugt sind, das jeweils beste Brot und die beste Wurst zu besitzen. Kein in Deutschland lebender Pole würde jemals freiwillig einen deutschen Metzgerladen betreten! Alle Grundnahrungsmittel werden zu Ostern von der Schwester aus Lublin oder Gleiwitz mitgebracht. Umgekehrt konnte ich mich in Polen nie mit dem Mangel an solidem deutschen Graubrot abfinden.[16]

16 Zum Glück tut sich auf diesem Gebiet einiges, zumindest in Warschau. Ich empfehle das wunderbare Brotsortiment der Bäckereikette »Galeria Wypieków Lubaszka«.

Auch **Martin**, der in Polen mehrere Jahre lang als Deutschlehrer arbeitete, hat die Ähnlichkeit von deutschen und polnischen Eigenschaften bemerkt, ja geht sogar noch einen Schritt weiter. Viele Merkmale, die weltweit als typisch deutsch gälten, seien eigentlich in Polen viel stärker ausgeprägt, zum Beispiel der Kartoffelverzehr. Als er einmal mit seinen polnischen Schülern den neuen Jahreskalender des Goethe-Instituts durchging, ärgerte er sich fast. Auf dem Oktoberblatt wollten die Redakteure den Deutschlernern in aller Welt weismachen, dass Kartoffeln etwas typisch Deutsches seien. »Dabei wurde mir klar, wie sehr das Deutschlehrer-Establishment in Deutschland doch nach Westen orientiert ist.«

Schrebergärten

Während sich die Bierachse durch alle nord- und mitteleuropäischen Länder zieht, steht es mit Schrebergärten ganz anders. Weltweit liegt Polen hier auf Platz zwei, gleich nach Deutschland. So mancher Posener oder Dortmunder fährt am Samstagmorgen zu seinem Kleingarten hinter dem Bahndamm, hisst dort als Erstes die Flagge seines Fußballklubs, jätet danach sein Salatfeld und grillt sich zum Mittagessen ein paar Würstchen. Nachmittags werden dann zur Fußballübertragung einige Bierchen gezischt, so lange, bis der Gartenzwerg winkt. Ja, auch in Polen gibt es viele Gartenzwerge, ich habe sie mit eigenen Augen gesehen! In all diesen Punkten werden sich die Schwiegerväter aus Danzig und Recklinghausen bestens verstehen. In den meisten anderen Ländern der EU existiert das kulturelle Phänomen »Schrebergarten« dagegen überhaupt nicht. Oder hat jemand schon mal einen grillenden Griechen oder Italiener gesehen?

Auch in Polen beliebt: Gartenzwerge vor einem Straßenladen bei Zakopane

Geschichte

Etwas schwieriger wird das Gespräch der Schwiegerväter sicherlich, wenn sie von Bier, Fußball und Schrebergärten auf die Geschichte überlenken. Doch wer zwei Augen zudrückt, kann sogar hier erstaunliche Parallelen bemerken. Gewiss, natürlich unterscheidet sich die Geschichtsbetrachtung der beiden Länder diametral, ist sie doch vor allem vom Zweiten Weltkrieg geprägt. Deutschland wurde in der Nazizeit zum Täterland, während Polen das Opfer deutscher und sowjetischer Aggression war. Schaut man aber auf das reine Ergebnis dieses Krieges, sind Polen und Deutsche vor allem eins gewesen: Verlierer. In den meisten polnischen und deutschen Familien werden ähnlich tragische Geschichten von gefallenen Söhnen, Brüdern und Vätern überliefert, hinzu kommen fast noch schrecklichere

Geschichten von Bombardierung, Lager, Vergewaltigung, Erschießung, Deportation. Nicht zuletzt erlebten Millionen Menschen in Deutschland und Polen den Zweiten Weltkrieg als den Verlust ihrer Heimat. Deutsche aus Ostpreußen, Masuren und Schlesien mussten fliehen oder wurden vertrieben; Polen aus dem heutigen Weißrussland, Litauen und der Ukraine mussten ebenfalls ihre Heimat verlassen und in die von den Deutschen übernommenen Westgebiete übersiedeln, häufig in Viehwaggons.

Sprache

Ähnlichkeiten gibt es sogar auf dem scheinbar unterschiedlichsten Gebiet, der Sprache. Polnisch gilt in Deutschland als schwierig und völlig fremd. Aber schwierig ist Polnisch vor allem deshalb, weil es ein Deklinationssystem mit mehreren Fällen hat, das in vielen Sprachen gar nicht existiert, weder im Englischen, Französischen noch Italienischen – wohl aber im Deutschen. Wer es bislang nicht wusste, erfährt es jetzt: Die deutsche Sprache hat vier Fälle. Und Polnisch hat noch drei Fälle mehr, also sieben. Wer, wie ein deutscher Muttersprachler, aus der eigenen Sprache schon weiß, wie »Fälle« funktionieren, ist beim Verstehen der polnischen Grammatik bereits klar im Vorteil.[17] Weitere Lernzeit ersparen sich die Deutschen dadurch, dass es im Polnischen sehr viele deutsche Lehnwörter gibt (die häufig über das Jiddische eingeflossen sind, das sich im Mittelalter von Deutschland aus in Europa ausbreitete). Polnisch hat mehr Lehnworte aus dem Deutschen aufzuweisen als alle anderen nicht germanischen Sprachen. Wörter wie »szyberdach« (Schiebedach), »ob-

17 Übrigens würde ich so auch die klassische Frage beantworten, welche der beiden Sprachen schwieriger ist, Deutsch oder Polnisch? Der Vergleichsfaktor liegt ganz einfach bei 4 zu 7!

cas« (Absatz), »kibel« (Toilettenkübel), »syf« (Siff), »szpicel« (Spitzel) oder »szlafmyca« (Schlafmütze) braucht ein Deutscher nicht mehr zu lernen. Eine Engländerin oder Italienerin muss, wenn sie Polnisch lernen will, rund eintausend Wörter mehr als eine Deutsche pauken! Umgekehrt verwendet man auch im Deutschen, meist ohne es zu wissen, manch polnisches Wort. »Dalli dalli« kommt von »dalej dalej« (weiter weiter), »Grenze« von »granica«, »Gurke« von »ogórek«, und »Penunzen« vom polnischen Wort für Geld: »pieniądzy«.

Gegensätze ziehen sich an

Bei so tief gehenden Ähnlichkeiten geraten die Verfechter der Devise »Gegensätze ziehen sich an« womöglich ins Gähnen. Oje, wie normal klingt plötzlich eine deutsch-polnische Partnerschaft! Wo bleibt da noch der Kick? Gerade Menschen, die viel reisen oder für längere Zeit im Ausland gelebt haben, sind ja für alles Ähnliche verloren. Sie sterben vor Langeweile, wenn sie an Weihnachten in die Heimat zurückkehren und sich mit ihren alten Klassenkameraden über die Unterschiede zwischen Köln und Düsseldorf unterhalten sollen. An einen potenziellen Partner oder eine eventuelle Partnerin stellen sie strenge Anforderungen. Es müssen krasse Unterschiede her, harte Kulturschocks, permanente Neuentdeckungen. **Volker** gibt zu, dass er, nach der Scheidung von seiner deutschen Frau, in Zukunft keine Partnerin mehr haben möchte, die ihm nicht als Mitgift eine völlig neue Kultur mitbringt. Nachdem seine nächste Beziehung mit einer Japanerin zu Ende ging, tindert er jetzt in Uganda.

Aber keine Sorge: Vorläufig dürfen Polen und Deutsche noch nicht die Blutsbrüderschaft beantragen. An schlechten Tagen kommt es selbst mir noch so vor, als ob sich die vielen Ähnlichkeiten eigentlich kaum auf den Alltag auswirkten. Gut, die

Makroparameter sind erstaunlich ähnlich, aber unzählige Mikronuancen bleiben nach wie vor sehr unterschiedlich. Vor Kurzem beobachtete ich an einer Haltestelle irgendwo in Süddeutschland einige Leute, die auf die Straßenbahn warteten, und dachte: Wartende in Polen sehen ganz anders aus. Da war zum Beispiel eine junge Frau, die mehrfach gähnte, ohne sich die Hand vor den Mund zu halten, und ich dachte spontan: Nein, in Polen wird in der Öffentlichkeit viel seltener und dezenter gegähnt ... Ein polnischer Freund stellte einmal die Behauptung auf, dass er sogar einer einsamen Waldwiese ansehen könnte, ob sie in Polen oder Deutschland liege. Damals habe ich ihn ausgelacht; heute würde ich es mir schon selbst zutrauen.

Kurz: Allen Ähnlichkeiten zum Trotz sind die Unterschiede zwischen Deutschen und Polen noch zahlreich genug, um sich gründlich zu zerstreiten – oder bis zur Goldenen Hochzeit jeden Tag eine neue Nuance auszudiskutieren.

3 LET THE GLÜCK SPEAK!

Superwoman und Nice Guy

Mein Buch geht seinem Ende zu, und die Glücksspirale dreht sich immer schneller. Bisheriges Ergebnis: Deutsche und Polen haben genau das richtige Verhältnis von Ähnlichkeiten und Unterschieden – doch diese Formulierung genügt jetzt nicht mehr, denn sie ist noch viel zu kühl und distanziert. Viel deutet darauf hin, dass man klipp und klar sagen kann: Deutsche Männer und polnische Frauen sind ganz einfach die ideale Paarkonstellation!

Noch einmal zu Kasia. Sie hat Hunderte von Paaren, die durch ihr Partnerportal zueinanderfanden, nach dem Geheimnis ihres Eheglücks gefragt. Dabei stellte sich heraus: Aus Sicht der Polinnen schnitten die deutschen Männer gut ab beim wichtigen Punkt der Rollenteilung innerhalb der Ehe, also bei der Frage, wie ein Paar seinen Alltag bestreitet und seine Zukunft sieht. Ob man Kinder haben will, wer die Kinder ins Bett bringt, wer Mittagessen kocht oder ob beide Partner arbeiten werden – alle diese Fragen können viele Konflikte hervorrufen, wenn sie nicht partnerschaftlich geklärt werden.

Bei polnischen Männern stellte Kasia hingegen ein Defizit an partnerschaftlicher Einstellung fest. Mehr als die Hälfte ihrer polnischen Kunden erwartete eine »Superwoman«, die ihnen den ganzen Laden schmeißt. Doch nur zehn Prozent der Polinnen sahen sich in dieser Rolle. Sie wollten mehr Freiheit haben und erwarteten tätige Mithilfe des Mannes. Diese bekamen sie eher von einem deutschen Partner. Sie gaben sogar an, dass sie mit ihrem Deutschen größere Freiheiten genießen, als sie es vorher überhaupt von einer Partnerschaft erwartet hatten.

Auch deutsche Männer stellten an eine Partnerschaft viel geringere Erwartungen, was die häusliche Aufgabenverteilung betrifft. Sie waren schon begeistert, wenn sie eine Frau fanden, die überhaupt dazu bereit war, ab und zu auch mal ein Mittagessen zu kochen. Im Vergleich zu deutschen Frauen, so sagten sie, seien Polinnen einfach zu größeren Opfern bereit, vor allem auch dann, wenn es darum gehe, Privatleben und Arbeit unter einen Hut zu kriegen. Deutsche Frauen wurden demgegenüber häufiger als karriereorientiert wahrgenommen, mit weniger Rücksicht auf das Privatleben.

Kasia warnt: Auch wenn polnische Frauen sich durch ihre deutschen Partner häufig gut unterstützt fühlen, tendieren sie meist dazu, sich zu viel zuzumuten. Sie wollen alles sein, Hausfrau, Mutter, Karrierefrau, liebende Partnerin – eben »Superwoman«. Davon müssten sie sich genauso lösen, wie die deutschen Männer aus ihrer verschüchterten, defensiven Haltung des ewigen »Nice Guy« herauskommen müssen.

Man könnte also sagen, dass beide Gruppen, polnische Frauen und deutsche Männer, vor allem deshalb so gut zusammenpassen, weil sie eine ähnliche Ausgangslage haben. Beide erwarten relativ wenig von einer Partnerschaft und sind dann positiv überrascht von der Realität. Polnische Frauen bekommen von deutschen Männern mehr gleichberechtigte Partnerschaftlichkeit, als sie erhofft, und deutsche Männer von polnischen Frauen weniger Emanzipation, als sie befürchtet hatten.

Die Ergänzungsliste

Anna listet wunderbar die Unterschiede zwischen sich und ihrem Mann **Dirk** auf. Statt darin aber Konfliktpotenzial zu sehen, zieht sie lauter positive Schlussfolgerungen.

- Dirk isst ihr nicht ihren polnischen Lieblingswackelpudding (kisiel) weg, weil er ihn zum Glück gar nicht mag. Er stibitzt ihr auch nicht ihre polnischen Lieblingssalzgurken, weil er sie ebenfalls nicht mag.
- Dirk mischt sich nicht in die Telefonate mit ihrer Mutter ein, weil er kein Polnisch versteht. Er findet Urlaub in Masuren geil, »weil es so eine Natur in Deutschland nicht mehr gibt«. Er empfindet Entfernungen über fünfzig Kilometer als »Stress«, und deshalb besucht er seine Eltern nur ganz selten – für Anna anscheinend toll.
- Beide feiern gerne. Dirk ist Mitglied einer Karnevalsgruppe, Anna inzwischen auch, und sie liebt den deutschen Karneval, Kölle alaaf! Dirk mag dafür polnische Weihnachten, weil es dabei so herzlich und warm zugeht.
- Dirk kriegt jedes Mal die Krise, wenn Anna »mal eben schnell« etwas reparieren will. Und weil auch sie es nicht leiden kann, wenn er anfängt, etwas zu reparieren (weil es bei ihm nie ohne Wasserwaage abgeht), lautet das positive Fazit: Sie rufen gemeinsam den Klempner.

Es wäre verlockend, Annas Liste noch um einige Dutzend Punkte zu erweitern. Die deutsche und die polnische Kultur sind nicht einfach nur in manchen Punkten unterschiedlich oder ähnlich – nein: Sie addieren sich zu einem idealen Ganzen! Die Mängel der deutschen lassen sich durch die Vorteile der polnischen Kultur beheben und umgekehrt. Ich habe fast das Gefühl, dass in diesem *wechselseitigen Ergänzen* das eigentliche Geheimnis deutsch-polnischer Partnerschaften steckt.

Australien liegt zwischen Poznań und Dresden

Ein wunderbares Beispiel für das »ideale Ganze«, zu dem sich deutsche und polnische Kultur ergänzen können, ist die abschließende Geschichte. Ein besseres Finale kann es nicht geben.

Agnieszka (2) studierte in Posen und machte ein mehrmonatiges Praktikum in Dresden. Dort wohnte sie in einem Studentenwohnheim. Eines Tages fand sie neben der Eingangstür einen Zettel: »Wer will mit mir nach Australien reisen?« Hm, nach Australien wollte sie schon lange mal, hatte aber bisher noch keinen genauen Plan. Sie riss sich eins der kleinen Zettelchen mit der Zimmernummer und dem Namen **Uwe** ab. Sie hatte keine Ahnung, ob »Uwe« ein Frauen- oder Männername war. In den nächsten Tagen verlor sie das Zettelchen wieder, riss sich ein neues ab, verlor auch dieses wieder. An der Anzeige hing nur noch ein letztes Nümmerchen ... Da fuhr sie einfach hinauf in den sechzehnten Stock des Wohnheims und klopfte an die Tür. Ein junger Mann öffnete – und traute seinen Augen nicht: Ein schönes Mädchen in einem knallbunten T-Shirt stand da und fragte schüchtern, ob hier eine gewisse Uwe wohne? Uwe wusste sofort: Das war die Frau seines Lebens! Er bat sie herein und erzählte ihr, dass er die Reise eigentlich schon zum großen Teil fertig geplant habe, sie solle zweieinhalb Monate dauern. Agnieszka war beeindruckt von so viel Planung, aber auch von den Karten, die er vor ihr ausbreitete.

Sie trafen sich dann noch einige Male und besprachen die Einzelheiten. Uwe wollte unbedingt im Zelt übernachten, Agnieszka auf keinen Fall, weil sie Angst vor Schlangen und Spinnen hatte. Am Ende entschieden sie sich dafür, ein günstiges Wohnmobil zu leihen. Doch erst, als Agnieszka wirklich ihr

Flugticket gekauft hatte, glaubte sie selbst dran und informierte ihre Eltern. Die griffen sich an den Kopf: nach Australien, mit einem Unbekannten, noch dazu einem Deutschen? Auch Uwes Mitstudenten konnten nicht glauben, dass eine polnische Studentin allein mit ihm nach Australien flog. Vorsicht, die wollte ihn möglicherweise nur abzocken! Sie schlugen ihm vor, eine gegenseitige Erklärung zu unterschreiben, dass beide im Fall eines Autounfalls keinerlei Ansprüche gegen den anderen geltend machen dürften. Uwe verzichtete darauf.

Und so ging es los. Die Reise war ein voller Erfolg, aber ein Pärchen wurden die beiden unterwegs noch nicht. Als sie nach Europa zurückkehrten und Uwe anschließend noch ein halbes Jahr in England studierte, besuchte Agnieszka ihn dort und machte mit ihm eine dreiwöchige Tour durch Schottland. Und da erst funkte es, an einem vernieselten Tag im Hochmoor. Von nun an nannten sie sich gegenseitig »Adziunia« und »Uwcio«, und für Uwcio begannen die Reisen nach Polen. Stück für Stück, Fall um Fall erlernte er die Sprache. Nach fast zwanzig Ehejahren spricht und schreibt er sie heute absolut fehlerfrei. (Als er mir die erste Mail schrieb, glaubte ich felsenfest, dass sie von Agnieszka stammte.) Auch das Verhältnis zu den polnischen Schwiegereltern ist ideal. Agnieszkas Mama witzelt bis heute, dass sie ihren Uwe als Kriegsentschädigung bekommen habe.

Irgendwann wurde geheiratet, das Paar zog über Dresden nach Stuttgart. Innerhalb von vier Jahren kamen drei Kinder auf die Welt, die heute sechzehn, vierzehn und zwölf Jahre alt sind. Im Unterschied zu ihren Eltern hatten sie von Anfang an sowohl die polnische als auch die deutsche Staatsangehörigkeit. Agnieszka sprach nur Polnisch mit ihnen. Irgendwann verspürte sie aber das Bedürfnis, noch mehr für die polnische Verwurzelung ihrer Kinder zu tun. So rief sie ein mutiges Projekt ins Leben. Mit der Unterstützung dreier anderer Frauen, einer polnischen Ärztin, einer deutschen Grundschuldirektorin und einer pensionierten polnischen Lehrerin, gründete sie einen Förderverein für die Integration von Kindern mit Migrationshintergrund. Außer Polnischunterricht wurden dort auch eine Russisch-AG sowie Deutschunterricht für Mütter ausländischer Kinder angeboten. Uwe leistete bei der Gründung tatkräftige Hilfe, denn es waren viele bürokratische Hindernisse zu überwinden.

Der Unterricht fand einmal pro Woche in verschiedenen Altersgruppen statt. Die Kinder lernten Volkslieder oder paukten polnische Geschichte; auch die größeren polnischen Feiertage wurden gemeinsam begangen. Auf diese Weise fühlten sich vor allem frisch nach Deutschland gekommene Kinder in ihrer neuen Umgebung nicht mehr so isoliert wie bisher; sie sahen, dass es auch andere Kinder mit polnischen Wurzeln gab. Während der Schulferien gingen Agnieszkas und Uwes Kinder in polnische Feriencamps oder besuchten eine Privatschule in Poznań. Sechs Jahre lang leiteten Agnieszka und die anderen Frauen gemeinsam den Förderverein; danach wurde er von anderen Müttern weitergeführt. Für Agnieszkas Kinder hat sich das Engagement ihrer Mutter allemal ausgezahlt. Alle drei sprechen heute ein schönes Polnisch und können es auch schreiben und lesen.

Agnieszka sagt, dass ihre Sicht auf die Welt sich sehr zu verändern begann, seit sie »gemischte« Kinder hat. (Schon vor Jahren rechnete der älteste Sohn den anderen vor, dass sie wohl doch zu 51 Prozent polnisch seien, weil sie zwar in Deutschland geboren wurden, aber aus dem Bauch einer polnischen Mama kamen.) Sowohl sie als auch Uwe fühlen sich heute nicht mehr als Polin und Deutscher, sondern als »irgendetwas dazwischen«. Deswegen wollen sie sich nun endlich auch um die jeweils andere Staatsangehörigkeit bemühen. Agnieszka betont allerdings, dass sie niemals ihre polnische Staatsangehörigkeit abgäbe, falls das gefordert würde.

Sie möchte allen deutsch-polnischen Paaren Mut machen: »Warum sollten gemischte Ehen nicht genauso beständig oder sogar beständiger sein als nicht gemischte? Durch die Mischung wird doch alles interessanter, und außerdem hängt sowieso alles davon ab, ob die Menschen zueinander passen. Das Wichtigste ist doch, dass man sich liebt und gemeinsame Interessen und Ziele im Leben hat!«

Adziunia und Uwcio wohnen nach wie vor in Deutschland, verbringen ihren Urlaub in Polen, haben zweisprachige Kinder und sogar einen Hund, der Polnisch und Deutsch versteht. Ja, ihre Harmonie geht so weit, dass sie dieselbe E-Mail-Adresse benutzen: Adziunia-dein-Uwcio-ist-da@wenn-polen-und-deutsche-sich-lieben.de/pl

Aber bitte nicht hinschreiben, denn der Server steht irgendwo im siebten Himmel, und da ist praktisch kein Netz.

Happy End: Adziunia, Uwcio und die drei Kinder – wird dies auch Tobi und Weronika gelingen?

EPILOG

Fast habe ich das Gefühl, dass die deutsch-türkischen Ehen bald wieder von Platz eins verdrängt werden. Allein im laufenden Jahr bin ich schon dreimal gefragt worden, ob ich eine deutsch-polnische Hochzeit moderieren könnte. Ich habe das früher hin und wieder gemacht, lehne es inzwischen aber kategorisch ab, weil solche Moderationen mir das Äußerste an Energie und Tanzkraft abverlangen. Alleinunterhalter auf einer polnischen Hochzeit zu sein ist ganz sicher härter als die Moderation der Oscar-Verleihung, wo man nur vier Stunden reden und gar nicht tanzen muss. Zum Glück kann ich mich zurzeit noch ganz gut mit den pflegeleichteren Events über Wasser halten, den Städtepartnerschaften und Firmenjubiläen. Aber wenn sich die politische Großwetter- und damit auch meine Auftragslage weiter eintrüben sollte, sehe ich mich bereits wieder mit einem Mikrofon in der Hand die Polonaise anführen. Ja, deutsch-polnische Hochzeiten sind eine krisensichere Zukunftsanlage, die auch von keinem Politiker schlechtgeredet werden kann. Also auf, ihr Singles aus Deutschland und Polen – überlasst es nicht dem Zufall, überwindet eure Schüchternheit, fahrt Straßenbahn in Krakau oder geht tanzen auf der *MS Hoppetosse* in Berlin! Wer nicht einsteigt und mitfeiert, bleibt *ewig* allein und tut *nichts* für die deutsch-polnische Verständigung. Und nehmt euch ein Vorbild an dem mutigen Tobi: Hängt zur Not einfach Suchzettel an Ampeln auf. Wenn es irgendwann geklappt hat, wünsche ich euch eine gigantische Hochzeit und reichhaltigen Nachwuchs, vermählt und vermehrt euch!

Werden auch mir noch einst die Hochzeitsglocken läuten? Ganz sicher! Wäre doch auch wirklich schade, wenn meine gewaltigen theoretischen Kenntnisse auf diesem Gebiet keine Anwendung in der Praxis fänden. Allerdings ist der richtige Moment dafür noch nicht gekommen, das spüre ich ganz deutlich. Ich bin nämlich noch ein bisschen zu jung zum Heiraten, ein kleines bisschen noch!